지은이 _ 이수광

추리소설에서 역사서에 이르기까지 다양한 영역을 아우르는 우리 시대의 마에스트로. 팩션형 역사서의 새 장을 연 베스트셀러 작가로서 탄탄한 대중적 입지를 갖고 있지만 마이너로서의 삶을 살았기 때문에 작품 속에는 항상 사회적 약자에 대한 애정이 흐른다. 이 책에서 저자는 절대 권력에 도전했던 왕후들의 삶을 그려 냄과 동시에 그녀들의 사랑과 슬픔, 분노 등 여성적 감수성을 녹여 냄으로써 다양한 여성들의 얼굴을 보여준다. 특히 실록 외의 다양한 자료를 통섭하고 행간에 숨은 의미를 치밀하게 추론하여 기존 역사서에서는 보기 어려웠던 입체적인 왕후사를 복원한 것은 이 책만의 독보적인 미덕이다. 지금은 수 년 안에 한국뿐만 아니라 영미권 독자들을 사로잡을 작품을 쓰고 싶은 꿈을 갖고 있다.《사자의 얼굴》로 제10회 한국추리문학 대상을 수상했고 현재 계간 미스터리 편집위원으로 활동하고 있다. 그 동안《조선을 뒤흔든 16가지 연애사건》,《조선을 뒤흔든 16가지 살인사건》,《나는 조선의 국모다》등 다수의 저작을 발표했다.

The Joy of Story! 다산북스를 만나면 책이 즐거워집니다!

이수광 조선 팩션 역사서

조선을 뒤흔든 16인의 왕후들

너무나 아름답고, 너무나 당당한 16인의 왕후들

❀

역사는 흥망성쇠를 되풀이한다. 장강처럼 도도하게 흐르면서 윗물이 아랫물을 밀어낸다. 역사의 한 축을 이루고 있는 조선시대의 왕후들, 그녀들도 역사의 격랑에 휩쓸리면서 영고성쇠를 되풀이해 왔다. 조선 왕조 500년 동안 무수한 왕들이 때로는 선정을 베풀고 때로는 악정을 일삼으면서 부침을 거듭했다. 그와 함께 왕후들도 부침을 거듭하면서 왕의 충실한 내조자로, 당당한 국모로, 한 남자의 사랑을 갈구하는 여인으로 역사를 다채롭게 장식한다.

　조선의 왕후는 조선의 역사다. 여자들이 정치적으로나 사회적으로 활동하는 것을 엄격하게 금지하던 시대에 그녀들은 끊임없이 자신의 정체성을 찾고 당당하게 남성들과 맞서서 정치력을 발휘해 왔다. 다만 역사가 이들을 기록하지 않았을 뿐이다.

　나라의 법은 서슬처럼 퍼렇게 살아 있어야 하는 것이므로 도끼와 작두를 가지고 다스릴 방도가 없는 것은 아니다. 그러나 새 임금이 등극하였으니 모두 함께 과거를 버리고 쇄신하자는 뜻에서 문무 대신들과 흉금을 털어놓고 말하는 것이다. 백관들은 정신을 똑바로 차려 맡은 임무가 있는 자는 임무를 다해야 할 것이며 바른 말을 할 책임이 있는 자는 그 책임을 다해야 할 것이다. 끝내 정신을 차리지 못하여 다른 날 죄를 뉘우쳐야 할 때를 당하더라도 임금이 진작 타이르지 않았다고 원망하지 말라.

　신정왕후 조씨가 수렴청정을 하면서 무능하고, 부패하고, 우유부단한 대신들에게 내린 경고는 소름이 끼친다. 지금으로 말하면 복지부동하는 공무원들에게 내린 경고다. 역대 어느 왕들도 이처럼 강경하게 대신들을 몰아세운 일이 없다.

이런 때를 당하여 주상은 어리고 여군女君이 조정에 임하였다 하여 조정과 초야에서 감히 협잡된 화심禍心으로 괴이한 상소를 올려 나를 시험해볼 계교를 부린다면 결단코 용서하지 않고 마땅히 역률로써 대행 대왕의 영전에 고할 것이니 대소 여러 신하들과 중외에서는 모두 반드시 알고 있으라.

영조의 계비 정순왕후 김씨도 수렴청정을 하게 되었을 때 나를 여왕이라고 부르지 말라면서 강력하게 경고했다. 소위 나를 깔보지 말라는 무시무시한 경고다.

(그녀는) 세계의 강대국과 그 정부들에 대해 잘 알고 있었다. 그녀는 나에게 많은 질문을 던졌고 자기가 들은 것을 모두 기억하고 있었다. 그녀는 섬세한 감각을 지니고 있으면서도 유능한 외교관이었고…… 일본의 반대자였고 애국적이었으며 조선에 이익이 되는 것을 위해 몸을 바치고 있었고 복지를 찾고 있었다. 이러한 점들은 모두 우리들이 동양의 왕후에게서 기대할 수 있는 수준을 훨씬 뛰어넘는 것이었다.

명성황후에 대한 선교사 언더우드 부인의 객관적인 평가다. 이처럼 조선 역사의 왕후들은 모든 분야에서 남성들에 못지않게 활동적이었다. 《조선을 뒤흔든 16인의 왕후들》은 조선시대 상류층 여인들인 왕후들의 사랑과 정치, 삶과 죽음에 대한 이야기다. 대부분 12세에서 18세까지의 꽃다운 소녀들이 세자빈, 또는 왕의 후비后妃로 간택되어 왕실에 화려하게 등장한다. 왕후가 되면 이미 개인이 아니다. 신데렐라로 화려하게 스포트라이트를 받은 소녀들은 어린 나이라도 만백성의 어머니인 국모가 되어 대궐의 내명부를 다스리고 친잠親蠶을 하면서 여성들의 여공女工을 권장한다. 왕이 죽으면 어린 아들 뒤에서 발을 치고 수렴청정을 한다.

왕후는 왕조를 떠받치는 또 하나의 기둥이다. 사대부가에서 왕후가 배출되면 가문의 영광이 되고 인척들이 줄줄이 출세를 하게 된다. 안동 김씨는 김조순의 딸이 순조의 왕비가 되면서 60년 동안이나 세도 정치를 했다. 청송 심씨, 풍양 조씨, 여흥 민씨 등도 왕후를 배출하여 조선의 명문가가 되었다. 그러나 가문에서 왕후가 나왔다고 해서 반드시 부귀 영화와 세도를 누리게 되는 것은 아니다. 태종 이방원의 부인인 원경왕후 민씨 일가는 누이가 왕후인데도 4형제가 사약을 받고 죽고 소헌왕후 심씨는 친정아버지, 인목왕후 김씨는 친정아버지 김제남과 일가의 남자들이 모조리 비참하게 죽음을 당했다.

왕은 왕비 외에도 많은 여자들을 거느린다. 왕손을 번성시킨다는 명목으로 후궁을 여럿 두어 부인이 12명, 자녀들이 29명이나 되는 왕도 있다. 한 남자가 많은 여인들을 거느리다가 보면 당연히 질투와 투기로 인한 사랑싸움이 치열하게 벌어진다. 그녀들의 사랑싸움은 개인이 아니기 때문에 역사를 격랑으로 이끈다. 연산군이 조선시대 최고의 폭군이 된 것은 그 어머니 폐비 윤씨의 죽음과 무관하지 않다. 희빈 장씨는 사랑싸움으로 인한 궁중 암투로 결국 사약을 받고 죽는다.

왕후의 삶도 여인들의 삶이다. 한때 꽃처럼 화려하게 피어났다가 풀잎처럼 시들어 버린다. 독자들은 왕후들의 삶을 통해 조선의 왕실이 어떻게 구성되고 어떻게 변해 왔는지 살펴볼 수 있을 것이다. 왕실의 역사는 조선왕조의 역사이기도 하다.

2008년 10월 8일 명성황후 시해 사건이 있었던 날에

이수광 씀

프롤로그-너무나 아름답고, 너무나 당당한 16인의 왕후들·2

조선의 운명을 바꾼 불꽃의 왕후들

1. 조선의 초석을 다진 킹메이커 원경왕후 민씨·11

2. 조선의 르네상스를 이끌었던 은은한 리더십 소헌왕후 심씨·33

3. 격변의 세월을 넘어 개혁 군주의 파트너가 된 효의왕후 김씨·57

4. 무너지는 조선을 일으켜 세우려 했던 명성황후 민씨·77

조선의 산천초목까지 다스린 정치적 왕후들

5. 조선왕조사상 가장 큰 권력을 휘둘렀던 여인 문정왕후 윤씨·103

6. 권력을 되찾기 위해 인고의 세월을 견딘 인목왕후 김씨·124

7. 북벌을 위해 역모 사건을 파헤친 인선왕후 장씨·147

8. 수렴청정으로 여군의 권세를 누렸던 정순왕후 김씨·165

9. 대원군 독재의 시대를 연 신정왕후 조씨·181

조선을 울린 비극의 왕후들

10. 왕위를 찬탈당한 비극의 여인 정순왕후 송씨 • 199

11. 후궁의 권력 아래 숨죽여야 했던 장렬왕후 조씨 • 220

12. 당쟁에 희생당한 가련한 여인 선의왕후 어씨 • 240

왕에게 버림받은 비련의 왕후들

13. 조선왕조사상 가장 불행했던 여인 폐제헌왕후 윤씨 • 265

14. 폭군의 아내로 비운의 생을 살다간 연산군부인 신씨 • 291

15. 7일 만에 왕비의 자리에서 물러난 단경왕후 신씨 • 314

16. 희대의 요부로 기억되어야 했던 희빈 장씨 • 333

부록 – 조선 왕후 가계도 • 358

❀ 제1부 ❀

제
일
부

원경왕후 민씨 │ 소헌왕후 심씨 │ 효의왕후 김씨 │ 명성황후 민씨

조선의 초석을 다진 킹메이커
원경왕후 민씨

지그시 눈을 내리깔고 있는 군부인君夫人 민씨의 옆얼굴은 얄미우리만치 도도해 보이면서도 천연하게 아름다웠다. 정안군 이방원의 호위무사인 강상인은 감히 얼굴을 마주 쳐다보지 못했다. 방 안에는 팽팽한 긴장감이 감돌고 있었다. 세자 이방석을 둘러싼 정도전의 무리가 사병 혁파를 주장하더니 기어이 태조 이성계로부터 사병을 해산하라는 영이 떨어진 것이다.

1398년(태조 6) 8월 11일. 지루한 여름 장마가 끝나고 초가을의 따스한 햇볕이 내리쬐고 있었으나 한양 준수방에 있는 이방원의 집에는 무거운 긴장감이 감돌고 있었다.

사병을 해산하면 언제 정도전의 무리에게 죽음을 당할지 알 수 없다. 이방원이 태조 이성계의 사병 해산령이 내렸는데도 선뜻 단안을 내리지 못하고 망설이고 있는 것은 자신들을 겨누고 있는 정도전 일파의 보이지 않는 칼 때문이었다. 고려를 무너뜨리고 조선을 개국할 때만 해도 정도전과 이방원은 의기투합했었다. 그러나 정도전이 세자 이방석을 따르면서 이방원과 적이 되었던 것이다.

"사병은 이안군移安軍으로 내려가 있는 이숙번에게 보내세요."

이내 민씨가 눈을 들어 방 안의 사람들을 돌아보면서 낮게 말했다. 안산군수 이숙번은 정릉에서 2년 전에 죽은 신덕왕후 강씨의 능 공사를 하고 있었고 이안군은 능 공사를 담당하고 있는 군사들이었다.

"병장기는 신극례의 집에 숨기세요."

군부인 민씨의 거듭되는 말에 방 안에 있던 하륜과 민무구의 얼굴이 밝아졌다. 이방원도 고개를 끄덕이면서 젖먹이 막내아들 이도(훗날의 세종대왕)를 안고 있는 민씨의 얼굴을 새삼스럽게 쳐다보았다. 얼마나 단호하고 경쾌한 조치인가. 아들에게 젖을 먹이고 있는 부인에게서 희미하게 젖 냄새가 풍기는 것 같았다.

"허나 지신사(知申事: 도승지)가 조사를 하러 올 것인데……."

이방원의 처남인 민무구가 조심스러운 기색으로 민씨를 쳐다보았다.

"그런 일을 걱정하고 어찌 큰일을 하겠습니까? 지신사가 사병 해산을 확인하러 올 때쯤 마당에 영중營中의 군기軍器를 모아 놓고 불태우는 시늉을 하면 더는 말하지 못할 것입니다."

민씨의 말에 하륜이 무릎을 치면서 탄복했다. 사병 혁파는 확실히 이방원 세력에게는 위기였다. 그러나 군부인 민씨의 뛰어난 기지로 사병을 해산하는 시늉에 그쳐 장차 닥쳐올 왕자의 난에 대비할 수 있었다.

서자를 세자로 삼으면 기회가 올 것입니다

태종의 정비인 원경왕후元敬王后 민씨는 풍운이 몰아치는 혁명기에 남편 이방원을 보필하여 정치력을 발휘한 여걸이었다. 여흥 민씨는 고려말의 10대 명문가에 속했고 그녀의 아버지 민제는 주자학을 받아들인 신진 사대부로 예문관 제학을 지낼 정도로 학문이 높은 인물이었다. 민씨는 1382년 18세가 되었을 때 두 살 아래인 이방원과 혼례를 올렸다. 그녀가 혼례를 올린 1382년은 고려가 요동을 치던 시기였다. 당시 동북면(東北面 :함경도 일대)에서 할거하던 무장 세력인 이성계의 집안은 고려의 도읍 송도에 진출하여 신흥 귀족으로 명성을 떨치고 있었다. 그러나 조선을 개국하고 왕자의 난이 일어날 때까지 민씨의 활약은 두드러지지 않았다.

이방원을 떠올릴 때 가장 먼저 떠오르는 일은 선죽교에서 정몽주를 격살한 일이고 두 번째가 왕자의 난이다. 이방원은 정몽주를 선죽교에서 죽이고 왕자의 난을 일으켰기 때문에 피도 눈물도 없는 무인으로 생각하는 경우가 많지만 당대의 대학자인 이색에게 학문을 배워 문과에 입격하고 제학提學을 지낼 정도로 학문이 뛰어난 사람이었다. 제학은 문형文衡이라고도 하여 학문이 높은 대학자들이 임명되는 것이 관례였기 때문에 동북면 출신의 무장인 이성계는 제학 임명장을 몇 번이나 읽으라고 하면서 흐뭇해하기까지 했다.

바람 쐬는 자리에 앉아서는 밝은 달 생각하고
처마 밑에서 시를 읊을 때는 바람이 그립구나

스스로 대나무 깎아 종이 붙여 둥근 부채 만든 뒤에는
청풍명월이 손 가운데 있노라

이방원이 지었다는 〈부채〉라는 제목의 시다.

일찍이 문사로서 대업을 이룬 자는 있지 아니하였고, 문장이 또한 이와 같
이 기교奇巧한 제왕도 있지 아니하였다. 그 사물을 인용하여 비유한 것과
함축된 뜻은 성인이 아니면 할 수 없을 것이다.

조선 중기의 학자 성현이 《용재총화傭齋叢話》에 남긴 기록이다. 이
방원이 정몽주를 죽이기 전에 그의 의중을 살피기 위해 지었다는 〈하
여가〉 또한 일품이다.

이런들 어떠하리 저런들 어떠하리
만수산 드렁칡이 얽혀 산들 어떠하리
우리도 이와 같이 하여 아니 죽으면 어떠하리

심광세의 《해동악부海東樂府》에는 두 번째 연이 '성황당 뒷담이 다
무너진들 어떠하리'로 되어 있다.

태조 이성계에게는 두 명의 부인이 있었다. 동북면에서 혼례를 올
린 신의왕후 한씨는 이방원을 비롯하여 6남 2녀를 낳았고 신덕왕후 강
씨는 세자 이방석을 비롯하여 2남 1녀를 낳았다. 신덕왕후 강씨는 이
방원이 정권을 잡으면서 역사의 그늘에 묻힌 듯한 느낌이 있지만, 이성
계가 조선을 개국할 때 정치력을 발휘하여 도왔기 때문에 이성계의 사

랑을 흠뻑 받았다. 이성계는 조선을 개국하자 세자의 자리를 첫 번째 부인의 아들인 이방원의 형에게 물려주지 않고 두 번째 부인 강씨의 아들인 이방번에게 주려고 했다. 개국 공신인 정도전, 조준, 배극렴 등은 나이와 나라를 세운 공로를 따져 세자로 세울 것을 청했지만 이성계는 그들의 말을 듣지 않았다.

이방원으로서는 배다른 형제에게 세자 자리를 주려는 이성계가 마땅치 않았으나 노골적으로 반발하지는 않았다. 그에게는 자그마치 4명의 형들이 있었기 때문에 나이를 따져서 세자를 책봉한다고 해도 그의 차례는 돌아오지 않았다.

"차라리 서자를 세자로 책봉하면 우리에게 기회가 올지 모릅니다."

민씨는 이방원을 위로했다.

"어째서 그렇소?"

"형님들이 세자로 책봉되면 우리는 궐기할 명분조차 없게 됩니다."

민씨는 궐기를 기정사실화하고 명분이 필요하다고 말하고 있는 것이다. 정도전이 조선을 건국한 이성계의 책사라면 이방원의 책사는 부인 민씨와 하륜이었다.

"만약에 반드시 왕후 강씨가 낳은 아들을 세우려고 한다면 막내아들이 조금 낫겠습니다."

개국공신인 정도전과 배극렴, 조준 등은 이방번이 마음에 들지 않았기 때문에 굳이 강씨의 아들을 세우려고 한다면 방석이 낫다고 주장했다. 이에 태조 이성계가 이방석을 세자로 세웠다.

정도전 등은 이방석을 세자로 세우기는 했으나 이방원을 비롯한 그 형제들이 걱정되었다. 그들이 모두 사병을 거느리고 있었기 때문에 자칫하면 왕자의 난이 일어날 수도 있었다. 정도전은 이를 방지하기 위해 왕자들을 모두 8도로 나누어 내보낼 것을 청했으나 이성계는 듣지 않았다.

"외간에서 너희들을 의심하니 마땅히 여러 형들에게 타일러 이를 경계하고 조심해야 될 것이다."

이성계가 이방원에게 말했다. 정도전 등이 세자의 지위를 안정시키기 위해 이방원 등을 무력화시키려는 움직임을 알고 경고한 것이다. 이성계가 경고를 할 정도면 사태가 심각하다는 것을 의미한다. 부모자식 간에도 죽이고 빼앗는 것이 권력이다. 이방원은 이성계의 경고에 소름이 오싹 끼쳤다. 그러나 조선을 개국한 이성계에게 항거할 수는 없었다. 동북면의 맹주를 지낸 뒤에 송도로 올라온 이성계는 홍건적과 왜구를 격파한 혁혁한 공로로 따르는 장수들이 많았다. 게다가 부왕에게 항거할 마땅한 명분조차 없었다. 이방원과 민씨는 어린 아들을 무릎에 앉히고 정도전 일파가 언제 자신들을 죽이러 올지 몰라 불안한 나날을 보낼 수 밖에 없었다. 정도전 쪽의 움직임도 시시각각 보고되었다.

점치는 사람 안식이 말하였다.
"세자의 이모형異母兄 중에서 천명을 받을 사람이 하나뿐이 아닙니다."
정도전이 이 말을 듣고 말하였다.
"곧 마땅히 제거할 것인데 무슨 근심이 있겠는가?"
의안군 이화(태조 이성계의 이복동생)가 그 계획을 알고 비밀히 정안군 이방원에게 알렸다.

실록의 기록이다. 제1차 왕자의 난은 정도전 쪽에서 먼저 공격 계획을 세웠고 이방원 쪽에서 그 정보를 입수하여 대책을 세운 것이다. 정도전, 남은, 심효생 등은 태조가 병을 앓는 틈을 타 이방원 형제들을 제거하기 위해 계획을 세우고 날짜만 기다리고 있었다. 이방원은 정국이 심상치 않게 돌아가자 바짝 긴장했다.

피할 수 없는 운명, 정도전과의 대결

❋

1398년 8월 26일 태조가 병이 들어 자리에 눕자 왕자들에게 대궐에 들어와 숙직을 하라는 영이 떨어졌다. 이방원은 단신으로 대궐로 들어갔다. 아침부터 긴장감이 감돌고 있었다.

'상황이 이상하게 돌아간다.'

민씨는 집에서 왕자들이 대궐로 불려 들어갔다는 말을 듣고 동생 민무질을 불러 상의했다. 민씨는 민무질에게 군사를 동원하라는 지시를 내렸다.

"저쪽에서 우리를 친다는 증거가 없습니다."

민무질이 깜짝 놀라서 민씨를 쳐다보았다.

"증거를 찾기 위에 어물거리다가는 우리 집안이 몰살을 당한다. 우리가 당하기 전에 먼저 공격하는 것이 상책이다. 선즉제인先則制人도 모르느냐?"

선즉제인은 진나라가 어지러워지자 항량이 항우를 시켜 은통이라는 회계군수의 목을 베고 거병을 한 고사에서 비롯된 말로서, 먼저 손을 쓰면 상대방을 제압할 수 있으나 나중에 손을 쓰면 상대방에게 제압 당한다는 뜻이다. 민씨는 민무질에게 지시하여 안산에 있는 이숙번으로 하여금 군사를 이끌고 비밀리에 상경하게 하고 진천에 있는 하륜에게도 사람을 보냈다.

"네가 빨리 대궐에 나아가서 공을 집으로 돌아오시라고 청하라."

민무질이 황급히 밖으로 달려 나가자 민씨가 종 소근을 불러 지시했다. 소근은 노비 출신이었으나 무예가 뛰어난 인물이었다.

"마님, 여러 왕자들이 모두 한 청청(廳)에 모여 있는데 제가 무슨 말로 아뢰겠습니까?"

소근이 걱정스럽게 말했다. 다른 왕자들과 함께 숙직하고 있는 이방원을 불러내는 일이 여의치 않다는 말이었다. 민씨는 잠시 생각에 잠겼다. 대궐에서 숙직을 하라는 것은 이방원과 그의 형제들을 제거하려는 음모일지도 모른다고 생각했다.

"내 가슴과 배가 갑자기 아프기 때문에 달려와 아뢴다고 하면 공께서 마땅히 빨리 오실 것이다."

민씨가 다시 지시했다. 소근이 민씨의 지시대로 대궐로 달려가 서쪽 행랑으로 나아가서 큰 소리로 고했다. 의안군 이화가 청심환과 소합환 등의 약을 주면서 말했다.

"빨리 가서 병을 치료하게."

그렇게 해서 이방원은 서둘러 집으로 돌아왔다. 민씨는 이방원이 돌아오자 여러 가지 일을 비밀리에 상의했다. 이방원은 비밀 상의가 끝나자 대궐로 다시 들어가려고 했다. 민씨가 이방원의 옷을 잡고서 대궐로 들어가지 말라고 만류했다.

"어찌 죽음을 두려워하여 대궐에 돌아가지 않겠소? 더구나 여러 형들이 모두 대궐 안에 있으니 사실을 알리지 않을 수가 없소. 만약 변고가 있으면 내가 나와서 군사를 일으켜 나라 사람들의 마음을 살필 것이오."

이방원은 단호하게 선언하고 집 밖으로 나가기 시작했다.

민씨가 지게문 밖에까지 뒤따라 나오면서 당부했다.
"조심하고 조심하세요."

실록에 기록되어 있는 말이다. 젊은 민씨의 당부에는 남편을 걱정하는 여인의 사랑스러운 마음이 담겨 있다.

날이 이미 어두워졌다. 이 때 여러 왕자들이 거느린 사병을 혁파한 것이 10여 일이 되었으나 세자 방석의 친형인 이방번은 여전히 사병을 거느리고 있었다.

이방원은 대궐로 다시 들어가 숙직을 하기 시작했다. 그러나 대궐의 상황이 수상하기 짝이 없었다. 병이 들었다는 태조의 소식은 전혀 알려지지 않고 군사들이 삼엄하게 경계를 하고 있었다. 태조가 입궐하라는 영을 내렸다고 해서 왕자들이 숙직을 하고 있는데도 아무런 추가 지시가 내려오지 않고 있었다.

'대체 어떻게 된 것인가? 부왕께서 환후가 있다면서 왜 우리를 침전으로 들어오라고 하지 않는 것인가?'

이방원은 조심할 것을 거듭 당부하던 아내 민씨의 얼굴이 떠올라 왔다. 무엇인가 수상한 일이 벌어지고 있었으나 궐 안이 태풍 전야처럼 적막했다. 밤이 깊어지자 비로소 왕자들에게 궁 안으로 들어와 입시하라는 영이 떨어졌다. 이방원이 다른 왕자들과 함께 내시를 따라 궁 안으로 들어가려고 하는데 궁 안의 불이 꺼져 있는 것이 보였다. 이방원은 뭔가 수상쩍다고 생각하고 뒤가 급하다는 핑계를 대고 뒷간으로 들어갔다.

'궁 안에는 분명히 장사들이 매복하고 있을 것이다.'

이방원은 뒷간에서 어찌해야 좋을지 몰라 전전긍긍했다. 그때 익안군(방의 : 이성계의 셋째 아들)과 회안군(방간 : 이성계의 넷째 아들)이 뛰어나오면서 다급하게 이방원을 불렀다.

"형님들, 무슨 일입니까?"

이방원이 긴장하여 뒷간에서 나와 익안군과 회안군에게 물었다.

"장사들이 매복하고 있다! 너도 속히 달아나라."

익안군과 회안군이 소리를 지르면서 달아나자 이방원은 함께 뛰기 시작했다. 회안군은 정신없이 달리다가 넘어지기까지 했다. 실록에는 이 부분이 '형세가 어쩔 수 없이 되었다'라고만 기록되어 있다. 이는 주위의 상황이 이방원을 궐기하게 만들었다는 뜻이다. 여러 왕자들이 넘어지면서까지 다투어 달아난 것을 보면 위협적인 상황이 전개되고 있는 것만은 틀림없었다.

아직 뜻을 이룬 것이 아닙니다

이방원은 대궐에서 돌아오자 즉시 정릉에서 올라온 이숙번과 함께 군사들을 소집했다. 민씨의 지시를 받은 이숙번은 이안군을 동원하여 도성의 군대 장악에 나섰다. 군기시를 점거하고 왕궁을 제외한 모든 군영을 신속하게 접수했다. 길고 긴 혁명의 밤이 시작된 것이다. 도성의 거리와 골목은 밤을 틈타 이동하는 군사들로 메워졌다. 이방원은 한 번 결단을 내리면 무서운 돌파력으로 장애를 뚫고 나간다. 이방원은 한밤 중에 대궐을 포위하고 소수의 병력으로 남은의 첩 집에서 술을 마시던 정도전 등을 기습하여 이방석의 오른팔들을 살해했다. 세자를 제거하기 위해 마침내 칼을 뽑아 든 것이다. 배다른 동생이지만 태조의 왕명 없이 군사를 일으켜 세자를 제거하는 것은 대역죄에 해당된다. 이방원은 그만큼 비장한 각오로 군사를 일으킨 것이다.

이 때 민씨는 이방원과 생사를 같이 하겠다면서 그의 옆을 떠나지 않았다. 이방원의 휘하에 있던 장사 최광대 등이 극력으로 만류했으나 듣지 않았다. 민씨는 정도전이 죽었다는 말을 듣고서야 비로소 혁명이 성공했다는 사실을 알고 집으로 돌아갔다. 숨 가쁜 상황 속에서 이방원과 생사를 같이 하겠다고 군영을 떠나지 않은 민씨야말로 혁명의 주역 이었다.

이방원은 정도전 등을 죽이고 대궐로 쳐들어갔다. 이방원이 동원한 군사와 대궐을 호위하는 군사들 사이에 치열한 혈투가 벌어졌다. 대궐 의 뜰이 군사들의 비명 소리와 신음 소리로 가득했다. 이방원의 군사들 은 수적으로 우세했고 대궐을 지키는 대장들마저 이방원에게 투항하 면서 승패가 결정이 되었다. 이방원의 군사들은 대궐의 군사들을 닥치 는 대로 살육했다.

실록에서는 이방원이 동원한 군사가 10여 명밖에 되지 않는다고 기록하고 있다. 그러나 조선 초기의 무인 하경복의 고백은 진실이 어디에 있는지 밝히는 단초가 된다.

한 번은 태종이 내란을 평정할 때에 잘 아는 사람이 궐내에서 숙직하였으므로, 서로 얘기하고자 우연히 들어갔다가 마침 문이 닫혀 나오지 못하였다. 사방을 방황하는데 병졸 여러 사람이 달려와 몰고 가서 죽이려고 하기에 내가 힘을 다해 싸우고 달아나니 여러 사람들이지만 어쩔 수 없었다. 곧 어전에 이르러, "나 같은 장사를 죽여서 무슨 이익이 있겠습니까?" 하고, 부르짖으니 태종께서 들으시고 용서하셨다. 만약 용력이 없었다면 틀림없이 죽었을 것이다.

《용재총화》의 기록이다. 하경복은 세종 대에 함길도 절제사와 찬성을 지냈다. 그도 우연히 대궐에 들어왔다가 죽음을 당할 뻔했던 것이다. 이방원 일파는 압도적으로 우세한 군대를 거느리고 대궐을 장악했다. 도성에서는 살육이 잇따랐다.

정도전은 아들이 넷 있었는데, 정유와 정영은 변고가 났다는 말을 듣고 구원하러 가다가 유병遊兵에게 살해되고, 정담은 집에서 자기의 목을 찔러 죽었다.

유병은 떠돌아다니는 병사들을 말한다. 다시 말해서 병사들이 돌아다니면서 정도전 일파를 닥치는 대로 살해했다는 뜻이다.

이방원은 세자 이방석과 세자의 형 이방번을 차례로 죽이고 정권을 장악했다. 이숙번 등이 이방원에게 세자에 오르라고 했으나 그는 둘째 형인 방과에게 양보했다. 태조 이성계는 자식이 반란을 일으키자 피를 토하며 분노했다. 태조는 대궐에서 버티었고 이방원은 태조를 포위하고 압박했다. 태조는 열흘 동안이나 포위되어 있다가 군사들이 모두 이방원에게 넘어갔기 때문에 이방과에게 양위를 하고 물러났다. 이방과는 왕자의 난에 아무런 기여를 하지 않았으나 왕위에 올라 조선의 제2대 국왕이 되었다.

"부인이 나를 위하여 큰 공을 세웠소. 내 죽어도 이 공로를 잊지 않겠소."

제1차 왕자의 난이 성공하자 이방원은 민씨의 손을 잡고 말했다.

"아직 장부의 뜻을 이룬 것이 아닙니다. 군께서는 왕의 기상을 타고 났습니다. 치하는 군의 소망이 이루어졌을 때 해 주셔도 됩니다."

민씨는 화사하게 웃으면서 이방원을 격려했다. 민씨는 이방원이 왕위에 올라야 한다는 뜻을 내비친 것이다. 태조 이성계가 선위를 하여 둘째 아들 이방과가 정종으로 즉위했으나 실권은 이방원이 갖고 있었다.

정종은 한양에서 송도로 다시 도읍을 옮겼다. 왕자의 난까지 일어난 한양이 불길하다고 생각한 것이다.

한편 회안군 이방간은 이방원이 권력을 좌지우지하자 노골적으로 불만을 터트리기 시작했다. 이방원은 모르는 체하고 군사들만 단속했다. 이방간은 형제들을 들쑤시고 다니면서 지지자들을 은밀하게 끌어모았다. 상장군 오용권, 민원공, 장군 이성기, 도진무 최용소와 조전절제사 이옥이 이방간 측에 가담하자 이방원은 긴장했다. 그러나 먼저 칼을 뽑아 들지는 않았다. 이방간은 바로 위의 친형이었고 어릴 때부터 같이 자랐기 때문에 망설였던 것이다.

"앓던 이는 뽑아 버려야 합니다."

민씨는 망설이는 이방원에게 단호하게 말했다. 이방간은 대궐에서 사냥하는 날이 다가오자 마침내 대대적으로 군사를 일으킨 뒤에 형제들을 죽인 이방원을 공격한다고 이성계에게 통고했다. 이성계의 지지를 끌어낼 속셈이었다.

"네가 방원과 아비가 다르냐? 어미가 다르냐? 저 소 같은 위인이 어찌 이에 이르렀는가?"

이성계는 땅을 치면서 이방간을 질책했다. 이성계는 자식 사랑이 남다른 인물로 세자 이방석과 이방번이 이방원의 손에 죽자 피눈물을 흘렸었다. 이방간이 홧김에 군사를 일으켰지만 결코 이방원의 적수가 되지 못할 것이고 패하면 이방원에게 죽임을 당할 것이라고 생각했다. 그러나 이미 사단이 벌어진 후였다. 송도에서 치열한 시가전이 벌어진 끝에 이방간은 패하여 귀양을 갔다. 형제간에 일어난 제2차 왕자의 난으로 송도 시내는 불에 타 쑥대밭이 되고 많은 병사들이 죽었다. 이방원은 이방간을 죽이라는 대신들의 요구가 빗발치고 있는데도 친형이기 때문에 살려 두었다.

토사구팽당하는 민씨 가문

❀

정종은 자신이 왕위에 있어서는 안 된다는 사실을 깨달았다. 제2차 왕자의 난 이후 송도는 완전히 군사 도시로 변해 있었고 임금인 자신은 연금되어 있었다. 정종은 이방원이 물러나라는 신호를 보낸 것으로 생각하고 선위 교서를 내렸다. 이에 이방원은 정종에게 선위를 받아 조선의 제3대 국왕이 되고 민씨는 왕후가 되었다.

'나는 세상에서 가장 어질고 훌륭한 왕후가 될 거야.'

민씨는 왕후가 되자 스스로에게 다짐했다. 신생 국가 조선에서는 왕후에게도 할 일이 많았다. 민씨는 비빈들을 거느리고 친잠(親蠶 : 양잠을 장려하기 위하여 왕후가 몸소 누에를 치던 일)을 하는가 하면 궁중 법도를 만드는 데 노력을 기울이면서 나날을 보냈다. 국왕인 태종과의 사이에서 자녀들도 계속 태어났다. 하지만 민씨가 왕후의 자리에 오르고 몇 년 동안이 가장 행복한 시기였다면 그 나머지는 지옥과 같은 시간이었다.

왕후로서의 삶이 결코 화려한 것만은 아니었다. 명문가의 규수에서 조선의 국모가 되었으나 민씨는 태종의 여성 편력 때문에 가슴앓이를 해야 했다. 임금이 아니라도 첩을 여럿 두는 것이 당시 귀족들의 일반적인 풍속이었다. 태종은 왕위에 오르기도 전에 이미 두 명의 첩이 있었다. 그녀들은 모두 후궁이 되었다.

민씨는 4남 4녀를 낳았다. 효빈 김씨는 성녕군을 낳았고 신빈 신씨는 함녕군을 비롯하여 3남 6녀를 낳았다. 이외에도 빈이 셋이나 되었고 숙의가 1명 있었다. 공식적으로 첩지를 받지 못한 여자들도 넷이나 되었다. 부인이 모두 12명이었고 자녀는 29명이었다.

'군왕이라고 뭇 여자들을 모조리 품어야 한다는 말인가? 어찌 한 여자만을 사랑하면 안 되는가?'

한 남자의 사랑을 받기를 원한 민씨로서는 고통스러운 일이 아닐 수 없었다. 민씨는 태종에게 뭇 여자들을 가까이하는 것을 절제하라고 요구했다. 때때로 단식을 하면서 항의하기까지 했다. 그래도 태종의 바람기는 멈추지 않았다. 민씨는 당찬 여성이었기 때문에 태종과 격렬하게 대립했다. 자신의 모든 것을 다 바쳐 왕이 되도록 도왔는데 태종이 배신을 했다고 생각했다. 민씨는 궁녀들 앞에서 태종에게 소리를 지르면서 반발했다. 민씨의 저항이 계속되자 태종은 민씨에게 진저리를 치기 시작했다. 태종의 눈에 민씨는 젊고 지혜로운 여인이 아니라 투기에 눈이 먼 악녀에 지나지 않았다. 태종은 민씨가 패악질을 할 때마다 다른 여자들을 찾았다.

그러나 그녀를 결정적으로 분노하게 만든 것은 태종의 외척 숙청이었다. 태종은 보위에 오르자 큰 아들 양녕대군을 세자에 책봉했다. 민무구와 민무질은 세자의 외숙이었고 양녕대군을 자신의 집에서 키웠기 때문에 누구보다도 가까이 지내면서 권력을 휘두르려고 했다. 그러나 세자가 된 양녕대군은 학문을 게을리 하고 매를 키우거나 잡인들과 어울려 기생 놀음을 즐겼다. 그러자 대신들의 신망이 민씨의 셋째 아들인 충녕대군에게 돌아갔다. 양녕대군을 지지하는 대신들과 충녕대군을 지지하는 대신들 사이에 치열한 권력 투쟁이 벌어졌다. 양녕대군의 지지자들은 민무구와 민무질이었고 충녕대군의 지지자들은 유정현과 박은 등이었다.

"세자 이외의 왕자들은 모두 죽여야 한다."

민무구와 민무질은 전제론剪除論을 내세워 다른 왕자들을 죽이려고 했다. 전제론은 나무의 가지를 자르듯이 세자의 지위를 튼튼하게 하기 위하여 세자 이외의 다른 왕자들을 제거해야 한다는 것이었다.

"세자의 동기들이 모두 죽어야 하는가?"

태종은 다른 왕자들을 모두 죽여야 한다고 주장하는 민무구와 민무질에게 실망했다. 태조가 그랬듯이 그는 자식들을 죽이려는 민무구, 민무질 형제들을 용서할 수 없었다. 결국 민무구와 민무질을 귀양 보냈다.

"민무구와 민무질이 누구입니까? 제1차 왕자의 난 때 제일 많이 활약을 한 사람이 누구입니까?"

민씨는 민무구와 민무질을 구하려고 애원도 하고 사정도 했다. 그러나 외척을 몰아내려는 태종의 결심은 확고했다. 민씨는 태종이 자신의 애원을 거절하자 눈에서 독기를 뿜으면서 저항했다. 민씨의 거친 반발에 태종은 귀양을 가 있는 민무구와 민무질을 사사시키는 것으로 답했다.

민씨의 눈에서는 피눈물이 흘렀다. 그녀는 도저히 남편 태종을 용서할 수 없었다. 그러나 태종은 절대 권력자인 군왕이었고 민씨가 분노할수록 그녀의 친정 가문은 수렁으로 빠져 들어갔다. 민무구 형제의 경우도 유배로 끝날 수 있었으나 민씨의 저항이 죽음을 자초한 면이 있었다. 결국 민무회를 비롯하여 그 아래 동생들마저 사사되고 양녕대군은 곽선의 첩 어리와 어울린 사건이 결정적인 원인이 되어 세자에서 폐위되었다.

왕후가 어찌 이리 잔혹하냐?

한편 태종은 민씨의 여종까지 데려다 동침했는데 이 사건으로 인해 그녀의 분노가 폭발했다. 그것은 민씨의 마지막 남은 자존심마저 여지없이 짓밟아 버리는 것이었다.

"지존께서 어찌 계집이 없어서 비천한 종년을 취하여 후궁으로 삼는다는 말입니까?"

민씨가 태종에게 표독한 목소리로 내쏘았다. 태종은 민씨의 성품을 잘 알고 있었기 때문에 입맛만 다셨다. 민씨의 눈에서는 시퍼런 불길이 뚝뚝 떨어지는 것 같았다.

"내 이제 자중하겠소."

태종은 마지못해 고개를 숙이는 시늉을 했다. 민씨는 정치력이 뛰어난 여인이었다.

"이 계집을 대궐에 살게 할 수는 없습니다. 민가로 내칠 테니 그리 아십시오."

민씨는 태종에게 본보기를 보여야 한다고 생각했다. 그녀는 태종과 동침한 여종을 대궐 밖으로 내쫓아 가난한 백성의 행랑에서 살게 했다. 민씨의 여종은 이 때 임신 3개월이었다. 삭풍이 사납게 몰아치는 12월, 여종이 산통을 시작하자 민씨는 궁녀들을 시켜 문 바깥 다듬잇돌 옆에 두게 했다. 태종과 정을 통한 만삭의 몸종을 죽이기 위해 한겨울에 밖에 내놓았던 것이다.

"왕후가 어찌 이리 잔혹하냐? 겨울에 만삭의 임산부를 밖으로 내쫓으면 죽으라는 것이 아닌가?"

여종의 언니가 담에 서까래 두어 개를 두르고 거적으로 덮어서 바람과 추위를 막아 주었다. 여종은 그 추위 속에서도 아기를 낳았다. 태종은 나중에야 그 사실을 알고 대노하여 민씨를 폐위시키려고 했다. 그러자 대신들이 일제히 반대했다. 태종은 황희, 박은, 유사눌 등을 불러 민씨의 패악한 면모를 호소했다.

"그 날 민씨가 계집종인 소장과 금대 등을 시켜 여종과 아이를 끌고

가 숭교리에 있는 궁노 벌개의 집 앞에 옮겨 두었다. 또 사람을 시켜 금침과 요 자리를 빼앗았다. 한상좌라는 종이 추위에 떠는 것을 애석하게 여겨 마의馬衣를 주었기에 7일이 지나도 죽지 않았다."

태종의 이야기는 계속된다. 자신의 부인이자 왕비인 민씨에 대한 비난이었다. 민씨는 여종을 소달구지에 짐짝처럼 실어 파주 교하로 보냈다. 여종은 바람과 추위와 옮겨 다니는 괴로움으로 인하여 병을 얻고 유종(乳腫 : 유방염으로 젖이 곪는 종기)이 발병했으나 그 모자가 함께 천행으로 살아 있었다.

"내가 그 때는 알지 못했다. 지금 내가 늙었는데 가만히 생각하면 참으로 측은하다. 핏덩어리가 기어다니는 것을 사람이 모두 불쌍히 여기는데 잔인하고 교활한 민씨들은 여러 방법으로 꾀를 내어 반드시 사지에 두려 했다. 이는 종지(宗支 : 왕의 자손들)를 제거하려는 생각이 오래되었기 때문에 핏덩어리에게 극악한 짓을 한 것이다. 어찌 간사하고 음흉한 무리로 하여금 악한 짓을 성공하게 하겠느냐? 그리고 내가 말하지 않는다면 어찌 사관이 알겠느냐? 마땅히 사책史冊에 상세히 써서 후세에 밝히고 외척이 경계할 바를 알게 하라."

태종이 변계량을 통해 춘추관에 명을 내려 이를 기록하게 했다. 태종은 민씨를 처벌하지 않는 대신 그 투기를 실록에 남기게 한 것이다. 태종은 민씨가 완전히 변했다고 생각했지만 어려울 때 자신을 도운 공을 생각하여 폐위시키지는 않았다. 대신에 그녀를 수강궁(창덕궁 동쪽의 궁궐)의 별전에 유폐시켰다. 민씨는 그때서야 자신이 태종에게 지나치게 패악했다는 사실을 깨달았다.

불교에 귀의했던 말년

❀

아들 형제간의 갈등도 민씨의 가슴을 아프게 했다. 양녕대군은 어리의 문제로 태종과 민씨에게 격렬하게 반발했다. 한편 셋째 아들 충녕대군은 겉으로는 조용한 듯 보였으나 내막적으로는 큰아들 양녕대군을 밀어내려 하고 있었다. 결국 양녕대군은 폐위되고 충녕대군이 세자가 되었다. 이 때도 민씨는 양녕대군의 아들을 세자로 책봉해야 한다고 강력하게 주장했다. 그러나 그녀의 주장은 택현론擇賢論에 밀려 받아들여지지 않았다. 택현론이란 어진 인물을 세자로 세우라는 주장으로 영의정 유정현이 내세운 것이었다.

"네 형들을 죽여서는 안 된다."

민씨는 세자가 된 충녕대군의 손을 잡고 울면서 당부했다. 충녕대군은 효자였기 때문에 형님들을 끝까지 돌보겠다고 민씨 앞에서 맹세했다.

세월은 덧없이 흘러갔다. 수많은 사람들의 피를 흘리게 하고 왕위에 올라 칼잡이라는 말까지 들은 태종도 늙고 그녀도 늙었다.

'모든 것이 부질없어.'

민씨는 말년이 되자 불교에 귀의했다. 그녀는 친정의 네 동생과 자신이 지극히 사랑했던 막내아들 성녕대군의 극락왕생을 빌고 또 빌었다. 태종도 양녕대군을 폐세자시키고 충녕대군을 세자로 책봉한 지 석 달이 되었을 때 돌연 전위를 하고 상왕으로 물러났다.

"나는 이제 사냥이나 하고 손주들의 재롱이나 보면서 살 생각이오. 내 손에 지나치게 많은 피를 묻혔소."

원경왕후 민씨와 태종의 무덤 헌릉 서울시 서초구 내곡동에 있다. 원경왕후 민씨는 사실상 조선의 초석을 다진 킹메이커였다. 친정 가문의 힘을 활용하여 왕자의 난을 승리로 이끌었으며 결국 대군이었던 이방원을 왕의 자리에 올렸다. 그러나 그녀의 말년은 쓸쓸했다. 오라버니들을 비롯한 친정 가문이 몰락했으며 왕위를 둘러싼 아들들의 대립으로 인해 고단한 생을 보내야 했다.

태종은 지난 과오를 반성하는 것 같았다. 이복형제들과 치열한 권력 투쟁을 벌였던 제1차 왕자의 난, 친형제와 피비린내 나는 싸움을 벌였던 제2차 왕자의 난을 회고하면서 일말의 가책을 느꼈는지도 모를 일이었다.

그러나 민씨는 태종을 믿지 않았다. 평생을 함께 살아온 아내의 친정을 무자비하게 몰살시킨 그에게 인간의 정을 느낄 수 없었다. 태종은 민씨가 예상했던 대로 또 다시 피바람을 불러일으켰다. 세종의 장인인 심온이 권세를 휘두르려고 하자 사사시켜 버린 것이다.

'결국 며느리의 가문까지 몰살시키는 것인가?'

원경왕후 민씨는 세종 2년 7월에 학질에 걸려 수강궁에서 한 많은 일생을 마쳤다. 그녀의 나이 56세였고 왕비로 책봉된 지 21년 만의 일이었다.

원경왕후 민씨는 지략가이자 담대한 성격의 여인이었다. 그녀는 정도전의 음모로 이방원이 위기에 몰렸을 때는 기지를 발휘하여 구해 내고 제1차 왕자의 난 당시는 혁명에서 주도적인 역할을 했으며 끝내 남편을 조선의 국왕으로 만든 킹 메이커였다.

조선의 르네상스를 이끌었던 은은한 리더십
소헌왕후 심씨

조선조 최고의 성군으로 불리는 세종의 부인은 소헌왕후昭憲王后 심씨였다. 왕후들 중에는 드러내 놓고 정치력을 발휘하는 여자들과 뒤에서 은밀하게 정치력을 발휘하는 여자들이 있다. 원경왕후 민씨가 여장부처럼 남자들과 어울려 정치력을 발휘했다면 세종의 부인인 소헌왕후 심씨는 한 번도 드러내 놓지 않고 정치력을 발휘한 여성이다. 특히 대궐의 내명부를 완전히 장악하여 궁중 암투가 일어나지 못하도록 했고 세자빈들이 궁중 법도를 지키지 않자 가차 없이 폐출시키기도 했다.

소헌왕후 심씨는 1395년(태조 4) 양주에서 태어났다. 명문 청송 심씨 가문의 딸로 그녀의 아버지 심온과 할아버지 심덕부는 조선의 개국공신이었다. 심씨는 14세가 되었을 때 태종의 셋째 아들 충녕군 이도와 혼례를 올리면서 역사에 등장하게 된다.

심씨는 조선의 상류층인 사대부가의 딸로 태어나 단아한 규수로 자랐다. 조선시대 명문가의 규수는 언문과 간단한 학문을 배우고 장차 사대부가의 부인으로 집안을 이끌기 위해 예법과 바느질 같은 여공을 배웠다. 심씨가 태어났을 때는 한글이 창제되지 않았을 때여서 소학 정도의 학문을 배우는 데 치중했다.

왕자는 임금이 될 수 없습니까?

❀

충녕군의 배필을 찾는 간택령이 내려지자 심온의 딸도 간택에 나아갔다. 충녕군이 세자로 책봉되기 이전의 일이어서 왕자의 배필을 찾는 간택이라고 해도 절차는 간소했다. 왕자의 배필이 될 규수의 사주단자를 들여서 합당하면 내명부의 왕비와 빈들이 선을 본다. 세자빈이나 왕비의 간택은 세 번으로 결정한다. 심씨는 사주단자를 들인 뒤에 여러 규수들과 함께 원경왕후 민씨에게 선을 보였다. 간택이 끝나자 심씨가 충녕군의 배필로 뽑혔다.

"왕자의 부인이 되는 것이니 어려운 일은 없을 것이다."

우부대언(右副代言 : 우승지)의 벼슬에 있던 심온은 딸이 충녕군의 배필로 뽑히자 여러 가지 심회가 떠올랐다. 14세의 어린 딸이 꽃처럼 예뻤다. 이제는 왕실에 시집을 보내야 한다고 생각하자 '우리 딸이 다 컸구나' 하는 생각이 들면서도 '아직도 어린 것이 아닌가' 하는 생각이 머릿속에서 교차했다. 그러나 왕실의 혼례는 민가의 혼례보다 빨랐다. 게다가 왕자는 나라에서 녹봉이 나오고 집까지 하사되기 때문에 딸이 평생 동안 부귀와 영화를 누릴 것이라고 생각하자 마음이 흡족했다.

"왕자는 임금이 될 수 없습니까?"

그 날 밤 심씨가 또렷한 눈으로 심온을 쳐다보면서 물었다.

"세자 저하께서 계신데 어찌 그런 괴이한 말을 하는 것이냐? 자칫하면 화를 당하니 말을 삼가라."

심온이 깜짝 놀라서 딸을 야단쳤다. 심씨는 입을 다물었으나 마음속 깊이 짚이는 것이 있었다. 충녕군의 부인으로 뽑힌 뒤에 일가친척의 부인들이 규방에 들어와 축하를 하는 바람에 자신도 모르게 들떠 있었다. 특히 부인네들의 말이 그녀의 귓가를 떠나지 않고 맴돌았다.

"우리 아기씨께서 세자빈이 되었으면 얼마나 좋았을까? 우리 아기씨는 세자빈 마마가 될 수 있을 정도로 곱디고운데……."

부인네들은 이렇게 심씨를 축하하면서 까르르 웃음을 터트렸다. 마치 활짝 핀 꽃잎이 부서지는 것 같은 부드러운 웃음소리였다. 왕자와 세자 사이에는 천양지차가 있었다. 세자는 국본이고 장차 임금이 될 왕자이니 어린 소녀로서는 세자에게 시집을 가는 것이 훨씬 좋았다. 그러나 세자 양녕대군은 이미 혼례를 올린 뒤였다. 심씨는 가슴 속 깊이 아쉬움이 있었지만 머릿속에 아련히 신랑의 모습을 그려 보았다. 임금의 셋째 아들이니 존귀한 신분이고 늠름한 장부이리라. 심씨는 신랑을 생각할 때면 가슴 속으로 꽃물이 드는 것 같았다.

마침내 가례일이 왔다. 수많은 사람들이 운집한 대궐에서 혼례가 이루어졌다. 심씨는 궁녀들의 시중을 받으며 의식을 거행했다. 위의가 삼엄하고 예법이 엄중하여 어린 심씨는 정신이 하나도 없었으나 상궁들의 지시에 따르며 모든 절차를 마쳤다.

혼례가 끝나자 심씨는 대궐에서 나와 대군저에서 살게 되었다. 충녕군은 관례를 올려 충녕대군으로 책봉되고 심씨는 경숙옹주로 책봉되었다.

충녕을 세자로 삼으소서

＊

충녕대군은 성품이 조용하고 학문을 좋아했다. 그의 집에는 스승인 이수가 자주 드나들 뿐 언제나 적막했다. 충녕대군은 태종의 서재에서 책을 빌려다가 읽을 정도로 학구적인 인물이었고 겉으로 드러나지 않는 정치력 또한 만만치 않았다. 심온 또한 태종의 사돈이었기 때문에 조정의 요직을 거치면서 정치력을 발휘하고 있었다.

심씨는 대군의 부인으로 평안한 일생을 살 수 있었다. 그러나 운명은 그녀를 권력 투쟁의 중심으로 밀어 넣었다.

태종의 큰아들 양녕대군은 세자가 되어 있었으나 학문을 배우기보다는 잡인들과 어울려 유흥을 일삼았다. 태종이 여러 차례 경고를 했으나 정종의 시첩 초궁장과 간음을 하고 유부녀 어리를 동궁전으로 끌어들여 아이까지 낳게 하는 등 패륜을 저질렀다.

심씨는 양녕대군의 패륜이 심해지자 세자의 자리가 충녕대군에게 돌아올 수도 있다고 생각했다. 충녕대군의 둘째 형 효령대군도 있었으나 가장 중요한 것은 태종의 복심이었다. 태종의 마음만 움직일 수 있다면 셋째인 충녕대군도 세자가 될 수 있었다.

"아버님, 충녕대군은 국본이 될 수 있는 재목입니다. 아버님께서 힘이 되어 주십시오. 아버님께서는 영의정 유정현 대감과 가깝지 않습니까?"

심씨가 은밀하게 심온을 불러서 말했다.

"무슨 말이냐? 세자 저하께서 계신데 그런 말을 했다가는 멸문지화를 당한다는 것을 모른다는 말이냐?"

심온이 펄쩍 뛰면서 심씨를 나무랐다. 세자의 자리를 넘보는 것은 대역죄가 된다.

"세자 저하는 오래 버티지 못할 것입니다. 효령대군에게 세자 자리가 돌아가게 할 것이 아니라면 움직여야 합니다. 세자 저하께서 스스로 무너질 것인데 어찌 방관하려고 하십니까?"

심씨는 물러서지 않고 심온을 설득했다. 심온은 딸의 말에 소름이 끼치는 듯한 기분이 들었다. 그러나 딸의 말이 틀린 것은 아니었다. 심온은 충녕대군의 야심을 드러내지 않은 채 양녕대군이 패륜을 저지른다는 말을 널리 퍼트렸다. 동시에 충녕대군은 어진 인물이라는 사실을 내외에 은밀하게 알렸다. 세자인 양녕대군을 흔들기 위한 공작이 물밑에서 치열하게 전개됐던 것이다. 양녕대군은 세자 자리를 빼앗기 위한 치열한 권력 투쟁이 벌어지고 있는데도 어리에게 정신이 팔려 스스로 파멸을 향해 달려갔다.

충녕대군이 대자암에서 불공을 드리고 송도로 돌아가다 양녕대군을 마산역 앞 노상에서 만났을 때, 양녕대군은 노하여 소리를 질렀다.
"어리의 일을 반드시 네가 아뢰었을 것이다!"
충녕대군은 회피하고 대답하지 않았다.

실록의 기록이다. 충녕대군조차 양녕대군의 패륜을 태종에게 낱낱이 고해바치고 있었던 것이다. 정국은 소용돌이를 치기 시작했다. 마침내 어리가 대궐에서 축출되고 양녕대군은 폐세자가 되었다. 양녕대군의 부인인 세자빈 김씨와 그의 아들들도 대궐에서 쫓겨났다.

심씨는 심온을 움직여 충녕대군을 세자의 자리로 밀어올리기 위한 공작을 빠르게 펼쳤다. 심온은 태종의 신임을 받고 있는 대신들을 차례로 포섭했다. 양녕대군을 폐세자시켰기 때문에 새로운 세자를 책봉해야 했다.

"신은 배우지 못하여 고사를 알지 못합니다. 그러나 일에는 권도(權道: 목적 달성을 위하여 임기응변으로 일을 처리하는 방도)와 상경(常經: 사람이 마땅히 지켜야 할 올바른 도리)이 있으니 어진 사람을 고르는 것이 마땅합니다."

태종이 누구를 세자로 삼아야 하느냐고 대신들에게 묻자 영의정 유정현은 택현론을 내세워 충녕대군을 세자로 책봉해야 한다고 주장했다. 유정현은 인색한 인물로 유명했으나 태종의 총애를 받고 있었다. 태종은 양녕대군의 어린 아들과 충녕대군을 놓고 고민했다. 원경왕후 민씨는 양녕대군의 아들을 세워야 한다고 주장했다.

"아비를 폐하고 아들을 세우는 것이 고제古制에 있다면 가합니다만 없다면 어진 사람을 골라야 합니다."

좌의정 박은도 아뢰었다.

"어진 사람을 고르소서."

조연, 김구덕, 심온, 김점, 유은지, 이춘생, 최운, 문계종, 이배, 윤유충, 이적, 이원항, 이발, 정상, 허규 등 15인이 아뢰었다. 이들은 모두 심온에게 포섭된 인물들이었다. 황희는 폐세자시키는 것을 끝까지 반대하다가 귀양을 갔다.

"충녕대군은 천성이 총명하고 민첩하며 자못 학문을 좋아하여, 비록 몹시 추운 때나 몹시 더운 때를 당하더라도 밤이 새도록 글을 읽으므로, 나는 그가 병이 날까봐 두려워하여 항상 밤에 글 읽는 것을 금지했다. 그러나 나의 큰 책은 모두 청하여 가져갔다. 충녕은 비록 술을 잘 마시지 못하나 적당히 마시고 그친다. 또 그 아들 가운데 장대한 놈이 있다. 효령대군은 한 모금도 마시지 못하니 이것도 또한 불가하다. 충녕대군이 대위大位를 맡을 만하니 나는 충녕으로 세자를 정하겠다."

태종이 마침내 결단을 내려 충녕대군을 세자로 책봉했다. 대신들은 일제히 자신들이 어진 인물이라고 말한 것은 충녕대군을 일컫는 것이라고 맞장구를 쳤다.

태종, 충녕을 위해 전위를 선언하다

충녕대군은 세자가 되고 심씨는 세자빈이 되었다. 그들은 사저에서 대궐로 돌아와 살게 되었다. 충녕대군이 세자가 되자 심씨는 조심스럽게 움직이기 시작했다. 시아버지인 태종은 형제들을 죽이고 권력을 빼앗을 정도로 냉혹한 인물이었고 시어머니 원경왕후 민씨는 태종과 맞설 정도로 대가 센 여걸이었다.

"내가 재위한 지 지금 이미 18년이다. 비록 덕망은 없으나 불의한 일을 행하지는 않았는데, 능히 위로 하늘의 뜻에 보답하지 못하여 여러 번 수재와 한재旱災의 재앙이 닥치고 또 묵은 병이 있어 근래 더욱 심하니, 이에 세자에게 전위하려고 한다.”

1418년(태종 18) 7월 6일 태종은 갑자기 육대언(六代言 : 6승지)을 불러 전위한다는 영을 내렸다. 태종의 전위 파동은 정치적인 굴곡이 있을 때마다 일어났고 그때마다 무서운 옥사가 벌어졌다. 충녕대군은 비록 세자가 되었다고 해도 태종이 주는 떡을 냉큼 받아먹을 수 없었다.

“전위를 사양해야 합니다. 그렇지 않으면 큰 화를 당합니다.”

세자빈 심씨는 바짝 긴장하여 충녕대군에게 전위를 사양하도록 했다. 세자 충녕대군을 비롯하여 대신들이 일제히 태종의 전위를 반대했다. 그러나 태종의 전위 선언은 정치적인 쇼가 아니었다.

세자가 옥새를 받들고 전에 나아가 바치며 굳이 사양했다. 밤이 되자 임금이 말했다.
“나의 뜻을 유시한 것이 이미 두세 번이나 되는데 어찌 나에게 효도할 것을 생각하지 않고 이처럼 어지럽게 하느냐? 내가 만일 신료들의 청을 들어 복위하려 한다면 나는 장차 죽음을 얻지도 못할 것이다.”
임금은 세자 충녕대군의 두 손을 맞잡아 북두성을 가리키고 이를 맹세하며 다시 복위하지 않을 뜻을 강력하게 천명했다.

실록에 있는 기록이다. 태종은 충녕대군의 손을 잡고 천지신명과 종묘에 맹세까지 하면서 전위가 정치적인 쇼가 아니라는 사실을 강조했다.

“내가 이러한 조치를 천지신명과 종묘에 맹세하여 고했으니 어찌 감히 변하겠느냐?”

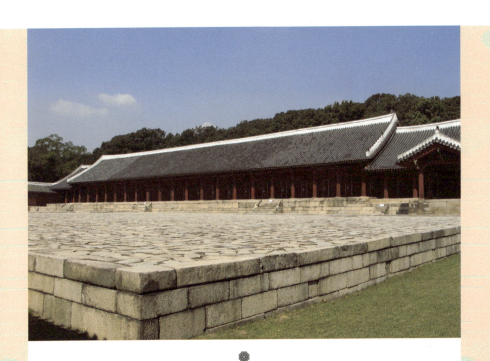

서울시 종로구 훈정동에 있는 종묘의 모습 종묘는 조선시대 왕과 왕비들의 신주를 모신 왕가의 사당이다. 종묘 제도는 중국의 우나라 때부터 시행되었다. 태묘太廟라고도 하며 1995년 유네스코 문화유산으로 지정되었다.

충녕대군은 태종의 진의를 알 수 없어서 당혹스러웠다. 왕위는 물려준다는 선언을 한다고 해서 그냥 받아들일 수 있는 성질의 것이 아니었다. 그러나 태종은 강력하게 영을 내렸다. 충녕대군은 왕세자로 책봉된 지 불과 석 달 만에 임금이 되고 심씨는 세자빈에서 왕후로 책봉되었다.

사실 이것은 태종의 치밀한 전략에 의한 것이었다. 태종은 양녕, 효령, 충녕 등 세 아들이 치열하게 권력 암투를 벌이자 왕위를 안전하게 계승시키기 위해 자신이 살아 있을 때 물려준 것이다.

"주상이 장년이 되기 전에는 내가 친히 군사를 관장할 것이다. 또 나라에서 결단하기 어려운 일은 의정부와 육조로 하여금 의논하게 하고 각각 가부를 진달하게 하여 시행하게 할 것이다. 나도 마땅히 가부에 참여할 것이다."

태종은 세종에게 전위를 하면서도 군사에 대한 권한과 국가의 중대한 사안에 대해서는 자신이 관여하겠다고 선언했다. 대신들은 비로소 태종의 진의를 알아차리고 전위를 받아들였다. 태종이 군권을 장악하고 있었기 때문에 세종은 형식적인 임금이나 다를 바 없었다.

외척이 권세를 휘둘러서는 안 됩니다

왕비가 되자 심씨는 옷을 입는 것도 낮과 밤이 달랐고 잠을 자는 방도 달라졌다. 부부라고 해도 왕은 동온돌, 왕비는 서온돌에서 거처했다. 민간에서는 생각할 수도 없는 예절이 많았다. 심지어는 밤에 세종과 합방을 하는 일조차 궁중 내관들이 길일을 잡아야 사랑을 나눌 수 있었다. 젊은 여인으로서는 견딜 수 없는 일이었다. 길일 날 합방을 하게 되어도 노상궁들이 방문 밖 네 귀퉁이에서 번을 서기 때문에 경악한 일이 한두 번이 아니었다. 합방을 할 때 늙은 상궁들이 번을 서는 것은 행여 불측한 마음을 품은 궁녀들이 해코지하는 것을 방지하기 위해서라고 했다. 내명부를 관장하는 일도 그녀의 일이었다. 대궐에는 비빈들부터 무수리와 비자(婢子 : 별궁이나 비빈의 궁, 종친들 사이에서 문안 편지를 전달하던 여자 종)들까지 궁녀들이 500명이나 있었다. 무수리들 중에는 출퇴근을 하는 여자들도 있었으나 내명부 관할이었고 심씨가 다스려야 했다.

'이제는 내가 왕후가 되었어. 상왕 전하께서 언제까지나 섭정을 하지는 않을 테니 나는 우리 전하가 성군이 될 수 있게 보필을 해야 돼.'

소헌왕후 심씨는 세종의 그늘에서 내조를 하겠다고 다짐했다. 그러나 왕후로 살아가는 것도 결코 쉬운 일이 아니었다.

태종이 상왕으로 물러나 있는 동안 소헌왕후 심씨는 세종과 함께 매일같이 수강궁에 가서 문안을 드려야 했다. 그것은 번거로운 일이었으나 심씨는 한 번도 게을리 하지 않았다.

"아버님, 제가 국모가 되었으니 이제는 뒷전에 물러나 있어야 합니다. 외척이 권세를 휘두르려고 해서는 안 됩니다."

심씨는 친정아버지 심온에게 당부했다. 심씨는 태종이 전위를 한 후부터 자신을 보는 눈빛이 달라지고 있다고 생각했다. 태종에게 문안을 드리러 갈 때마다 얼굴을 살피면 먹이를 사냥하려고 하는 굶주린 맹수처럼 눈이 번뜩이고 있었다.

"내 일은 내가 알아서 할 것입니다."

심온은 미간을 찌푸리고 있다가 웃었다.

"상왕 전하는 무서운 분입니다. 군권은 아직도 상왕 전하가 갖고 계십니다."

"허허허, 걱정하지 마십시오. 이제는 이빨 빠진 호랑이에 지나지 않습니다."

심온은 심씨의 당부에도 불구하고 권세를 휘두르려고 했다. 국왕의 장인이기 때문에 조정의 권력을 마음대로 좌지우지할 수 있다고 생각했다. 그는 유정현이 갖고 있는 영의정의 자리를 노렸다. 심온이 조정을 쥐락펴락하기 위해 공작을 하고 있는 사실이 태종의 귀에 들어갔다. 태종은 전위를 했으면서도 인사권과 병권을 갖고 있었다.

"심온은 국왕의 장인이니 그 존귀함이 비할 데 없다. 마땅히 영의정이 되어야 할 것이다."

태종이 심온을 영의정에 제수했다.

"명에 보내는 사은사는 반드시 왕실의 인척이라야 한다. 한장수가 비록 인척이긴 하지만 심온만 못하다. 황엄은 평소에 심온과 알고 지내는 사이이니 심온이 간다면 반드시 정성을 다할 것이다."

태종이 심온에게 명을 내렸다. 세종이 전위를 받은 사실을 명나라에 알리고 그에 대한 사례를 하는 사은사로 뽑힌 것이다. 황엄은 명나라의 환관으로 조선에 여러 차례 사신으로 왔었다. 심씨는 이 때 세자 향(훗날의 문종)을 낳은 상태였다.

"아버님, 먼 길에 잘 다녀오십시오."

심씨는 명나라로 떠나는 심온을 동대문 밖에서 전송했다.

"아비의 일은 걱정하지 마십시오. 중전 마마께서는 이제 존귀한 국모가 되셨으니 항상 어질고 자애로워야 합니다."

심온이 심씨를 보면서 만면에 미소를 지었다. 심온을 전송하기 위해 많은 대신들이 몰려나와 인사를 나누고 있었다. 심씨는 권세가 친정으로 쏠리고 있다는 사실을 절감했다.

"아버님 말씀 명심하겠습니다."

"중전 마마께서 이리도 곱고 화사하시니 부질없는 걱정인 듯합니다."

심온은 화평하게 웃으면서 명나라로 떠났다. 심씨는 사은사 행렬이 아지랑이 속으로 가물가물 사라지는 것을 본 뒤에야 대궐로 돌아왔다. 그것이 마지막 길이 될 줄은 심온도 심씨도 알지 못했다.

큰 간인이니 마땅히 처형하라

❋

그러나 심온이 떠난 지 불과 며칠 되지 않았을 때 예상하지 못했던 강상인의 옥사가 터졌다. 강상인은 태종이 사가에 있을 때부터 거느리고 있던 종이었다. 무예 실력이 뛰어나 왕자의 난 등을 겪으면서 내금위장으로 승진했고, 세종이 보위에 올랐을 때는 병조참판의 지위에 있었다. 그는 상왕으로 물러난 태종이 병권을 행사하기 위해 병조판서 박습과 함께 심어 놓은 심복이었다. 그런데 강상인과 박습이 군사에 관한 일을 병권을 가지고 있는 태종에게 보고하지 않고 세종에게 보고했던 것이다. 강상인은 세종을 떠오르는 태양, 태종을 기울어 버린 달로 생각한 것이 분명했다. 이 사건은 심씨의 일생에 두고두고 어두운 그림자를 던진다.

강상인을 비롯한 관련자들이 의금부로 끌려와 처절한 고문을 받기 시작했다. 태종은 강상인의 옥사를 자신이 직접 지시하고 취조 방향을 이끌었다. 군사에 관한 보고를 태종에게 하거나 세종에게 하거나 실제로 크게 달라질 일은 없었다. 태종은 전위를 했고 현재의 임금은 세종이었다. 대신들은 태종의 진의를 몰라 어리둥절했고 세종과 소헌왕후 심씨는 숨조차 쉴 수 없었다.

"신이 박습과 의논하면서, '군사軍事는 한 곳에서 나오는 것이 어떠냐?'고 하니 박습도 또한 옳다고 하므로 아뢰지 않았습니다."

강상인은 세종이 국왕이니 군사에 대한 명령이 세종에게 나오는 것이 옳다고 주장했다. 추관이던 박은은 냉혹한 일 처리로 유명한 인물이었다. 대신들은 태종이 박은에게 조사를 맡길 때 피바람이 불 것이라는 사실을 예측하고 있었다. 그는 강상인에게 뼈가 부서지는 압슬형을 가했다.

"네가 병권이 새 임금에게서 나와야 한다고 말한 저의가 무엇이냐?"

박은은 일일이 태종의 지시를 받아가면서 고문했다.

"그렇다면 제가 상왕을 배반한 것입니다."

강상인은 압슬형까지 가하자 분연히 외쳤다. 강상인은 자신이 무엇 때문에 고문을 당하는지 알지 못했다. 다시 강상인에게 처절한 압슬형이 가해졌다.

"그렇다면 제가 새 임금의 덕을 입기를 바란 것입니다."

강상인이 비통하게 부르짖으면서 외쳤다.

"누구와 그 말을 논의했느냐?"

"날짜는 기억하지 못하지만 영의정 심온을 상왕전의 문 밖에서 보고 의논하기를, '군사를 나누어 소속시키는데 갑사(甲士 : 오위伍衛 중 의 흥위에 속한 군사)는 수효가 적으니 마땅히 3,000명으로 해야 되겠다'고 한즉 심온이 또한 옳다고 했으며, 그 후에 또 의논할 일이 있어 날이 저물 때에 심온의 집에 가서, '군사는 마땅히 한 곳으로 돌아가야 된다'고 했더니 심온도 또한 옳다고 했습니다."

강상인의 입에서 마침내 심온의 이름이 거론되었다.

"과연 내가 전일에 말한 바와 같이 그 진상이 오늘날에야 나타났구나.

마땅히 큰 간인奸人을 제거하여야 될 것이니, 이를 잘 살펴 문초하라."

태종은 비로소 옥사의 진실이 밝혀졌다면서 크게 기뻐했다. 강상인의 입에서 심온의 이름이 거론되자 누구보다 놀란 것은 소헌왕후 심씨였다. 사실 이 사건은 태종의 치밀한 계산에 의해 확대된 사건이었다. 태종은 세종이 보위에 오르자 그의 장인 심온에게 권력이 급격하게 쏠리는 것을 눈치 챘다. 그는 심온을 제거하지 않으면 세종의 치세가 어려워질 것이라고 판단했다. 그리하여 심중에 심온을 제거할 계획을 숨겨 놓고 심복 중의 심복이었던 강상인을 모질게 고문했던 것이다.

"아버님이 화를 당하면 어찌하옵니까?"

심씨는 울면서 세종에게 구원을 청했다. 강상인의 옥사로 대궐과 조정이 숨을 죽이고 있었다.

"그대의 아버지는 나의 장인이오. 상왕께서 어찌 죄를 물으시겠소?"

세종이 심씨를 위로했다. 세종은 양녕대군에 비교하여 성품이 유약했기 때문에 한 번도 태종에게 반발한 일이 없었다.

"그렇지가 않습니다. 옥사의 기세가 여간 사나운 것이 아닙니다."

"설령 죄를 받는다고 해도 유배에 그칠 것이오."

세종은 태종이 심온을 죽이지는 않을 것이라고 안이하게 생각했다. 그러나 태종의 생각은 전혀 달랐다. 강상인의 옥사를 일으킨 것은 처음부터 심온의 제거가 목적이었기 때문에 심씨 일가에 대하여 더욱 가혹하게 고문했다. 태종은 사은사의 임무를 마치고 명나라에서 돌아오는 심온을 납치하다시피 한양으로 압송하여 제대로 심문도 거치지 않고 옥사의 수괴로 몰아 처형해 버렸다. 심온은 자신이 무슨 죄를 저질렀는지도 모르고 형장의 이슬로 사라졌다.

아비가 죽었는데 나를 원망하느냐?

✴

소헌왕후 심씨로서는 기가 막힌 일이 아닐 수 없었다. 심씨는 비로소 태종이 자신보다 훨씬 더 정치력이 뛰어나다는 것을 알 수 있었다. 그러나 그녀는 한 마디 원망하는 말도 할 수 없었고 눈물도 흘리지 못했다. 심온을 처형한 태종은 그녀의 집안사람들을 천민으로 만들었다. 친정이 완전히 몰락한 것이다.

'왕후가 되어 부귀영화를 누릴 줄 알았는데……'

친정이 가장 고귀한 신분에서 갑자기 가장 천한 신분이 되자 심씨의 심경은 참담하기 이를 데 없었다. 그러나 심씨에게 불어 닥친 시련은 그것뿐이 아니었다.

"궁중이 적막합니다."

좌의정 박은이 수강궁에서 태종에게 아뢰었다. 그것은 소헌왕후 심씨를 폐하자는 뜻이었다.

"내가 이미 경의 뜻을 알았다."

태종은 박은의 말을 윤허했다. 자신을 폐비시킨다는 말이 나돌자 심씨는 천길 벼랑으로 굴러 떨어지는 듯한 기분이었다. 대궐의 곳곳에서 궁녀들이 수군거리고 내관들의 눈초리도 싸늘해지고 있었다. 조만간 폐비 전교가 내려올 것이라고 생각하자 심씨는 잠을 이루지 못했다. 모든 것이 끝나 평생 죄인으로 살아야 한다고 생각하니 하늘이 무너지는 것 같았다.

"아비가 죽었는데 나를 원망하느냐?"

세종과 함께 수강궁으로 문안을 드리러 가자 태종이 심씨에게 물었다. 방 안에는 팽팽한 긴장감이 흘렀다.

"신의 아비는 죄인이옵니다. 어찌 상왕 전하를 원망하는 마음이 있겠사옵니까? 신첩은 출가외인이라 오래 전부터 상왕 전하를 친가의 아버님으로 여기고 있사옵니다."

심씨는 태종의 용안을 우러러보며 미소를 지었다.

"네가 예를 안다."

태종은 며느리인 심씨가 자중하고 있다고 판단했다. 자신을 스스로 경계한다면 제거 대상이 아니다.

"자애로우신 부왕의 은혜입니다. 신첩은 오로지 부왕만을 믿고 의지하고 있습니다."

심씨는 수강궁에서 문안을 드리면서 태종을 부왕, 즉 아버님이라고 부르는 기지를 발휘했다.

궁궐 안에 태종이 폐비를 윤허한다는 영을 내렸다는 소문이 돌면서 박은 등 조정 신하들은 새로운 왕후 간택을 준비하며 속히 폐비 전교를 내려달라고 요청했다.

"평민의 딸도 시집을 가면 친정 가족에 연좌되지 않는 법인데 하물며 심씨는 이미 왕후가 되었으니 어찌 감히 폐출하겠는가? 경들의 말이 옳지 못한 것 같다."

태종은 박은의 말이 옳지 않다고 지적했다. 태종의 마음이 하루 만에 바뀐 것이다.

"만약 형률로써 논하오면 전하의 분부가 옳습니다. 그러나 주상의 처지에서 논한다면, 심온은 곧 부왕의 원수이니 어찌 그 딸로써 중궁에 자리를 잡고 있도록 하겠습니까. 은정恩情을 끊어 후세에 법을 남겨두

시기를 청합니다."

조말생, 원숙, 장윤화 등이 일제히 아뢰었다. 박은은 병조에 나아가서 당상관에게 지시했다.

"그 아버지가 죄가 있으니 그 딸이 마땅히 왕후로 있을 수 없다."

병조의 당상관들이 일제히 낯빛이 변해 웅성거렸다. 태종은 박은 등이 병조에서 폐비 조치를 내릴 것이라고 말했다는 사실을 전해 들었다.

"《서경》에 '형벌은 아들에게도 미치지 않는다' 했으니 하물며 딸에게 미치겠느냐? 예전에 민씨의 일도 불충이 되었으나, 그 당시에는 왕후를 폐하고 새 왕후를 맞아 세우자고 의논한 사람이 하나도 없었는데 지금은 어찌 이 지경에 이르렀느냐?"

태종이 박은의 말을 듣고 유정현, 허조, 허지와 의정부 당상관을 불러 싸늘하게 노려보았다. 태종의 뜻이 폐비에 있다고 생각했던 박은은 깜짝 놀랐다. 태종은 자신의 말이 심씨를 폐비시키자는 것이 아니라 세종에게 후궁을 들이라는 말이었다고 해명했다.

"신 등도 또한 금지옥엽이 이와 같이 번성하오니 왕후를 폐하고 새로 세우고 하는 일은 경솔히 의논할 수 없습니다."

박은은 비로소 심씨를 폐하자는 주장을 철회했다. 태종의 마음이 바뀌면서 소헌왕후 심씨는 가까스로 위기에서 벗어났다. 세종은 이 과정에서 한 번도 심씨를 도와주지 못했다.

눈물로 해후한 어머니와 친척들

❋

태종은 세종에게 양위를 한 지 4년이 지난 뒤에 죽었다. 태종이 죽으면서 조선 건국에서 왕자의 난까지 피비린내를 불러일으켰던 칼의 시대는 막을 내린다.

1424년(세종 6) 11월 19일, 소헌왕후 심씨는 영돈령으로 물러난 외조부 안천보의 집을 찾아갔다. 겉으로는 안천보를 찾아가는 것이었지만 실제로는 친정어머니를 만나는 것이었다. 그녀의 친정 방문이 누구에 의해 주도되었는지는 알 수 없다. 그러나 다음의 기록을 살피면 세종이 자신의 사랑하는 부인 심씨를 위하여 깊은 배려를 하고 있었다는 사실을 알 수 있다.

> 종실, 왕실의 인척, 재상의 부인들에게 영을 내려 심씨를 호종하게 하고, 각 부서의 관원이 한 명씩 수행하도록 했다. 왕후가 머무는 장전(帳殿 : 왕과 왕후가 앉도록 임시로 꾸민 자리)을 안천보의 집 북쪽, 심온의 집 앞에 두고 잔치를 열었다.

이는 심온이 사형을 당한 지 6년 만의 일로 세종이 친정이 천민으로 전락한 심씨를 위하여 배려한 것이었다. 심씨의 어머니가 죄인 신분이었기 때문에 직접 그 집에 들어갈 수는 없고 안천보의 집을 찾는다는 핑계를 대고 있지만, 오히려 안천보의 집에서는 멀리 떨어지고 심온의 집 앞에서 만나게 한 것이다.

이날 심씨의 친정어머니 안씨가 나와 잔치에 참여하고, 심씨와 안씨 집 여자들이 모두 모여 잔치에 참여한 자가 100여 명에 이르렀다. 소헌왕후 심씨는 어머니 안씨와 눈물의 해후를 한 뒤에 음악을 연주하면서 지극히 즐기다가 날이 저물어서 환궁했다.

심씨는 6년 만에 천민으로 전락한 어머니와 자신의 외갓집 여인들을 눈물로 상봉했다. 남자들은 대부분 강상인의 옥사에 연루되어 처형되거나 노비로 끌려가 남아 있는 사람들은 여인들밖에 없었다. 심씨는 어머니를 비롯하여 여러 친척들을 만났지만 가슴이 뻐개지는 듯했을 것이다.

심씨는 일가의 친척들을 잃어 피눈물을 흘려야 했지만 태종은 아들 세종을 반석 위에 올려놓았다. 태종은 세종을 위해 외척을 제거하면서 스스로 악역을 자임했으니 그 지략과 냉철함은 혀를 내두를 만하다.

심씨는 세종의 배려로 친정어머니를 만났으나 이후에는 자주 만날 수 없었다. 세종은 심씨의 어머니를 사면해 줄 듯 하면서도 사면하지 않았다. 심씨는 친정의 몰락 이후 자녀들을 낳고 훈육하는 일에만 전력을 기울였다. 그녀는 세종과의 사이에서 8남 2녀를 낳았다. 첫째가 문종 이향이고, 둘째가 세조 이유, 셋째가 안평대군 이용으로서 당대의 문장가로 명성을 떨친 인물들이었다.

세종의 정치 파트너가 되다

소헌왕후 심씨는 내명부를 완전히 장악하고자 했다. 이를 위해 그녀는 자신이 낳은 아이들을 후궁들에게 양육하게 했다.

세종은 심씨 외에도 5명의 후궁을 더 두어 18남 4녀를 낳았다. 심씨는 아버지가 죽고 친가가 몰락하는 과정을 지켜보았기 때문에 궁중에서 투기나 질투를 일체 하지 않았다. 세종 또한 그러한 심씨를 깍듯이 공대했다.

> 왕후가 나아오고 물러갈 때에 전하께서 반드시 일어서시니, 그 공경하고 예로 대하심이 이와 같았다.

세종은 왜 소헌왕후 심씨를 이토록 공경했는가? 이는 심씨가 드러내지 않고 세종에게 정치력을 발휘했기 때문이었다. 세종은 세자빈(문종의 부인)을 둘이나 폐출시켰다. 첫 번째 세자빈 김씨는 세자의 사랑을 얻기 위해 뱀의 정액 가루가 담긴 주머니를 차고 다녔다는 이유로 폐출되었고 두 번째 세자빈 봉씨는 동성애로 폐출되었다. 이 때 폐출을 주도한 인물이 소헌왕후 심씨였다.

> 내가 중전과 함께 항상 가르치고 타일러서 그 후에는 조금 대하는 모양이 다르게 되었지마는, 침실의 일까지야 비록 부모일지라도 어찌 자식에게 다 가르칠 수 있겠는가.

내가 중전과 같이 봉씨를 불러서 타이르기를, "네가 매우 어리석다. 네가 세자빈이 되었는데도 아들이 없으나 권승휘(승휘承徽는 세자의 후궁에 내린 작호이다)가 다행히 아들을 두게 되었으니, 인지상정으로는 기뻐할 일인데 도리어 원망하니 또한 괴이하지 않는가?" 했다

내가 중궁과 더불어 소쌍을 불러서 그 진상을 물으니 소쌍이 말하기를, "지난해 동짓날에 빈께서 저를 불러 내전으로 들어오게 하셨는데, 다른 여종들은 모두 지게문 밖에 있었습니다. 저에게 같이 자기를 요구하므로 저는 이를 사양했으나 빈께서 윽박지르므로 마지못하여 옷을 한 반쯤 벗고 병풍 속에 들어갔더니, 빈께서 저의 나머지 옷을 다 빼앗고 강제로 들어와 눕게 하여 남자의 교합하는 형상과 같이 서로 희롱했습니다" 했다.

세종의 고백에서 알 수 있듯이 중대한 일을 결정할 때는 항상 소헌왕후 심씨가 옆에 있었다.

세종은 젊었을 때부터 몸이 뚱뚱하여 각종 병을 앓았다. 그러나 심씨가 옆에서 내조를 했기 때문에 조선 최고의 성군이 될 수 있었다.

소헌왕후가 썼던 금보 1446년에 제작된 소헌왕후의 어보이다. 손잡이는 거북 모양으로 조각하였고 주황색 방망이 술끈을 부착하였다. 국립고궁박물관 소장

소헌왕후와 세종의 무덤인 영릉 소헌왕후는 원래 헌릉에 안치되었지만 후일 영릉으로 이장했다. 경기도 여주군 능서면에 있다. 소헌왕후는 드러내지 않고 정치력을 발휘한 여성이었다. 친정 가문이 몰락할 당시에는 기지를 발휘하여 폐위를 모면했고 세종의 파트너로서 세자빈 김씨와 봉씨의 폐출을 주도했다. 세종이 조선조 최고의 성군으로 불릴 수 있었던 데는 소헌왕후의 힘이 컸다.

성군의 그림자로 살다간 신산한 삶

✳

화무십일홍, 권력과 부귀는 무상한 것이고 열흘 붉은 꽃은 없다. 소헌왕후 심씨는 14세의 어린 나이에 충녕군이었던 세종의 부인이 되었고 23세에 왕후가 되었다. 그러나 왕후가 되자마자 아버지 심온과 친정이 몰락하는 것을 보면서 피눈물을 삼켜야 했다. 왕후의 삶이 결코 신데렐라처럼 화려하지도 않고 아름답지도 않다는 사실을 그녀의 신산한 삶을 통해 알 수가 있다.

심씨는 1446년(세종 28) 3월 둘째 아들 수양대군의 집으로 피병을 나갔다가 그 곳에서 조용히 눈을 감았다. 향년 52세, 원경왕후가 그랬듯이 그녀도 말년에는 불가에 귀의하여 여생을 보냈다.

세종은 집현전 설치와 한글 창제, 측우기 개발 등 학문과 문명을 발전시키고 3대 악성이라 불리는 박연을 통해 음악과 예술을 진흥시키는 등 조선의 르네상스를 이끈 최고의 성군이 되었다. 그러나 그의 그늘에 있었던 소헌왕후 심씨는 그림자로 조용히 삶을 마쳐 우리를 안타깝게 하고 있다.

격변의 세월을 넘어 개혁 군주의 파트너가 된
효의왕후 김씨

500년 조선 역사를 회고해 보면 성리학이 16세기에 이르러 절정을 이루다가 임진왜란과 병자호란을 거치면서 쇠퇴하고 18세기에 이르러 이용후생학이 발전하게 된다. 두 번에 걸친 국난은 조선의 지배층에서부터 민초들에게까지 새로운 패러다임을 요구하고 있었다. 남인들을 중심으로 실학의 기운이 팽배해 지고 서학(西學: 천주교)의 물결이 도도하게 밀려오고 있을 때 개혁 군주 정조가 보위에 올랐다. 그는 자신의 정치적 이상을 끝내 실현하지 못하고 눈을 감았으나 그가 발탁했던 인재들은 조선의 발전에 많은 영향을 미쳤다.

개혁 군주 정조의 부인 효의왕후孝懿王后 김씨는 1753년(영조 29) 좌찬성이던 김시묵의 딸로 가회동에서 태어났다. 김시묵은 청풍 김씨로 조부는 영돈령부사를 지낸 김우명이고 부친은 병조판서를 지낸 김성응이었다. 명문에서 태어난 김씨는 어릴 때부터 귀하게 자랐다. 현종의 왕후인 명성왕후明聖王后 김씨가 그녀에게 고모할머니가 되었고 고조부인 김우명은 서인의 거두였다. 이렇듯 쟁쟁한 가문에서 태어난 그녀는 어릴 때부터 어질고 효성스럽다는 말을 들었다.

마마가 잘못하면 멸문을 당하게 됩니다

❋

1761년(영조 37) 12월 22일 영조는 세손빈으로 김시묵의 딸을 결정했다. 이 때는 사도세자가 죽기 1년 전으로 세손 이산(훗날의 정조)이 10세, 그녀가 9세였다.

"대궐에 들어가면 매사에 조심을 해야 합니다. 지금 임금께서는 전에 없이 영특한 분입니다."

김시묵은 딸이 세손빈으로 간택되자 앞에 앉혀 놓고 당부했다. 아홉 살이면 철부지에 가까운 어린 소녀다. 김시묵은 눈에 넣어도 아프지 않을 어린 딸이 세손빈으로 간택되자 안쓰럽고 미안했다. 한겨울 가회동의 앙상한 나뭇가지 끝에서 삭풍이 사납게 비명을 질러대고 있었다.

"빈궁 마마가 조금이라도 잘못을 하면 이는 곧 친가의 잘못입니다. 우리는 멸문을 당하게 됩니다."

김시묵은 세손빈이 된 딸이 대견하면서도 한겨울의 삭풍처럼 어려운 일이 닥칠지 모른다고 생각했다. 세손빈에게 영광보다 고통스러운 일이 더 많을 것이라고 생각하자 자신의 가슴 속에도 찬바람이 부는 것 같았다. 영조의 후광으로 세손이 되기는 했으나 세손의 외할아버지인 홍봉한과 홍인한조차 세자(사도세자)에게 등을 돌리고 있었고, 세자 때문에 세손이 보위에 오르는 것은 불가능할 것이라고 생각했다. 성격이 과격한 영조가 문숙의 등의 모함으로 수시로 세자를 불러 꾸짖었기 때문에 세자는 스트레스를 받아 극심한 정신질환을 앓고 있었다. 세자는 함부로 궁녀를 죽이고 여승을 입궁시켰으며 대리청정을 하면서도 몰래 왕궁을 빠져나가 평양을 내왕하는 등 난행과 광태를 일삼았다.

그런데 10여 년 이래로 불행히 병이 있었으나 무슨 병인지 가려낼 수 없었고 지적할 만한 형상도 없어 병 아닌 병이 더했다 덜했다 끝이 없었습니다. 조정에 임하여 정신을 차리면 의식儀式에 실수하지 않는데, 내전에 있어 임의로 맡겨 두면 실로 숨겨진 근심이 많았습니다.

사도세자가 죽은 뒤에 홍봉한이 올린 차자이다. 세자는 그 무렵 격간도동膈間挑動이라는 광증을 앓고 있었다. 격간도동은 오늘날의 조울증으로 추정된다. 더욱이 세자는 노론 벽파와 정치적인 입장이 달리하고 있었기 때문에 광증까지 앓고 있는 세자를 제거하려 할 것이 분명했다. 그렇게 되면 김시묵의 일가가 피바람을 맞게 되는 것이다.

"아버님, 소녀는 어찌해야 합니까?"

불과 아홉 살의 소녀인 김씨는 맑은 눈으로 김시묵을 쳐다보았다.

"대궐의 모든 사람을 은혜로 대우하십시오. 항상 미소를 잃어서는 안 됩니다."

"아버님 말씀 명심하겠습니다."

김씨는 다소곳이 대답했다.

"우리 아기가 이렇게 귀하게 될 줄 누가 알았나?"

김시묵의 두 번째 부인인 홍씨가 어린 딸을 끌어안았다.

"어머니, 저는 시집가기 싫어요."

김씨는 홍씨의 품에 안겨 어리광을 부렸다.

"여자란 누구나 장성을 하면 시집을 가게 됩니다. 세손 저하께 시집을 가는데 어찌 가기 싫다는 것입니까?"

홍씨는 딸의 등을 쓰다듬어 주면서 달랬다.

너마저 나가면 누구를 의지하란 말이냐?

❀

해가 바뀌어 1762년(영조 38) 김씨는 세손과 가례를 올렸다. 불과 10세의 어린 나이로 세손빈이 되었기 때문에 그녀는 부모의 따스한 보살핌을 받을 겨를도 없이 법도가 엄정한 궁중에서 자라게 되었다. 세손 이산 역시 어렸기 때문에 낯선 사람들 사이에서 지엄한 법도를 지키며 살아야 하는 어린 소녀는 부모에 대한 그리움에 눈물로 밤을 지새우는 날이 많았다. 이 때 그녀를 따뜻하게 격려해 준 여인이 시어머니인 혜경궁 홍씨였다. 그러나 세손빈 김씨는 대궐에 들어간 지 얼마 되지 않아 사도세자의 죽음에 휘말렸다.

사도세자는 이 무렵 하루도 거르지 않고 의원이 입시하여 진찰을 할 정도로 광기가 중증에 이르고 있었다. 사도세자의 광기를 더 이상 방치할 수 없었던 노론 벽파는 마침내 나경언의 상소 사건을 조작하여 사도세자를 죽음으로 몰고 가기 시작했다. 이 때 사도세자의 생모인 영빈 이씨마저 영조에게 대처분을 요구하면서 사태는 걷잡을 수 없이 번졌다.

> 궁성 문을 막고 나팔을 불어 군사를 모아 호위하고 사람의 출입을 금했으니, 비록 재상이라도 한 사람도 들어온 자가 없었는데 영의정 신만만 홀로 들어왔다. 임금이 세자에게 명하여 땅에 엎드려 관을 벗게 하고 맨발로 머리를 땅에 조아리게 하며 이어서 차마 들을 수 없는 전교를 내려 자결할 것을 재촉하니, 세자의 조아린 이마에서 피가 나왔다. 신만과 좌의정 홍봉한, 판부사 정휘량, 도승지 이이장, 승지 한광조 등이 들어왔으나 미처 진언하지 못했다. 임금이 세 대신 및 승지들의 파직을 명하니 모두 물러갔다. 세손이 들어와 관과 도포를 벗고 세자의 뒤에 엎드리니 임금이 안아다가 시강원으로 보내고 김성응 부자에게 지키게 하여 다시는 들어오지 못하게 하라고 명했다.

실록에 있는 기록이다. 김성응 부자는 세손빈 김씨의 조부와 부친을 말하는 것이다. 세손 이산은 자결하라는 명을 받은 아버지 사도세자의 뒤에서 아버지를 살려 달라고 목이 메어 울부짖었다. 영조는 자신의 손자를 직접 안아다가 시강원으로 내보냈다. 아들을 죽여야 하는 영조의 눈에서도 피눈물이 흘러내렸을 것이다.

세손빈 김씨는 시아버지 사도세자가 죽음의 위기에 몰리자 너무나 당혹스러웠다.

'아아, 장차 이 일을 어떻게 할 것인가? 너무나 무서운 일이 벌어지고 있구나!'

세손빈 김씨는 공포에 떨었다. 대궐은 발칵 뒤집혀 무서운 긴장감이 감돌고 있었다.

임금이 칼을 들고 연달아 차마 들을 수 없는 전교를 내려 동궁의 자결을 재촉하니, 세자가 마침내 자결하고자 하는데 동궁의 여러 신하들이 말렸다. 임금이 이어서 폐하여 서인으로 삼는다는 명을 내렸다. 이 때 신만, 홍봉한, 정휘량이 다시 들어왔으나 임금의 노기가 하늘을 찌르자 감히 간하지 못했고 여러 신하들 역시 감히 간쟁하지 못했다. 임금이 시위하는 군사를 시켜 동궁의 여러 신하들을 내쫓게 했는데 한림翰林 임덕제만이 굳게 엎드려서 떠나지 않았다.

"세자를 폐했는데 어찌 사관이 있겠는가?"

임금이 좌우에 영을 내려 임덕제를 체포하여 내보내게 하니, 세자가 임덕제의 옷자락을 붙잡고 곡하면서 따라 나왔다.

"너마저 나가 버리면 나는 장차 누구를 의지하란 말이냐?"

세자는 문 밖으로 나와 동궁의 여러 관원에게 어떻게 해야 좋은가를 물었다. 사서司書 임성이 아뢰었다.

"마땅히 다시 궁궐의 뜰로 들어가 처분을 기다릴 수 밖에 없습니다."

세자가 곡하면서 다시 들어가 땅에 엎드려 애걸하며 개과천선하기를 청했다. 임금은 세자의 애원에도 펄펄 뛰면서 세자의 잘못을 조목조목 지적했다.

"전하께서 깊은 궁궐에 있는 한 여자의 말로 인해서 국본을 흔들려 하십니까?"

도승지 이이장이 아뢰었다. 임금이 대노하여 빨리 형률로써 다스리라고 명했다가 곧 그 명을 중지했다. 드디어 세자를 깊이 가두라고 명했는데 세손이 황급히 들어왔다. 임금이 세자빈, 세손 및 여러 왕손을 좌의정 홍봉한의 집으로 보내라고 명했는데 이 때에 밤이 이미 반이 지났다.

세손 이산은 아버지 사도세자의 죽음을 목격하게 된다. 이산은 아버지를 살려 달라고 영조에게 애처롭게 빌었으나 소용이 없었다. 세손빈 김씨는 세손 이산이 울부짖는 것을 보고 비통했다.

"세자가 이 지경에 이른 것을 온 세상이 다 알고 있다. 경은 오로지 병 때문이라고 하나 나는 오로지 병 때문만은 아닌 듯하다. 병도 또한 광기이며 광기도 또한 병이니 병과 광기 때문에 온전한 도리를 잃고 변괴도 있어서 점차 오늘에 이르게 되었다. 내가 몸소 말하기 어려운 위태로움이 경각에 닥치게 되었으니 진실로 두려움이 느껴진다. 나의 몸이야 비록 돌아볼 것이 없으나 종사와 국가에는 어찌하겠으며 백성들에게는 어찌하겠는가?"

영조는 사도세자가 죽을 때까지 대신들의 알현을 일체 거부했다. 대신들이 사도세자를 구하려는 의도를 사전에 차단한 것이다. 사도세자는 뒤주 속에 갇혀 서서히 죽어 갔다. 하루가 지나고 이틀이 지나는 동안 세손 이산은 처절하게 울부짖었다. 세손빈 김씨도 옆에서 같이 울었다. 사도세자는 결국 뒤주 속에 갇혀 8일 만에 숨이 끊어졌다.

나는 사도세자의 아들이다

❊

"아바마마, 소자는 어찌하라고 이렇게 가시옵니까?"

세손 이산은 몸부림치면서 울부짖었다. 이산이 울부짖는 것을 본 김씨도 목이 메었다. 영조는 사도세자가 죽자 안타까움을 토로하고 사도思悼라는 시호를 내렸다. 사도세자의 장인인 홍봉한도 그를 죽일 수

밖에 없는 사실을 구구절절 아뢰었다.

"아! 영빈은 사도세자의 어머니이십니다. 자식을 사랑하는 마음은 사람이 모두 같지만 여자는 더욱 심한 것입니다. 사도세자를 낳아 길러 그가 세자의 지위에 올랐으며 뒷일을 맡아 부탁할 다른 아들도 없었으니 그 자애롭게 보살피는 것이 어떠했겠습니까? 그러나 상황이 말하기 어려운 처지에 이르러 부득이 전하를 위하여 울면서 고했으니 대의를 위하여 사사로운 정을 끊는 것은 부인으로서 남자도 하기 어려운 바를 한 것입니다."

영빈 이씨가 아들을 밀고한 것은 그의 광증이 한계에 도달했기 때문이었다. 노론 벽파는 집권을 하고 있었기 때문에 광패를 부리는 사도세자를 방치할 수 없었다. 노론 벽파는 사도세자를 죽게 하면서 훗날 그의 아들인 정조와 끝없이 대립하게 된다.

혜경궁 홍씨는 남편인 사도세자가 비명에 죽은 후 친정아버지 홍봉한, 작은아버지 홍인한조차 세손을 보호하지 않으려고 했기 때문에 사면초가에 둘러싸여 있었다.

"사방에 우리를 죽이려고 하는 자들밖에 없습니다. 세손과 세손빈은 어떤 일이 있어도 서로 사랑하고 지켜 주어야 합니다. 특히 세손을 동무처럼 아껴 주세요."

홍씨는 세손빈 김씨의 손을 잡고 말했다. 세손과 세손빈이 어렸기 때문에 부부로서 가까이 지내는 것보다 동무로 지내라고 한 것이다.

"어머님의 말씀처럼 소첩은 세손 저하의 동무가 되어 드리겠습니다. 부디 세손 저하께서는 할아버님의 총애를 잃지 마소서."

세손빈 김씨는 사도세자의 죽음으로 슬픔에 잠겨 있는 세손을 위로

창경궁에 있는 영춘전 세자빈들이 머물던 궁궐인 영춘전의 모습. 세손빈 김씨 역시 이곳에서 살얼음 위를 걷는 듯한 불안한 세월을 보내야 했다. 지금 보는 건물은 1834년에 재건된 것이다.

했다.

"고맙소. 나도 세손빈을 동무라고 여기겠소."

혜경궁 홍씨의 교화를 받은 세손과 세손빈은 역대 어느 왕과 왕후들보다 부부애가 좋았다. 그러나 이산은 세손 시절부터 노론 강경파의 극심한 견제를 받았다. 세손 이산의 목숨이 항상 위태로웠기 때문에 세손빈 김씨도 불안한 나날을 보내야 했다.

세손 이산은 영조로부터 엄중한 훈육을 받았다. 영조는 '나는 야위더라도 천하는 살찌우리라'는 자신의 지론을 실천에 옮기려는 임금이었다. 그리하여 탕평책을 실시하고 천하를 안정되게 만들었으나 아쉽게도 누대에 걸친 당쟁의 악습을 척결하지는 못했다.

"세손은 노론이나 소론을 알 필요가 없고, 이조판서이나 병조판서를 알 필요도 없습니다. 더욱이 조정의 일도 알 필요가 없습니다."

영조가 세손에게 대리청정을 시키려고 하자 홍인한이 노골적으로 반대했다. 홍인한은 세손의 작은외조부인데도 이산이 조정 일을 알아서도 안 된다고 주장했다. 영조가 사도세자를 죽게 한 것은 병 때문이지 미워해서가 아니라는 것을 대신들은 모르고 있었다.

"내 뜻은 이러한데 경 등이 몰라 주니 참으로 개탄스럽도다."

영조는 노론이 거세게 반발하자 혀를 차고 분노했다. 사관은 실록에서 홍인한의 말을 맹렬하게 비난했다.

홍인한이 '세 가지를 알 필요가 없다'는 말로써 임금에게 우러러 대답했다. 혜경궁께서는 이 말을 듣고 작은 종이에 써서 반드시 수고를 덜고자 하는 것이 임금의 뜻이라며 자세하고 간곡한 하교를 홍인한에게 전했다. 그러나 그는 저녁에 이르기까지도 임금에게 아뢴 것이 아침 때와 같았다. 아! 홍인한이 조금도 딴마음이 없었다면 '세 가지를 알 필요가 없다'는 말은 신하로서 감히 입에서 나올 말이 아닌 것이다.

영조는 노론으로부터 세손을 적극적으로 보호했다. 홍인한, 정후겸, 문성국 등은 세손을 음해하여 죽이려고 했다. 특히 화완옹주의 양자인 정후겸은 이산을 죽이려고 광분했으나 실패했다. 조선의 역대 왕들 중 가장 장수하고 오랫동안 보위에 있었던 영조는 죽음이 임박하자 세손 이산에게 순감군을 관할하게 하여 결정적인 힘을 실어 주었다. 그러자 노론 대신들이 일제히 반대했다. 영조는 동궁이 순감군을 관할하는 것은 300년 된 고사라고 지적하고 영의정 한익모를 파직했다.

"상협련군(廂俠輦軍 : 임금을 호위하는 군사들)은 하교를 기다려 대령하였다가 들어오게 하라."

영조는 노론의 대신들 앞에서 호위 군사들을 대궐로 들어오게 하라고 영을 내렸다. 대신들은 군사를 부르는 영조의 말에 경악했다. 영의정을 파직하면서 군사들을 부른 것은 여차하면 대신들을 모조리 죽여버리겠다는 선언인 것이다.

"신 등은 전연 몰랐습니다. 지금 하교를 받고 분명히 전례가 있음을 삼가 들었으니, 신 등이 어찌 감히 다시 진달할 것이 있겠습니까?"

김상복이 경악하여 아뢰었다.

"신은 본래 우매하여 전례가 있는지 없는지를 몰랐습니다."

홍인한은 등줄기로 식은땀이 흘러내리는 것을 느끼며 물러섰다.

"고례가 이와 같은 것을 신 등이 어찌 알았겠습니까? 지금 하교를 받으니 다시는 진달할 것이 없습니다."

김상철도 아뢰었다.

"조금 전에 거둥하겠다고 하교한 뒤에 군병이 반드시 대령하고 있을 터이니, 삼가 하념(下念 : 윗사람이 아랫사람을 염려하여 줌)하여 주소서."

홍인한이 아뢰었다.

"조금 전에 서둘던 일을 지금 대신들이 타협하였으니 거둥을 그만두게 한다."

영조는 상협련군을 들어오게 하라는 영을 취소했다.

"거둥을 그만두게 한다는 허락을 받고 신 등은 기쁨을 견디지 못하겠습니다."

홍인한을 비롯하여 대신들은 천세를 부르고 차례로 물러나왔다. 대신들은 목숨을 구했고 이산은 순감군을 지휘하게 되었다. 이뿐이 아니라 부사직 서명선이 홍인한 등에 대한 탄핵 상소를 올리면서 노론은 일대 타격을 받았다. 홍인한과 한익모 등이 유배를 가고 대사헌 송형중이 파직되면서 노론은 바짝 움츠렸다. 그러한 조치가 내려진 지 불과 3개월 만에 영조는 83세를 일기로 생을 마쳤고 정조가 25세의 나이로 즉위했다.

정조의 즉위에 결정적인 영향을 미친 인물은 영조와 홍국영이었다. 홍국영은 노론 강경파를 꺾을 책략을 세우고 영조는 군사를 동원해 주어 아슬아슬하게 즉위할 수 있었다.

정조는 즉위한 뒤에 자신을 죽이려고 한 홍인한, 정후겸, 홍상간, 홍봉한을 죽이려고 했다. 그러나 홍봉한은 친외조부였다. 어머니 혜경궁 홍씨가 격렬하게 반대하자 홍인한, 정후겸, 홍상간을 죽이는 데 그치고 사도세자를 모함했던 문숙의와 문성국을 주살했다. 그들을 죽인 뒤에 내린 정조의 〈문죄토녀윤음〉은 처절하기까지 하다.

아! 이 달에 이 날을 당하여 가슴이 무너져 내리고 목이 메어 살고 싶지 않다. 아! 오늘의 심정으로 어찌 차마 호령을 발하고 시행하겠는가마는, 문성국의 하늘에 닿고 땅을 덮는 죄악 때문에 나는 마음을 썩이고 분을 뼈에 새기며 애통함을 씹게 되는 것이다. 만일 오늘날에 있어서 명백하게 명을 내리지 않는다면 백관과 만민들이 어떻게 이 역적의 본말을 알고 하늘에 닿고 땅을 덮는 죄악을 함께 분개하고 통탄할 수 있겠는가? 아! 신하와 백성들은 나의 슬프고도 고통스러운 말을 분명하게 들어 보라. 아! 문성국의 죄악은 열이나 백으로는 계산할 수 없는 것이다. 천 가지 죄와 만 가지 악이 헤아릴 수 없고, 이치에 어그러지지 않은 것이 없으며, 차마 제기할 수도 없고 차마 말할 수도 없는 흉악한 의도와 역심을 갖고 있는 것이다. 무릇 저 문성국은 천한 종으로서 살무사 같은 성질을 가지고 안으로는 요망한 누이를 끼고 밖으로 반역한 재상과 결탁하여, 낮이나 밤이나 도모하는 것은 찬탈하려는 흉계가 아니면 곧 시역하려는 음모였다.

정조는 윤음을 반포한 뒤에 울고 또 울었다. 아버지 사도세자에게 자결을 강요하던 할아버지 영조의 근엄한 얼굴이 떠올랐다. 그 때 얼마나 목이 메어 울부짖었던가. 사도세자의 죽음을 생각하면서 비통해하는 정조를 효의왕후 김씨는 가슴에 안아 주었다.

"전하, 참으로 오랜 세월을 참고 견디셨습니다."

정조는 수많은 곡절을 겪었고 효의왕후 김씨는 그와 고난을 함께했다.

"중전이 나보다 더 심려가 많았소."

정조는 만감이 교차하는 듯이 효의왕후의 가슴에 얼굴을 묻고 통곡했다.

정조는 보위에 올랐고 자신을 제거하려던 노론에 복수의 칼을 휘둘렀다. 그런데 효의왕후는 성인이 되었는데도 자식을 낳지 못해 앞날에 어두운 그림자가 드리워지고 있었다. 10세에 혼례를 올려 14년이 지났으나 아기를 낳지 못했다. 이 틈을 타서 권력가 홍국영이 그녀를 견제하기 시작했다.

효의왕후, 홍국영과 맞서다

✽

정조의 등극에 결정적인 역할을 한 홍국영은 무소불위의 세도를 누리게 되었다. 그는 처음에는 세력이 미미한 사대부에 불과했으나 정조의 절대적인 신임을 바탕으로 세도 정치를 하기 시작했다. 그는《매천야록梅泉野錄》을 남긴 황현이 세도가 홍국영 때부터 비롯되었다고 할 정도로 단숨에 권력을 장악하여 효의왕후를 위협했다.

영조가 죽으면서 대비가 된 정순왕후 김씨(영조의 계비繼妃, 즉 두 번째 왕후)는 자신의 입지를 강화하기 위해 후사를 두기 위해 후궁을 들이라는 언문 교지를 여러 차례 내렸다.

> 정순대비가 중전에게 병이 있어서 아들을 가질 수 없다고 하며 언문 교지를 내려 사대부가 중에서 규수를 간택하여 후궁으로 두어 왕자를 생산하는 방도를 널리 모색하라고 명을 내렸다.

실록에 있는 〈효의왕후 행장〉의 기록이다. 효의왕후가 어떤 병이 있었는지는 알려지지 않았다. 그러나 정순왕후 김씨가 노골적으로 병이 있어서 아이를 낳지 못하니 후궁을 뽑으라고 영을 내린 것은 사실 노론 벽파가 정순왕후를 내세워 공격을 한 것이었다. 효의왕후 김씨와 부부애가 두터웠던 정조는 한동안 이를 사양했으나 김씨가 아이를 낳지 못하자 결국 홍국영의 누이동생을 빈으로 맞아들였다. 홍국영은 정조의 총애를 받고 있었기 때문에 정순왕후를 내세운 벽파와 맞선 것이다.

홍국영의 누이 원빈 홍씨는 정조의 후궁이 되자 오라비의 세도를 믿고 방자하게 행동했다. 그녀는 효의왕후를 노골적으로 모함하고 비난했다.

'감히 후궁이 나를 비난하는 것인가?'

효의왕후 김씨는 원빈을 불러다가 질책했다. 효의왕후의 질책을 받고 처소로 돌아온 원빈은 펄펄 뛰었다.

"중전이 하늘 높은 줄 모르고 나를 질책하는구나! 주상이 누구 때문에 보위에 올랐는데 나에게 큰소리를 쳐?"

원빈은 효의왕후 김씨가 자신을 독살하려고 했다는 거짓 소문을 널리 퍼트렸다.

"중전께서 그럴 리가 있습니까?"

홍국영은 처음에 누이동생의 말을 믿지 않았다. 그러나 원빈 홍씨는 집요하게 효의왕후를 음해했다. 원빈의 투기와 음해로 대궐은 분란에 휩싸였다. 궁녀들까지 효의왕후의 파와 원빈의 파로 나뉘어 팽팽하게 대립했다. 그러나 원빈은 궁으로 들어온 지 1년밖에 되지 않았을 때 갑자기 죽었다.

'이는 중전이 내 누이동생을 죽인 것이다.'

홍국영은 효의왕후 김씨가 누이동생의 죽음에 관련이 있을 것이라고 생각했다. 그는 중궁까지 손을 뻗쳐 효의왕후를 압박했다. 효의왕후는 원빈이 죽은 뒤에 홍국영이 자신을 압박하자 불안했다. 그녀의 친정 아버지 김시묵은 노론 계열이었기 때문에 홍국영으로부터 견제를 받아 활약을 할 수 없었다.

홍국영은 도승지, 이조참의, 대제학, 이조참판, 대사헌 등을 역임하면서 권력을 휘둘렀다.

'주상은 자식이 없다. 자식이 없으니 양자를 들이도록 해야 한다.'

홍국영은 누이동생을 후궁으로 들여 외척으로서 권세를 휘두르려 던 계획이 수포로 돌아가자, 정조의 이복형제인 은언군의 아들 이담을 죽은 원빈의 양자로 삼은 후에 그 군호君號를 완풍군完豊君이라 했다. 여기서 완은 조선왕조의 본향인 완산(전주)을 뜻하고 풍은 자신의 본관 인 풍산을 가리킨 것으로 이는 왕실을 능멸하는 것이었다.

'홍국영이 참으로 방자하구나.'

홍국영의 위세가 하늘을 찌르자 효의왕후는 분개했다. 그러나 자식 을 낳지 못한 그녀는 평생을 왕의 그림자로 살 수 밖에 없었다.

"왕손을 넓히는 일은 다시 할 수 없다."

홍국영은 정조가 후궁을 맞아들이지 못하도록 적극적으로 반대했 을 뿐 아니라 효의왕후 김씨를 함부로 위협하고 협박하기까지 했다.

대신臺臣 박재원이 좋은 의원을 구하여 중전의 병환을 치료하고자 하자 홍국영이 크게 노하여 공석에서 박재원을 욕했다. 원빈의 세력이 이와 같 이 심하게 펼쳐졌으나 효의왕후가 못 본 체하고 여유 있게 대처해 나가므 로, 임금이 효의왕후를 더욱 소중하게 여겼다.

실록의 기록을 살펴보아도 홍국영이 얼마나 방자했는지 알 수 있을 것이다. 효의왕후는 병을 앓았으나 홍국영은 치료까지 방해했다. 효의 왕후에게 온갖 위협을 가하던 홍국영은 누이동생이 죽은 것을 효의왕 후 탓이라고 하여 그녀를 독살하려고까지 했다. 효의왕후는 홍국영을 이대로 방치하면 자신의 목숨이 위태로울지 모른다고 생각했다.

'홍국영은 주상의 신임이 두터우니 보통의 계책으로 제거할 수 없다.'

효의왕후는 홍국영을 제거하기로 결심했다. 그녀는 홍국영이 대궐에 심어 놓은 궁녀들을 주시했다. 그리고 홍국영의 심복 궁녀가 독이든 탕약을 올리자 정조 앞에서 한 모금 마시는 체했다. 효의왕후 김씨의 입에서 피가 쏟아지고 정조가 대경실색했다. 대궐과 조정이 발칵 뒤집히면서 은밀하게 조사가 이루어졌고 그 결과 홍국영이 효의왕후를 독살하려고 한 사실이 드러났다.

"중전이 너의 흉악한 음모를 이야기해도 나는 믿지 않았다. 그런데 네가 정녕 임금이 있는 줄을 몰랐다는 말이냐? 지존의 배필을 음해했으니 죽여도 시원치 않으나 외지로 내치겠다."

정조는 홍국영을 면대하고 다시는 한양으로 돌아오지 말라고 엄명을 내렸다. 자신을 즉위시키는 데 홍국영이 지대한 공을 세웠기 때문에 차마 죽이지는 않은 것이다.

> 역적 홍국영은 임금을 추대한 큰 공을 스스로 탐하여 오래도록 시위(侍衛: 임금을 모시어 호위하는 사람)의 자리에 있었고, 끝없는 욕심을 한없이 부리며 세력을 믿고 마음대로 권력을 휘둘렀다. 중전까지 죽이려고 역모하였으니 신하로서 어찌 차마 이 말을 끄집어낼 수 있겠는가?

실록의 기록이다. 정조는 인정전에 나아가 역적을 토벌한 것에 대한 하례를 받고 나서 중앙과 지방에 사면령을 반포했다.

홍국영은 이후 강원도 횡성으로 쫓겨났다가 다음에는 강릉부로 옮겨져 실의의 나날을 보내다 병들어 죽었다.

조선의 왕후들 중 으뜸가는 현숙한 여인

❋

왕후의 자리는 정치력이 요구되는 자리다. 그러나 유학을 통치 이데올로기로 삼은 조선의 관료들은 여자들이 정치에 관여하는 것을 필사적으로 반대했다. 그러한 까닭에 총명한 여인들은 왕을 조종하여 정치를 하거나 인척들을 동원하여 정치력을 발휘했다. 왕후들의 정치력은 조정에 미치기도 하지만 내명부에 한정되는 경우도 종종 있었다. 구중궁궐이라고 부르는 대궐에는 500명 안팎에 이르는 궁녀들이 있었다. 이들을 다스리고 거느리는 일도 상당한 정치력이 요구되고 때때로 금원(禁苑 : 궁궐 안에 있던 후원)의 일이 밖으로 알려져 조정을 뒤흔들기도 했다.

효의왕후는 홍국영과 원빈의 파동이 있은 뒤에 내명부를 슬기롭게 다스렸다. 무엇보다 그녀는 개혁 군주인 정조를 내조하면서 현숙한 인생을 살았다. 자신과 세손을 괴롭힌 정후겸의 양모 화완옹주까지 보살펴 줄 정도로 그녀는 성품이 고결했다.

효의왕후 김씨는 1788년(정조 12)에 잉태를 했으나 상상임신이어서 열 달이 지나도 출산을 하지 못했다. 그녀는 크게 낙담했으나 정조의 사랑으로 극복할 수 있었다.

정조는 의빈 성씨가 아들을 낳자 원자로 정호하고 3세가 되었을 때 문효세자로 책봉했다. 그러나 그는 5세가 되었을 때 요절하고 의빈도 시름시름 앓다가 죽었다.

정조는 수빈 박씨가 아들을 낳자 효의왕후의 아들로 했다. 이 아들이 훗날의 순조였다.

개혁 군주 정조는 1800년 승하했고 효의왕후는 69세를 일기로

효의왕후 김씨와 정조의 무덤인 건릉 효의왕후 김씨는 1776년 정조가 왕위에 오르자 왕후가 되었다. 입궁 후 시어머니 혜경궁 홍씨를 정성껏 모셨는데 시누이들과 돈독한 관계를 유지했다. 능은 경기도 화성시 태안읍 안녕리에 있다.

1821년(순조 21) 2월에 눈을 감았다.

하루는 여러 아이들과 같이 놀았는데, 어떤 아이가 자라나는 풀을 뽑고 있었다. 그러자 그 아이에게 책망하기를 '풀이 이렇게 무럭무럭 자라고 있는데 왜 뽑아 한창 자라나는 생기生氣를 해치느냐?'라고 하였다. 생명에 미친 사랑과 사람을 가르치는 정성이 어렸을 때부터 이와 같았으므로 그 소문을 들은 친척들이 모두 기특하게 여겼다. …… 효의왕후는 아랫사람을 반드시 성의와 신의로써 대하여 일찍이 천히 여기고 미워하는 사람이라도 마음을 열고 얼굴을 대해 허심탄회하게 말하였다. 그러나 사적인 은정으로 봐주지 않았으므로 좌우에 있는 궁중의 심부름하는 사람들이 모두 사랑하면서도 두려워할 줄 알았다. 친척 중에 과실을 범한 사람이 있으면 꾸짖지는 않았으나 묵묵히 말을 하지 않아 그로 하여금 스스로 잘못을 깨닫게 하였으므로, 그 사람이 '마음에 부끄럽고 송구하여 벌을 받는 것보다 더 심하다'라고 하였다.

〈효의왕후 행장〉의 기록이다. 효의왕후는 자라는 풀의 생명까지 소중하게 여겼다.

효의왕후 김씨는 10세의 어린 나이에 세손 이산과 혼례를 올렸으나 그 해에 사도세자가 뒤주에 갇혀 죽었던 탓에 정조가 즉위할 때까지 살얼음 위를 걷는 듯한 불안 속에서 세월을 보내야 했다. 정조가 즉위한 뒤에는 홍국영으로부터 생명의 위협을 받았다. 임금의 부인이었으면서도 자식을 낳지 못했기 때문에 큰 소리 한 번 내지 않고 살았다. 그러나 그녀는 어질고 검소하여 조선의 왕후들 중 으뜸가는 현숙한 여인으로 꼽힌다.

무너지는 조선을 일으켜 세우려 했던
명성황후 민씨

1895년(고종 32) 10월 8일, 조선왕조 500년의 정궁인 경복궁 안에 있는 건청궁의 옥호루에서 고귀한 왕후의 신분인 명성황후明成皇后 민씨가 미명의 이른 새벽, 침실에서 끌려나와 일본 낭인들에게 잔인하게 시해된다. 일본인들은 그것도 모자라 시해한 민씨를 향원정 녹원에서 석유를 끼얹고 불태우는 전대미문의 만행을 저지른다. 이것이 저 유명한 을미사변, 즉 명성황후 시해 사건이다. 이 사건은 당시 조선 공사였던 미우라 고로의 지휘로 일본 정규군과 낭인(실제로는 신문사 사장, 편집장, 정치인 등 일본 각계의 저명한 인사)들이 조선 침략의 전 단계로 저지른 일이었다.

　일본은 이 때 이미 조선 침략의 야욕에 불타고 있어서 조선공사 미우라는 "조선은 이제 일본의 수중에 들어왔다", "조선은 임자 없는 고깃덩어리와 같다. 누가 먼저 이 고깃덩어리를 차지하느냐가 중요하다"
라고 공언할 정도였다. 그렇다면 일본은 왜 국제적인 비난을 무릅쓰고
명성황후를 시해해야 했을까? 이는 명성황후 민씨가 일본의 노골적인
침략 정책을 저지하기 위해 일본을 배척하고 러시아를 끌어들이는 인
아거일引俄拒日 정책을 강력하게 추진했기 때문이었다.

조선과 운명을 함께한 여인

조선의 왕후들 중에서 명성황후 민씨처럼 다양한 평가를 받는 여인은
없을 것이다. 그녀는 한미한 집안, 몰락한 양반가에서 태어나 16세에
조선의 국모가 되어 무너져 가는 조선을 부둥켜안고 몸부림치다가 일
본인들에게 잔인하게 시해되고 그 시신이 불태워졌다. 그녀는 프랑스
의 마리 앙투아네트, 아르헨티나의 에바 페론 에비타와 같은 여인으로
서 불꽃같은 인생을 살다가 바람이 되어 사라졌다. 그녀는 언제나 당당
하게 조선의 국모라는 사실을 내외에 천명했다. 그녀의 생애 자체가 한
국 근대사의 격변기를 헤쳐 왔기 때문에 일생도 파란만장하다. 그녀가
죽은 뒤에 조선은 모래 기둥처럼 무너졌다. 이는 역설적으로 그녀가 생
전에 무너져 가는 조선을 일으켜 세우기 위하여 얼마나 몸부림을 쳤는
지 단적으로 말해 주는 것이다.

민비는 한낱 가냘픈 여성에 불과했다. 그런데도 동양의 호걸이라고 불리
는 대원군도 제대로 대항하지 못했다. 그녀의 수완과 재능, 도량이 얼마나

출중한지 알 수 있을 것이다. 지략과 원대한 계책으로서 한 세상을 주름잡은 여장부다.

명성황후 시해에 가담했던 일본인 고바야카와가 자신의 수기에 남긴 기록이다.

왕후는 가냘프고 미인이었다. 검고 윤이 나는 머리카락에 얼굴은 진주 가루를 뿌려서 창백해 보였다. 눈은 차고 날카로워서 훌륭한 지성의 소유자라는 것을 알 수 있었다. 명석하고 야심적이며 책략에도 능할 뿐 아니라 매우 매혹적이고 또한 여러 가지 면에서 진실로 사랑스러운 여성이었다.

이는 영국의 여행가 비숍이 남긴 기록이다. 선교사 언더우드 부인이 남긴 기록은 다음과 같다. 언더우드 부인은 명성황후 민씨의 서양인 주치의였기 때문에 자주 면담할 수 있었다.

나는 그녀를 만나자마자 그녀가 높은 수준의 여자임을 곧 알았다. 다른 모든 아시아인들과 마찬가지로 그녀의 지식도 주로 중국에서 얻은 것이었으나 세계의 강대국과 그 정부들에 대해 잘 알고 있었다. 그녀는 나에게 많은 질문을 던졌고 자기가 들은 것을 모두 기억하고 있었다. 그녀는 섬세한 감각을 지니고 있으면서도 유능한 외교관이었고 자기에게 몹시 반대하는 사람들의 허술한 데를 찌르기 일쑤였다. 더욱이 그녀는 발전적인 정책을 쓰는 나라인 일본의 반대자였고 애국적이었으며 조선에 이익이 되는 것을 위해 몸을 바치고 있었고 복지를 찾고 있었다. 이러한 점들은 모두 우리들이 동양의 왕후에게서 기대할 수 있는 수준을 훨씬 뛰어넘는 것이었다. 여

기에 덧붙여 그녀는 따뜻한 마음씨를 지녔고 어린아이들을 자애롭게 대해
주었으며 주위 사람들에게 섬세하게 마음을 써 주었다.

명성황후 민씨에 대한 생각은 식민지 사관에 의해 상당히 왜곡되어
있다. 명성황후 민씨가 미신을 신봉하여 국고를 탕진하고 시아버지와
대립했다는 시각은 그녀를 제거해야만 조선을 합병할 수 있었던 일본
의 시각과 같은 것이다. 1894년 당시 조선 공사였던 이노우에 가오루
는 명성황후에게 정치에 관여하지 말 것을 강력하게 요구했다.

"왕실과 세자에 대한 우려만 없다면 한낱 궁궐 부녀자인 내가 무엇
때문에 정치를 하려고 하겠습니까? 이것은 오로지 우리 조선 왕실과
나라의 융성을 바라기 때문입니다."

명성황후 민씨의 대답이다. 이 대답에서 우리는 명성황후의 진실을
엿볼 수 있다. 명성황후는 우유부단한 고종이 국가의 위기를 타파하지
못하고 우왕좌왕하고 있을 때 그녀 특유의 강인한 성품으로 누란의 위
기에 빠진 조선을 이끈 여걸이었다.

대원군, 혁신 정치로 새 바람을 일으키다

❀

민씨는 1851년 9월 25일 여주군 근동면 섬락리(또는 능현리)에서 과천
현감과 장악원 첨정을 지낸 민치록의 무남독녀로 태어났다. 태어날 때
집 주위에 자색 서기가 영롱하게 뻗쳐 이름을 자영(紫英 : 붉은 꽃봉오리)
으로 지었다는 말이 전해지고 있다. 생모는 그녀가 어릴 때 죽고 계모

명성황후 민씨가 자란 감고당의 모습 원래는 숙종이 인현왕후의 친정을 위하여 지어준 집이다. 대대로 민씨가 살았으며, 1866년(고종 3) 이곳에서 명성황후가 왕비로 책봉되었다. 왕비로 책봉된 명성황후는 과거 인현왕후의 일을 회상하여 '감고당感古堂' 이란 이름을 붙였다.

한씨가 그녀를 키웠다. 민치록은 민씨가 8세 되던 해 한양의 감고당(현 덕성여고 자리)으로 이사를 했다. 감고당은 인현왕후가 폐위되어 쓸쓸하게 지냈던 곳이었다. 민씨는 어릴 때부터 영민하여 언문과 사서오경을 두루 읽었다. 최근에 명성황후의 한글 편지가 발견되어 화제가 되고 있을 뿐 아니라 한문 친필도 나타나 그녀의 학문이 만만치 않았다는 사실을 보여주고 있다. 특히 여성으로서는 드물게 《춘추좌전》을 탐독하여 지략가와 경세가로 명성을 떨칠 바탕을 마련했다.

민씨가 아홉 살 되던 무렵 아버지 민치록이 세상을 떴다. 이 때 아들

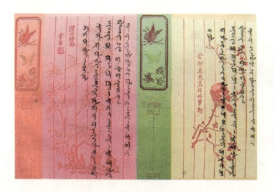

명성황후가 쓴 친필 편지
최근에 발견되어 화제가 되고 있
는 명성황후의 친필이다. 한글
친필뿐만 아니라 한문 친필도 발
견되어 그녀의 학문적 수준이 높
았음을 말해 주고 있다.

이 없었기 때문에 민승호를 민치록의 양자로 들였다. 민승호는 안동 김씨의 세도로 박해를 받고 있던 흥선군 이하응의 처남이었다.

당시 임금이었던 철종은 강화도에서 농사를 짓는 초동(樵童 : 나무꾼)을 데려왔기 때문에 안동 김씨에게 휘둘려 삼정이 문란하고 백성들은 도탄에 빠져 있었다. 곳곳에서 민란이 일어나고 아전들의 횡포가 극심했으나 한편에서는 개화의 물결이 도도하게 밀려오고 있었다. 그 때 철종이 갑자기 승하했다. 이에 대왕대비 조씨와 흥선군 이하응은 정치적인 밀약을 맺고 1863년, 불과 12세밖에 되지 않은 흥선군의 둘째 아들 이재황을 조선의 국왕으로 추대했다. 대원군이 된 이하응은 섭정이 되어 조선을 대대적으로 개혁하기 시작했다.

대원군은 집권하자 왕조의 중흥에 최대의 역점을 두었다. 그는 근대적인 독재자로서의 면모를 유감없이 발휘하여 안동 김씨 60년 세도로 부패할 대로 부패한 척족 정치를 과감히 청산하고 혁신적인 인사를 단행했다. 또한 서원을 철폐하고 경복궁을 중수해 임진왜란 때 훼손되어 수도다운 위엄이 없던 한성을 웅장한 모습으로 되살리기 시작했다. 그뿐 아니라 6조 관청까지 다시 중건할 계획을 세우고 있어서 숭례문에서 광화문까지의 6조 거리가 활기로 넘치고 있었다.

한편 조정 대신들의 넓은 갓과 도포 소매를 짧게 하여 새로운 바람을 일으켰다. 세제를 개혁하여 양반들까지 세금을 물려 국가 재정을 튼튼히 하고 폐해가 많은 풍속과 악습을 뜯어고쳤다. 서울과 지방 각지의 양반과 토호들이 백성들을 마구잡이로 수탈하고 부녀자까지 겁탈하는 일이 빈번했으나 이를 엄격히 금지하는 한편 양반들에게도 검소한 생활을 하도록 독려했다. 대원군의 내정 개혁은 도탄에 빠진 백성들에게는 구세주를 만난 것이나 다름없었다.

열여섯 나이에 망국의 왕후가 되다

❀

대원군 이하응은 대대적인 개혁을 단행했으나 반발도 만만치 않았다. 서구 열강은 은자의 나라 조선에 몰려와 통상을 요구했고 천주교는 백성들 사이에서 급속하게 전파되었다. 대원군은 러시아 병사들이 함경도 경흥부에 나타나자 천주교인들이 첩자 노릇을 한다고 판단하여 대대적인 소탕에 들어갔다. 서학을 사학邪學이라고 규정한 전례를 들어 천주교인들을 학살하기 시작하여 수백, 수천 명의 천주교 신자들이 가혹한 고문을 당하고 처형되었다. 프랑스 외방전교회 소속의 신부들 9명도 살해되었다. 이로 인하여 1866년 병인양요가 일어났다. 천주교인들을 학살하느라고 조선 반도가 아비규환의 참상에 빠져 있을 때 고종의 왕비 간택령이 내렸다. 전국에서 규수들의 단자를 받아들이라는 지시가 승정원에 내려졌다. 단자를 내는 기간은 12월 20일까지였다. 민씨도 왕후를 여러 명 배출한 여흥 민문閔門의 딸이었기 때문에 간택에 참가했다.

대원군은 가례도감을 설치해 정사에 이경재, 부사에 자신의 장인인 민치구를 임명했다. 간택령이 내리자 전국의 사대부가는 떠들썩했다. 임금의 배필이요, 국모를 뽑는 행사였다. 요행히 중전으로 간택만 되면 본인에게 영광이 됨은 물론이고 가문을 빛낼 수 있는 기회였다. 전국의 사대부가는 혼기에 이른 규수의 단자를 써서 승정원에 바쳤다. 민씨는 손수 단자를 썼다. 원래는 민승호가 써야 했으나 민승호가 손수 쓰라고 권했던 것이다.

민승호와 민씨의 계모 이씨, 민승호의 부인 이씨가 옆에서 지켜보았다. 민씨는 단자의 초첩(初貼 : 첫 줄)에 한성부 안국방이라고 정성스럽게 썼다. 한성부 안국방이라고 하는 것은 주소를 말하는 것이었다. 민씨의 필체는 이미 민승호에게 못지않았다. 획은 연미하고 부드러우면서 깨끗했다.

"이제 재첩再貼을 써라."

민승호가 옆에서 말했다. 재첩은 둘째 줄로 단자를 내는 규수의 생년월일과 태어난 시간, 그리고 사조(四祖 : 아버지부터 4대의 조상)의 이름을 쓰게 되어 있었다. 마지막 삼첩三貼에는 중국 연호와 월일, 그리고 가장의 이름을 쓰게 되어 있는데 이름 앞에는 반드시 신臣이라는 글자를 먼저 썼다.

"수고했다."

민씨가 단자를 다 쓴 것은 얼추 한 식경이 지나서였다. 민씨의 이마에는 땀방울까지 송송 맺혀 있었다. 민씨의 간택 단자는 그 날로 민승호가 예조를 통해 승정원에 올렸다. 규수들의 단자는 대비들이 심시한다.

"첨정 민치록의 딸, 유학 김우근의 딸, 현령 조면호의 딸, 영令 서상조의 딸, 용강 현령 유초환의 딸을 재간택에 넣고, 그 나머지는 모두 허혼許婚하라."

대왕대비 조씨가 영을 내렸다. 민씨는 초간택에 선발되어 재간택에 나갔다. 재간택은 대왕대비 조씨(익종의 왕비), 왕대비 김씨(헌종의 왕비), 대비 홍씨(철종의 왕비)가 직접 선을 보았다.

"첨정 민치록의 딸을 삼간택에 들게 하고, 그 나머지는 모두 허혼하라."

왕실의 가장 어른인 대왕대비 조씨가 발을 치고 민씨를 선보았다. 민씨는 당당하게 재간택에도 뽑히어 삼간택에 단독으로 나가게 되었다. 삼간택은 형식적인 것으로 결정적인 흠결만 없으면 왕후가 되는 것이었다. 민씨는 삼간택에 나가서 대비들의 심사를 받았다. 단독 후보가 된 민씨에 대한 삼간택은 왕실 어른들에 대한 인사를 올리는 것뿐이었다. 민씨가 절을 올리자 대비들은 웃으면서 한담을 나누고 점심을 내려 주었다.

1866년 3월 7일, 마침내 민치록의 딸 민자영을 조선조 제26대 국왕 고종의 왕후로 맞아들인다는 조칙이 승정원을 통해 반포되었다. 경복궁의 화재와 천주교인에 대한 대탄압으로 나라 안이 온통 술렁거렸으나 국혼은 차질 없이 진행되었다.

대혼은 납채례(納采禮 : 신랑 집에서 신부 집에 혼인을 청하는 의식)로부터 시작되었다. 납채례는 3월 9일, 납징례(納徵禮 : 신랑 집에서 신부 집으로 예물을 보내는 의식)는 3월 11일, 고기례(告期禮 : 국혼을 왕실의 조상에게 고하는 의식)는 3월 17일, 책비례(册妃禮 : 왕비를 책봉하는 의식)는 3월

20일, 친영례(親迎禮 : 신랑이 신부를 맞아들이는 예식)는 안동 별궁에서 3월 21일, 상견례(相見禮 : 신랑과 신부가 마주보고 절을 하는 예식)는 3월 22일 인정전에서 문무백관의 하례를 받으며 거행되었다.

이로써 한말 풍운의 주인공이 될 명성황후 민씨가 탄생하게 되었다. 민씨의 그때 나이 16세. 무너져 가는 조선왕조를 그 한 몸으로 버티기에는 너무도 어린 나이였다.

암탉이 우니 나라가 망하게 되었구나

✳

민씨는 솜털이 보송보송한 어린 나이에 왕후가 되면서 조선의 국모가 되었다. 그러나 그녀의 일생은 하루도 평안한 날이 없었다. 여자로서는 가장 존귀한 신분인 왕후가 되던 1866년, 병인박해가 일어나 천주교인 약 8,000여 명이 학살당했다. 게다가 고종은 이미 궁녀 이씨를 총애하여 사랑하고 있었다. 그것은 유난히 총명하고 자존심이 강한 민씨로서는 견디기 어려운 고통이었다.

'나는 임금의 아내다. 그런데 어찌 한낱 귀인 따위가 내 총애를 빼앗아 가는가?'

민씨는 긴긴밤을 독수공방으로 지내면서 절치부심했다. 그녀는 소녀에서 여인으로 바뀌면서 꽃처럼 아름답게 피어났다.

민씨는 독수공방으로 지내는 몇 년 동안 많은 책을 읽으면서 왕비로서의 소양을 쌓았다. 여러 해가 지나면서 고종이 그녀의 침전을 찾기 시작했다. 민씨는 마침내 고종의 사랑을 얻기 시작했으나 어렵게 낳은 아들과 딸을 여의는 아픔도 겪어야 했다. 그러나 슬기로웠던 그녀는 많은 고통을 이겨내고 왕후가 된 지 7년 만에 정치 일선에 나서게 된다.

대원군은 고종이 즉위하면서부터 10년 동안 섭정을 하고 있었다. 그러나 고종이 20세가 되었는데도 섭정의 자리에서 물러나지 않았다.

"대원군께서 쇄국 정책을 실시하여 나라를 위태롭게 하고 있습니다. 이제는 전하께서 친정을 하시어 과감하게 개화를 해야 합니다."

민씨는 고종을 설득하기 시작했다.

"개화라니 그게 무슨 말이오?"

"서학에 대한 박해로 병인양요가 일어났고 통상을 거절하여 신미양요가 일어났습니다. 그들은 우리보다 훨씬 우수한 군사와 함대를 가지고 있습니다. 그들과 통상을 하여 우수한 기술을 배워야 합니다."

"양이洋夷와 통상을 하는 것은 불가하오."

"전하, 때를 아는 것이 진정한 영웅이라고 했습니다."

"허나 어찌 아버님을 물러나게 한다는 말이오?"

"신첩에게 계책이 있습니다."

민씨는 민승호와 긴밀하게 협의하여 포천에서 후학을 가르치고 있는 깐깐한 유학자 최익현을 동원하여 대원군을 탄핵했다.

이제 전하께서는 몸소 모든 신하들을 진퇴시키시며, 그 어떤 자리에도 있지 않고 친친(親親 : 인척)의 열렬에 속한 사람은 그 지위를 높이고 그의 녹을 중하게 하시되, 나라 정사에는 일체 관여하지 말게 하소서. 신은 성상께서 내리시는 호조참판직을 엎드려 사직하며 황송함이 간절함을 이기지 못해 죽음을 무릅쓰고 상소를 올리나이다.

최익현은 고종이 호조참판을 제수하자 대원군을 지칭하여 친친의 열에 있는 사람은 정치에 간섭하지 말게 하고 친정을 하라고 요구했다. 그 때 대원군은 삼천리 방방곡곡을 벌벌 떨게 할 정도로 권력을 휘두르고 있었는데 최익현이 과감하게 탄핵을 한 것이다. 최익현의 상소가 올라오자 조정은 발칵 뒤집혔고 대원군은 배후에 민씨가 있다는 사실을 눈치 채게 되었다. 이 사건으로 대원군은 실각하게 되고 고종이 친정을 하게 되었다.

"암탉이 울다니 나라가 망하게 되었구나."

민씨로 인해 실각을 하게 되자 대원군은 길게 탄식했다. 이 때 민씨의 친정에 폭탄이 보내져 민승호와 그의 아들, 민씨의 친정어머니가 폭사하는 사건이 발생했다. 민씨는 친정집에서 폭탄이 터진 것이 대원군의 사주에 의한 것이라고 비난했다. 그녀는 보복이라도 하듯이 대원군의 주변 인물들을 조정에서 모조리 숙청했다.

쇄국에서 개국으로 역사의 흐름을 바꾸고

✴

고종은 친정을 하면서 민씨의 도움을 받아 대원군이 완강하게 추진하던 쇄국 정책을 개국 정책으로 바꾸었다. 대원군 시대에 잔인하게 탄압했던 천주교에 포교의 자유를 주고 별기군을 창설하여 신식 훈련을 받게 했다. 그러나 준비가 안 된 상태에서의 개국은 유림들의 격렬한 비난을 받았을 뿐 아니라 곳곳에서 반발이 일어났다. 또한 누대에 걸친 부패로 국고가 고갈되어 군사들의 녹미마저 지급할 수 없는 상태에 이르렀다. 민심은 흉흉해졌다. 조정 대신들의 곳간에는 재물과 곡식이 쌓여 있는데도 굶어죽는 백성들이 속출했다.

그 때 전라도에서 올라오는 세미선(稅米船 : 세금으로 걷은 쌀을 실은 배)이 올라오지 않아 군사들의 녹미가 몇 달씩 밀리는 사태가 발생했다. 특히 새로 창설된 별기군에 비해 구식 군대에 대한 녹미 지급은 오랫동안 지체되었다. 게다가 몇 달 동안 밀린 녹미를 받게 되던 날 아전들의 농간으로 모래가 섞인 쌀을 지급받게 되자 군사들의 불만이 폭발했다. 군사들은 선혜청 당상관인 민겸호에게 따지러 갔다가 오히려 하인들에게 몰매를 맞았다.

"이는 민씨 일족이 탐욕스러운 탓이다!"

구식 군대의 군사들은 흥분하여 몰려다니기 시작하고 대원군 이하응은 이들을 선동하여 민씨들을 공격하게 했다. 1882년 마침내 임오군란이 일어난 것이다. 군중들은 민겸호와 경기도 관찰사 김보현의 집을 습격하여 살해하고 대원군과 반목하던 형 이최응의 집을 불태웠다. 구식 군대의 군사들은 창덕궁으로 달려가 대궐을 에워싸고 왕비 민씨를 죽이려고 아우성을 쳤다.

'내가 무엇을 잘못했다는 말인가? 군인들의 녹미를 지급하지 못한 것이 내 탓이란 말인가?'

민씨는 억수처럼 쏟아지는 빗속에서 살기등등하게 돌아다니는 군인들을 보고 비참한 심경이 들었다.

"마마, 속히 피하셔야 하옵니다. 난군이 대궐을 범했습니다."

무예별감 홍계훈이 달려와 다급하게 말했다.

"내가 피신을 하면 전하께서는 어찌 되는 것인가?"

민씨가 처연한 목소리로 물었다.

"전하께서는 안전할 것입니다. 대원군이 노리는 것은 마마이십니다."

민씨는 홍계훈의 등에 업혀 대궐을 탈출한 뒤에 장호원을 거쳐 충주까지 피난을 가야 했다. 그러나 이 사태에 청군이 개입하면서 대원군은 청나라 측의 인질이 되어 청국 보정부로 끌려가고 죽은 것으로 생각했던 민씨는 살아서 돌아왔다. 구식 군대의 유복만, 강명주, 정의길, 김춘영 등 많은 사람들이 처형되고 군인촌이었던 왕십리 일대의 주민들도 청군에게 학살되었다.

'조선은 누란의 위기에 빠졌어. 조선을 구하기 위해서는 개국을 해야 돼.'

민씨는 개국에 박차를 가해 일본과 미국, 독일 등과 잇따라 수호조약을 맺었다. 그러나 개국은 지배층이나 백성들 모두 받아들일 준비가 되어 있지 않았다. 개국으로 일본의 조악한 상품들이 쏟아져 들어오기 시작하자 유림은 더욱 격렬하게 반발했다. 이러한 가운데 개화당이 등장하기 시작했다. 김옥균, 홍영식, 서재필, 서광범 등은 당대의 명문자제들이었으나 조선이 낙후되어 있다는 사실을 절실하게 깨닫고 일본의 도움을 얻어 나라를 자주적으로 부강하게 하려 했다. 1884년 그들은 마침내 우정국 낙성식 축하연에서 갑신정변을 일으켜 수구파 대신들을 살육하고 정권을 잡았다. 그러나 이번에도 청나라가 개입하면서 김옥균 일파의 정권은 3일천하로 막을 내렸다. 이 때부터 조선은 열강들의 각축장이 되었다.

백성을 수탈하는 탐관오리의 목을 베어라

✻

이 때 민중들 사이에서는 최제우의 순교 이래 동학이 끊임없이 교세를 확장하고 있었다. 그러나 서학인 천주교가 포교의 자유를 얻고 있는데도 동학은 포교의 자유를 얻지 못하고 있었다. 이에 교주 최시형은 동학교도들에게 보은으로 집결하라는 영을 내려 10만 명에 이르는 교인들이 모이게 되었다. 교도들은 교조 최제우를 신원하고 포교의 자유를 허락해 달라는 〈신원금폭소伸寃禁暴疏〉를 올렸다. 당황한 조정에서는 어윤중을 선유사로 파견하여 동학교도들의 요구를 들어주겠다고 약속했다. 이것이 저 유명한 동학의 보은 집회였다.

10만 명이 운집한 보은 집회는 조정이 양보하면서 평화롭게 끝이 났다. 그러나 조정은 끝내 동학교도의 요구를 들어주지 않았다. 이에 삼례 집회가 열리고 그들은 다시 〈신원금폭소〉를 올렸다. 이 무렵 전라도 고부에서는 군수 조병갑이 과도한 수세를 징수하고 군민들을 가혹하게 탄압하는 상황이 벌어지고 있었다. 동학의 접주였던 전봉준은 분개하여 항의 시위를 하고, 이를 조사하기 위해 안핵사가 파견되었으나 안핵사 이용태가 오히려 농민들을 더욱 탄압하여 마침내 농민 봉기가 일어나게 되었다.

"조정은 썩고 탐관오리는 백성들을 수탈하기 위해 혈안이 되었다. 포교의 자유를 얻고 탐관오리들을 토벌하자!"

전봉준은 김개남 등과 회합하여 사발통문을 돌리고 혁명의 깃발을 들었다. 수많은 농민들과 동학교도들이 속속 호남으로 몰려들어 관군과 격돌했다. 그러나 관군이 계속 패하자 일본과 청나라에서 군대를 파견하겠다고 조선을 협박했다. 전주성까지 무너트린 동학농민군은 조선 정부의 반대에도 불구하고 일본군이 상륙하자 정부군과 전주 화약을 맺고 전투를 중지했다.

1894년 6월 21일, 조선을 침략하려는 야욕을 갖고 있던 일본은 동학농민군이 더 이상 전투를 하지 않고 있는데도 속속 상륙하여 경복궁을 점령하고 조선의 왕실을 무력화시켰다.

조선왕조가 멸망하게 된 이유는 사실상 일본군의 경복궁 점령과 청일전쟁에 있었다. 농민군의 위협에서 자국 공사관을 보호한다는 이유로 대규모의 군대를 상륙시킨 일본은 조선팔도를 자신들의 전쟁터로 만들고 계속 식민지화 정책을 밀어붙였던 것이다.

동학농민군이 제2차 봉기를 했으나 화력이 우수한 일본군에게 패했고 전봉준 등은 한양으로 압송되어 처형당했다. 조선은 일본군에 의하여 철저하게 짓밟혔다.

러시아를 끌어들여 일본을 막아야 합니다

✽

1895년 조선에서의 영향력을 잃지 않으려는 청나라 측에서 군대를 아산에 상륙시키면서 청일전쟁이 시작되었다. 그러나 청나라조차 일본군에게 패하자 조선의 운명은 풍전등화가 되었다. 경복궁을 점령당했던 조선 왕실은 무력을 앞세운 일본에게 내각 구성까지 좌지우지당하게 되었다.

"일본은 막아야 합니다. 이렇게 당하면 조선은 일본의 지배를 받게 될 것입니다."

민씨는 고종에게 인아거일 정책을 제안했다. 명성황후 민씨는 일본에 의해 조선이 멸망할 수 있다는 것을 절감하고 있었다.

"일본군이 철수를 하지 않으니 어렵소."

고종은 청나라가 일본에 패하자 어찌할 바를 모르고 있었다.

"북쪽에 러시아가 있습니다. 러시아를 이용해야 합니다."

"그렇다면 중전이 웨베르 공사 부인을 만나 보시오."

고종은 국가가 미증유의 위기에 처해 있는데도 효과적으로 대응하지 못했다. 위안스카이가 고종이 치우(癡愚 : 정신박약의 한 유형. 사태의 변화에 적응하는 능력이 부족하다)가 아니냐고 김윤식에게 따지기까지 했을 정도로 우유부단했다. 민씨는 고종의 허락을 받자 웨베르 공사를 대궐로 불러서 조선을 도와줄 것을 요청했다.

"러시아는 조선의 독립을 위하여 일본과 싸울 용의가 있습니다."

러시아의 웨베르 공사는 일본이 조선을 장악하는 음모를 용납하지 않겠다고 선언했다. 일본은 청나라와의 전쟁 이후 러시아와 전쟁을 할 여력이 없었다. 러시아는 삼국간섭으로 일본을 견제했다.

"분하지만 조선 침략은 훗날로 기약할 수 밖에 없다."

일본의 책략가들은 조선 침략 속도를 늦추기로 결정했다. 그러자 일본의 국민들이 격렬하게 반발하기 시작했다. 그들은 "이토 내각은 할복자살하라", "청일전쟁으로 흘린 일본 청년들의 피를 보상하라" 하며 격렬한 시위를 벌였다.

민씨의 인아거일 정책으로 러시아가 개입하자 조선에서 막대한 이권을 챙기고 있던 일본은 분노했다. 인천에 거류하는 일본인들은 조선의 왕후 때문에 일본의 조선 침략 정책이 물거품이 되고 있다고 맹렬하게 비난했다. 그들은 조선의 국왕 고종이 민씨의 치마폭에 휘어 감긴 무능한 군주라고 비판했다.

작전명 '여우 사냥'

❄

근대 일본을 이끌어가던 거물 정치인인 이토 히로부미와 이노우에 가오루는 조선 침략이 성공하기 위해서는 민씨를 제거해야 한다고 판단하고 비밀리에 무력을 사용하기로 합의했다. 그들은 미우라 고로 육군 중장을 조선 공사로 파견하여 '여우 사냥'이라는 작전을 전개하도록 지시했다.

1895년 8월, 조선 공사로 부임한 미우라 고로는 낭인과 일본군 수비대, 친일 조선군인 훈련대를 비롯하여 약 2,000명의 군사들을 동원하여 명성황후 시해에 나섰다. 일본군은 10월 8일 미명의 새벽에 또 다시 조선의 경복궁을 침범했다. 그들은 전광석화처럼 시위군을 무력화시키고 고종과 세자를 인질로 잡은 뒤에 낭인들을 시켜 건청궁 옥호루에 숨어 있던 민씨를 끌어내어 시해한 후 시신을 불태웠다.

명성황후 민씨는 조선왕조가 무너져 가고 있을 때 16세의 어린 나이로 고종의 왕후가 되어 왕조와 남편과 아들을 보호하기 위해 몸부림을 치다가 일본인들에게 잔인하게 시해되어 파란만장한 생애를 마친다. 어떻게 보면 그녀의 생애는 한 여인의 개인적인 생애에 지나지 않는다. 그러나 그녀의 죽음이 무능한 남성들, 오랫동안 교조적인 유교

명성황후가 시해된 건청궁의 모습 무너지는 조선을 일으키기 위해 고군분투하던 명성황후는 이곳 건청궁에서 일본 낭인들에 의해 무참하게 시해되었다. 이후 조선의 운명도 그녀의 죽음과 함께 무너져 갔다.

사상에 빠져 있던 사대부들이 불러들인 화라는 사실을 감안하면 가슴에 서리는 분노와 슬픔을 금할 수 없다.

　명성황후를 시해한 미우라 고로 일본 공사는 일본군의 보호를 받으면서 입궐하여 고종 황제를 위협하여 제4차 김홍집 내각을 성립시켰다. 서울 장안은 어수선했다. 새벽에 경복궁과 광화문 일대에서 요란한 총소리가 났기 때문에 전쟁이 일어난 줄 알고 사람들이 웅성거리면서 몰려나오고 있었다. 그들은 자신들의 왕후인 민씨가 일본인들에게 잔인하게 시해당한 사실을 전혀 몰랐다.

일본은 김홍집 내각과 고종 황제를 위협하여 명성황후 민씨를 폐비조치하는 조칙을 내렸다. 서울에 주둔하는 외국 공사들은 대궐에서 중대한 일이 발생했다는 것을 눈치 챘다. 미국 대리 공사 알렌과 러시아 공사 웨베르는 날이 밝자 서둘러 입궐했다. 일본인들은 그때서야 황급히 대궐에서 철수하고 있었다. 외국 공사들은 고종 황제가 무사하다는 것을 확인하고 안도했으나 조선인 시위대장 현흥택, 왕궁 시위대의 훈련을 맡고 있던 미국인 퇴역 장군 맥이 다이, 러시아 전기 기사 사바틴으로부터 일본인들이 대궐에서 저지른 만행을 전해 듣고 분노했다. 고종은 미우라 고로 일본 공사의 감시를 피해 자신의 불행한 실정을 외국인들에게 호소했다. 외국인들은 고종의 비참한 모습을 낱낱이 기록해 두었다.

왕은 때때로 외국인들의 손을 잡고 불쌍하게 울었다.

고종이 어떠한 위치에 있었는지 보여주는 단적인 예이다. 영국의 여행가 비숍도 고종의 비참한 상태를 폭로했다.

낮에는 외국 사절들이 국왕을 알현했는데 이 때에도 왕은 심적으로 몹시 동요되고 있었고, 간간이 울먹이며 그래도 아름다운 왕후가 도피하고 있으리라고 믿고 있었다. 왕은 관습을 어기면서까지 외국 사절들이 손을 잡고는 그들의 직권을 통해서라도 이 이상 불법과 폭력이 자행되지 않도록 막아 달라고 부탁했다.

전 세계에 알려진 명성황후 시해 사건

❀

외국 공사들은 일본인들의 만행에 분노하여 대책을 논의했다. 조선 정부는 이미 일본인들의 수중에 들어가 내각 개편, 폐비 조직 및 왕후 간택령을 잇달아 발표하고 있었다.

"일본인들이 궁녀들을 끌고 나와 마당으로 내던지고 3,4명을 살해했다. 일본인 한 사람이 사태를 지휘했다고 한다. 증인과 목격자들이 있다. 일본 공사는 해명하라."

웨베르 공사는 대책 회의를 마친 후 미우라 공사를 신랄하게 추궁했다.

"그것은 오해다. 그러한 불법은 일본군의 명예를 걸고 일어날 수 없는 일이다."

미우라 공사는 명성황후 시해를 완강하게 부인했다.

"죽은 여인들의 시신을 수십 명이 목격했다!"

"일본군은 결코 그런 일은 저지르지 않았다. 그것은 조선인 훈련대가 저지른 것이다."

미우라 공사는 궁색한 답변만 되풀이했다. 그러나 이 사건은 러시아인 전기 기사 사바틴, 현흥택, 맥이 다이 장군에 의해 낱낱이 폭로되고 조선에 들어와 있던 외국 기자들을 통해 전 세계에 알려져 큰 충격을 주었다. 사태는 미우라 고로에게 불리하게 돌아가기 시작했다. 일본인들에 의한 명성황후 시해가 기정사실로 인정되고 여론이 들끓었다. 열강들은 일제히 일본을 비판하고 나섰다. 문명국이라는 일본의 야만 행위를 규탄하는 국제 여론이 빗발치자 일본은 당황했다. 미우라 고로와 그 일당은 웨베르 등의 노력으로 전원 일본으로 소환되어 히로시마에서 재판을 받았으나 왕후를 살해한 점은 인정되나 증거가 없다는 기막힌 이유로 석방되었다.

을미사변으로 불리는 명성황후 시해 사건이 일어나고 일본에 의해 강제로 단발령이 내리자 전국에서 의병이 들불처럼 일어났다. 고종은 일본의 위협으로 공포에 떨다가 러시아 공관으로 피신하고 1897년 대한제국을 선포하여 칭제건원(稱帝建元 : 황제임을 칭하고 독자적인 연호를 사용함)을 했다. 그러나 명성황후의 시해는 조선의 왕실을 무력화시켰고 1905년 을사늑약, 1910년 한일합병으로 이어져 조선은 일제 강점기 36년의 길고 어두운 터널로 들어서게 되었다.

❀ 제2부 ❀

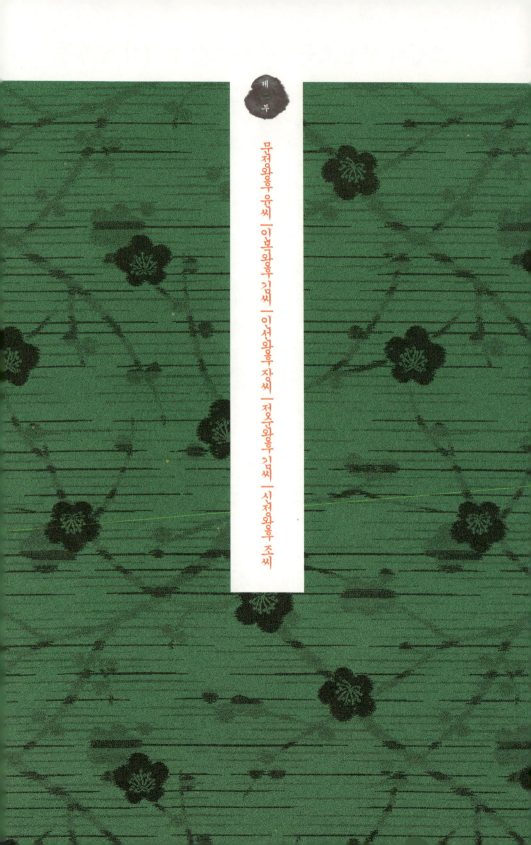

제二부

문정왕후 윤씨 | 인목왕후 김씨 | 인선왕후 장씨 | 정순왕후 김씨 | 신정왕후 조씨

조선왕조사상 가장 큰 권력을 휘둘렀던 여인
문정왕후 윤씨

왕이 죽으면 왕후는 대비가 된다. 새로운 왕이 15세가 넘으면 조용히 뒷전으로 물러나 구중궁궐 깊은 곳에서 과부의 일생을 살게 되지만 왕이 15세가 되지 않으면 그를 대신하여 발을 치고 정치를 하게 되는데 이를 수렴청정이라고 한다. 조선에서도 많은 여인들이 왕이 죽은 뒤에 대비로서 어린 아들이나 손자를 대신하여 나라를 다스렸다. 수렴청정은 원로대신들이 중지를 모아 청정을 해 줄 것을 간곡하게 부탁하고 왕이 대비에게 아뢰면서 시작된다.

황천이 우리 국가에 은혜를 내려 주지 않아서 갑자기 하늘이 무너져 내리는 슬픔을 당했습니다. 소자가 아직 어린 나이에 있으면서 외람되어 높은 왕위를 이어받았으나 무작(舞勺 : 13세)의 나이를 넘지 못했으므로 이 한

103

몸 우러러 의지할 데가 없었습니다. 그런데 갑자기 중임을 받게 되었으니 임금이 맡는 여러 가지 일을 감히 소자가 어떻게 총괄할 수 있겠습니까? 바야흐로 글을 읽고 학문을 강론할 시기를 당했는데 어떻게 나라를 경영하고 백성을 다스리는 중책을 맡겠습니까? 두렵기가 깊은 연못에 임하여 갈래 길에서 방향을 잃고 탄식하는 것 같으며, 아득하기가 험한 물길을 건너려는 것 같습니다. 새로 즉위한 어린 임금은 태후가 수렴하는 아름다운 법규가 전대에 있으니 한 당堂에 함께 앉아 소자를 이끌어 주시기를 간절히 청하옵니다.

왕이 신하들을 대신하여 이와 같이 정중하게 청한다. 수렴청정을 하는 것에도 절차와 의식이 있다.

뒷방의 아낙네가 무엇을 알아서 정사에 참여하겠는가마는 오늘날 나라의 운수가 한 호흡 사이에 달려 있으므로 미망인이라고 하여 편하게 지낼 수는 없다. 또한 왕과 대신들이 간곡하게 원하므로 힘써 따를 것이다.

대비는 원로대신들이 정중하면서도 겸손하게 수렴청정을 요구하므로 마지못해 허락한다는 뜻으로 말한다. 이 후에 대신들이 수렴청정에 대한 절목節目을 마련하고 의식을 거행한 뒤에 비로소 발을 치고 뒤에 앉아서 섭정을 하게 되는 것이다.

수렴청정을 거둘 때도 지극히 예의를 갖추어 말한다.

"내가 오늘을 기다린 지 오래다. 후비后妃가 수렴청정하는 것은 나라에 있어서 큰 불행이지만, 정말 부득이한 사정 때문에 행한 것이다. 그런데 다행히 하늘과 조종祖宗이 은근히 도와준 덕택으로 주상의 나이가 혈기 왕성한 때에 이르러 모든 정사를 능히 도맡아 볼 수 있게 되었으니 어찌 경사스럽고 다행한 일이 아니겠는가? 수렴에서의 가르침도 오늘로서 끝마치니 여러 대신들은 꼭 우리 주상을 잘 보필하라."

먼저 대비가 수렴청정을 거두겠다는 의사를 표시한다.

"선왕께서 승하하여 나라의 위기가 눈앞에 닥쳤을 때에 모든 사람들은 다 같이 몹시 두려워했습니다. 그러던 때에 대왕대비께서 나오시어 발을 늘이고 신들을 불러들여서 큰 계책을 정하여 나라를 이끌었습니다. 주상 전하를 바른 길을 인도하시고 도움을 주시어 성덕이 나날이 높아지고 모든 일에 익숙하게 되셨습니다. 이제는 복잡한 정사를 직접 도맡아 할 수 있게 되었으니, 우리 자성(慈聖 : 자애로운 임금의 어머니)이 종묘사직에 세운 공적과 백성들이 입은 은택으로 말하면 역대의 현명한 왕후들도 이에 비교할 만한 분이 없습니다. 오늘 이 하교를 받고 보니 칭송을 바치면서도 연모하는 마음을 금할 수 없습니다."

대비가 수렴청정을 거두겠다고 하면 대신들은 당연한 것으로 받아들이면서 그 동안의 노고를 위로하는 것이다.

권력 투쟁의 시대에 왕후가 되다

✸

중종의 세 번째 왕비인 문정왕후文定王后 윤씨는 대비로서 수렴청정을 하면서 조선시대에 가장 막강한 권력을 휘둘렀던 여인이다. 그녀는 1501년(연산군 7) 파평 윤씨인 윤지임의 딸로 태어났다. 윤지임은 평생 동안 비단 옷을 입지 않았다고 할 정도로 청빈한 사람이었다. 그에게는 윤원로와 윤원형 등 네 아들과 한 딸이 있었는데 이 딸이 문정왕후 윤씨였다. 문정왕후는 오라버니들만 있는 집에서 자라서인지 일찍부터 학문을 익혔다. 그녀가 어릴 때 어머니가 죽었기 때문인지 윤지임은 그녀를 유달리 귀여워하면서 학문을 가르쳤다. 문정왕후 윤씨는 18세가 될 무렵 상당한 수준의 문리를 깨우쳐 윤지임이 "오라버니들보다 낫다"라면서 탄식하고는 했다.

중종은 첫 번째 부인인 신씨가 보위에 오른 지 며칠 되지 않아 반정 공신들에 의해 사가로 쫓겨나자 장경왕후 윤씨를 두 번째 왕후로 맞아들였다. 그러나 그녀는 딸과 아들(훗날의 인종) 하나를 낳고 불과 25세의 나이에 요절하여 왕후의 자리가 비게 되었다. 중종은 여러 명의 후궁을 두고 있었으나 세 번째 왕후를 책봉하지 않고 있었다. 장경왕후가 낳은 원자 이호가 어렸기 때문에 경빈 박씨와 희빈 홍씨는 왕후가 되기 위해 치열한 궁중 암투를 벌였다. 중종은 여러 아들을 낳은 경빈 박씨를 왕비로 책봉하고 싶어 했으나 그녀는 연산군 때 흥청으로 뽑혀 왔다가 후궁이 되었기 때문에 국모로서는 미흡했다. 중종은 왕비의 자리를 2년 동안이나 비워 놓았다가 간택령을 내렸다.

숙의 박씨가 후궁 가운데에서 총애가 으뜸이었으므로 장경왕후의 선례를 따라 스스로 왕비가 되고자 하였다. 임금도 이것을 들으려 하였으나 대신의 뜻이 어떤지를 모르겠으므로 정광필, 김응기, 신용개 등에게 간곡한 말로 물어서 그 뜻을 시험하였다. 그랬더니 김응기는 가부를 말하지 않고 신용개는 약간 허락하였으나, 정광필만이 분연히 허락하지 않으며 아뢰기를 "중전은 마땅히 오래도록 쌓은 덕망이 있는 명문에서 다시 구해야 할 것이요, 미천한 출신을 올려서는 안 됩니다" 하고 아뢰니 박씨의 뜻은 마침내 저지되고 임금의 뜻도 새 왕비를 맞기로 결정되었다.

실록의 기록이다. 정광필의 강력한 반대로 왕비가 되지 못한 경빈 박씨는 절치부심했으나 오히려 비참한 말로를 맞이한다.

간택령이 내리자 사대부들이 사주단자를 들여 손준, 김총, 공조판서를 지낸 윤금손의 딸과 윤지임의 딸이 재간택에 오르고 재간택에서 윤지임의 딸이 중종의 세 번째 왕비로 간택되었다. 문정왕후 윤씨는 이때 겨우 18세였다.

문정왕후 윤씨는 중종의 두 번째 계비가 되었으나 여러 해가 지나도록 아들을 낳지 못했다. 문정왕후 윤씨는 독살스러운 경빈과 희빈 때문에 고통스러운 나날을 보내야 했다. 경빈과 희빈이 모두 반정 공신의 딸들이었기 때문에 그녀들은 원자 이호까지 죽이려고 했다.

'후궁들이 중전의 자리를 차지하기 위해 암투를 벌이는구나.'

윤씨는 후궁들의 암투가 갈수록 치열해지자 자신의 목숨이 위태롭다고 생각했다. 바짝 긴장한 문정왕후 윤씨는 살아남기 위해서 원자 이호를 보호하기 시작했다. 그 덕택에 이호는 세자가 된 뒤에도 문정왕후 윤씨를 생모처럼 따르면서 극진하게 모셨다.

중종 시대는 사림파와 훈구파의 대립이 극심했다. 조광조, 김정 등을 선봉으로 하는 사림파는 훈구파가 나라를 망친다고 규탄했고 훈구파는 사림파의 도발에 그들이 당파를 모으고 있다고 맞섰다. 문정왕후 윤씨는 사림파를 지원했다. 훈구파가 이기면 경빈과 희빈이 대궐에서 더욱 권세를 부리게 되고 왕비의 자리마저 위태로워질 것이었다. 그러나 조광조 등 사림파들은 중종의 총애를 믿고 오만해져 있었다.

'조광조가 지나치게 과격하구나.'

윤씨는 조광조가 살아남기 어렵다는 생각을 하고 그에 대한 지원을 포기했다.

사림파는 위훈 삭제 문제로 훈구파와 맞섰을 뿐 아니라 중종과도 과격한 발언으로 대립했다. 이들은 중종반정의 공신이 너무 많으므로 반정 공신 2, 3등 중 가장 심한 것은 개정해야 하고, 4등 50여 인은 모두 공이 없이 녹을 함부로 받고 있으므로 삭제해야 한다고 강력하게 주장했다. 중종은 조광조의 청을 들어주면서도 자신의 뜻이 아니라고 불편한 심기를 드러냈다.

"지금 들어주더라도 부득이한 형편에 몰려서 하는 것 같다. 근래 이러한 일들을 반드시 조정에 대사가 있을 때에 청하니 들어주더라도 성의(聖儀 : 임금의 위엄 있는 모습)가 아닌 듯하다."

조광조를 비롯한 사림의 요구가 워낙 강경했기 때문에 중종은 마침내 2,3등 공신 중 일부와 4등 공신 등 76인의 훈작을 삭탈하기에 이르렀다. 훈작이 삭탈되면서 훈구파의 노비와 재산까지 모두 몰수되자 일대 파란이 일어났다. 중종은 공신록을 개정하라는 영을 내렸으나 조광조가 괘씸했다.

'조광조가 기어이 자기 뜻을 관철하니 이는 임금을 능멸하는 짓이다!'

남곤, 심정을 비롯한 훈구파들은 중종의 마음이 조광조에게서 떠났다는 것을 눈치 채고 빠르게 움직이기 시작했다. 이제는 조광조의 목을 자르기만 하면 된다. 하지만 그가 역모를 일으켰다는 결정적인 증거가 있어야 했다. 남곤, 심정, 홍경주 등은 대궐에 입시하여 조광조를 맹렬하게 규탄했다.

"조광조는 성상의 총애가 두터운 틈을 타서 붕당을 이루고 임금을 능멸하고 있습니다. 시중에는 조광조가 임금이나 다름없다는 말이 파다하고 대신이며 조정 관리가 모두 조광조의 손에서 나온다고 합니다."

남곤 등은 집요하게 조광조를 모함하다가 주초위왕走肖爲王 사건을 일으켰다. 결국 조광조를 비롯하여 사림파가 찬서리를 맞았다.

"조광조 등의 당초 마음은 나라의 일을 그르치고자 하지 않은 것일지라도 조정에서 이와 같이 죄주기를 청하였으니, 죄주지 않을 수 없다. 조광조, 김정은 사사하고 김식, 김구는 곤장 100대에 처하여 절도에 안치하라. 윤자임, 기준, 박세희, 박훈은 죄만큼 속(贖 : 죄를 씻으려고 벌 대신에 재물이나 노력 따위를 바치던 일)하게 하고 외방에 부처하도록 하라."

조광조를 사사한다는 영이 내리자 조정이 발칵 뒤집혔다. 유림을 비롯하여 사대부들이 일제히 반대했다. 성균관 유생 300명이 상소를 올리고 대궐에 난입하는 사태까지 벌어졌다.

홍경주가 일찍이 찬성이 되었다가 탄핵을 받아 파면되어 항상 분함을 품고 있는 것을 알았다. 드디어 서로 통하여 홍경주로 하여금 그의 딸 희빈을 시켜서, "온 나라 인심이 모두 조씨에게로 돌아갔다" 하고 밤낮으로 임금께 말하여 임금의 뜻을 흔들었다. 또 산 벌레가 나무 열매의 감즙甘汁을 먹기 좋아하니 일부러 그 즙으로 '주초위왕' 네 자를 금원의 나뭇잎에 써서 산 벌레가 갉아먹게 하여 자국이 생겼는데, 글자가 마치 부참서(符讖書 : 예언서)와 같았다. 이것을 따서 임금께 아뢰니 임금이 듣고 의혹을 품었다.

심정이 또한 경빈 박씨의 문안비(問安婢 : 출입이 자유롭지 못한 부녀자 사이에서 인사를 전하기 위하여 보내던 여자 하인)를 꾀어서 말하기를, "조씨가 나라를 마음대로 하매 사람들이 모두 칭찬한다" 하여 마치 여염 사이의 말처럼 만들어서 궁중에 퍼트려 임금으로 하여금 두렵고 위태롭게 여기게 했다.

야사에서는 주초위왕 사건이 경빈 박씨와 희빈 홍씨가 훈구파 대신들의 사주를 받아 조작한 일이라고 못박고 있다. 이 사건은 기묘년 (1519)에 일어났기 때문에 기묘사화라고도 부른다.

경빈을 죽음으로 몰고 간 작서의 변
❋

조광조와 김정 등의 죽음, 사림파의 대대적인 숙청으로 유림은 통곡했다. 문정왕후는 왕비의 자리에 있었으나 후궁들의 암투에 숨을 죽이고 있었다. 그녀는 잇달아 딸만 낳고 아들이 없었기 때문에 경빈이나 희빈의 모함을 받고 있었다.

1527년(중종 22), 문정왕후 윤씨가 왕후가 된 지 10년이 되었을 때 작서灼鼠의 변 사건이 일어났다. 작서의 변은 동궁 후원에 있는 나무에 팔다리를 자르고 눈, 코, 입을 인두로 지진 쥐를 매달아 놓은 흉측한 사건이었다.

이 사건으로 대궐이 발칵 뒤집혔다. 궁녀 수십 명이 가혹한 조사를 받고 매를 이기지 못해 죽어 나갔다. 문정왕후는 이 사건에 지대한 관심을 기울였다. 조정 권신들이 경빈 박씨와 희빈 홍씨를 내세워 왕자를 낳지 못한 자신을 폐출시킬 수도 있었다.

경빈 박씨와 창빈 안씨가 조사를 받았으나 뚜렷한 혐의점을 찾을 수 없었다. 이 때 대비인 정현왕후 윤씨가 범인으로 경빈 박씨를 지목했다. 경빈 박씨의 부친 박수림은 상주 사람이었는데 연산군의 채홍사가 상주에 내려왔을 때 박씨를 뽑아 대궐로 들어갔다. 박씨와 연산군이 어떤 관계였는지는 알 수 없다. 그러나 그녀가 대궐에 들어온 지 1년밖에 되지 않았을 때 반정이 일어나고 박원종이 정권을 잡았다. 박원종은 자신의 친척을 후궁으로 세우려다가 마땅치 않자 용모가 뛰어난 박씨를 양딸로 삼은 뒤에 후궁으로 바쳤다.

경빈 박씨는 홍청 출신이었기 때문에 요사스러운 데가 있었다. 그녀는 박원종의 힘으로 왕후가 되려고 발버둥을 쳤으나 출신이 비천하고, 박원종의 권력이 비대해지는 것을 견제한 다른 반정 공신들이 반대로 뜻을 이루지 못했다.

동궁에 매달려 있던 쥐에 대해서는 전일 세자궁 시녀들이 공초(供招 : 죄인이 범죄 사실을 진술하던 일 또는 문서)한 바와 같다. 3월 1일 경복궁 침실에 버려져 있던 쥐에 대해서는 별로 의심이 가는 사람이 없었다. 그러나 경빈이 오랫동안 혼자 앉아 있었고 그의 계집종 범덕은 뜰 밑을 두 번이나 왕래하였다.

대비인 정현왕후가 박씨를 지목하면서 사건은 일파만파로 번졌다. 이어서 동궁에서까지 쥐가 나오는 등 대궐이 뒤숭숭했다.

그 쥐가 꾸물거릴 때 임금께서 나와서 보고 "이 쥐를 집어다 버리라" 하자, 시녀가 즉시 치마로 싸서 내다 버렸다. 그때 경빈이 갑자기 "그 쥐는 상서롭지 못하다" 했다. 그러나 이는 작은 일이 아니라서 갑자기 말할 수 없는 것이기에 어렵게 여겨 감히 발설하지 않았던 것이다. 지금 경빈이 "사람들이 모두 나를 의심한다" 하면서 욕지거리를 하고 있다. 지난 3월 28일에 경빈의 딸 혜순옹주의 계집종들이 인형을 만들어 놓고 참형에 처하는 형상을 하면서 "수레가 몇 대나 왔는가? 쥐 지진 일을 발설한 사람은 이렇게 죽이겠다" 하고, 이어 온갖 욕설을 했는가 하면 저주하느라고 매우 떠들썩했다고 한다.

정현왕후의 지적은 경빈의 딸이 작서의 변 사건을 일으켰다고 했기 때문에 대신들을 놀라게 했다. 대간(臺諫 : 대관과 간관을 아울러 이르던 말)들이 일제히 경빈을 폐출시켜야 한다고 아뢰었다.

"대비의 뜻은 그 날 경빈이 혼자 동침실東寢室에 있었기 때문에 의심스럽게 여겼던 것이고, 마침 경빈의 딸 혜순옹주의 계집종들이 인형을 만들되 그 일이 주도면밀한 것 같았으므로 아랫사람을 추문하라 명한 것이다. 그런데 아직도 범인을 분명히 모르고 있으니 어떻게 의심스럽다는 것만으로 죄줄 수 있겠는가?"

중종은 경빈이 모함을 당하고 있을지 모르니 철저하게 조사를 해야 한다고 말했다. 그러나 대신들은 이 문제로 한 달 동안이나 집요하게 중종을 괴롭혔고 마침내 경빈은 폐서인이 되어 아들 복성군, 그리고 두 딸과 함께 유배되었다. 그러나 대궐에서 쫓겨난 후에도 경빈의 비극은 그치지 않았다. 중종 28년(1533) 5월 16일 빈청 남쪽 바자(대, 갈대, 수수깡 등으로 발처럼 엮은 물건) 위에 사람 머리 모양으로 만든 물건이 발견되었다. 전체를 종이로 싸고 머리카락과 눈, 귀, 코, 입을 분명히 새겨 목패에 달았는데 세 줄의 흉악한 글이 있었다.

이와 같이 세자의 몸을 능지처참할 것.
이와 같이 부왕의 몸을 교살할 것.
이와 같이 중전을 참할 것.

무시무시한 글이었다. 한쪽 면에는 '5월 16일 병조의 서리 한충보 등 15인이 행한 일임'이라고 씌어 있었다. 이 사건으로 경빈 박씨는 사사되고 복성군마저 죽음을 당했다.

복성군 이미에게 사약을 내릴 적에 임금이 슬픈 마음으로 승정원에 전교하였는데, 이 전교를 들은 사람은 오열하지 않는 이가 없었다. 전교는 다음과 같다.
"미가 어느 곳에서 죽느냐! 그가 죄 때문에 죽기는 하지만 나의 골육이다. 시체나마 길에 버려지지 않게 거두어 주어야 하겠으니, 그의 관을 상주로 실어 보내도록 하라. 이 뜻을 감사에게 전하고 지금 가는 금부도사에게도 아울러 이르라."

실록의 사관이 복성군 이미에게 사약을 내릴 때의 모습을 기록한 것이다. 중종은 한때 자신이 사랑했던 여인 경빈 박씨를 사사하는 것에 그치지 않고 친아들인 복성군까지 사사했다. 이는 중종 시대의 권력 투쟁이 그만큼 치열했기 때문이다.

1533년(중종 27) 생원 이종익이 상소를 올려 작서의 변이 김희의 범죄라는 것을 밝혔다. 김희의 아버지인 김안로가 정적인 심정과 유자광을 제거하게 위해 조작한 사건이었는데 경빈과 복성군만 억울하게 죽음을 당한 것이다.

연성위 김희는 간사한 인물로 죄악이 너무 심하여 하늘의 베임을 받았습니다. 전일 작서의 변이 일어나자 전하와 조정이 누구의 소행임을 알지 못하여 끝까지 조사했으나 찾지 못하고 궁중의 많은 사람들이 원통한 죽음을 당했습니다. 이는 김희가 사심을 일으켜 요사를 부린 소치에 불과하며, 오늘에 이르러서야 그 죄를 받은 것입니다.

김안로는 중종의 사돈이었다. 중종의 두 번째 왕비인 장경왕후의 딸 효혜공주와 그의 아들 김희가 혼례를 올려 부마가 되자 김안로는 아들을 이용하여 권력을 휘둘렀다. 훗날 그는 문정왕후에 맞서다가 사사되고 말았다.

내가 살기 위해 적을 죽여야 한다

❀

윤임은 세자 이호의 외삼촌이었다. 그는 김안로와 연합하여 경빈과 복성군을 죽게 만든 뒤에 문정왕후 윤씨를 제거하려고 했다. 문정왕후 윤씨도 이에 맞서 동생 윤원형과 함께 윤임 일파와 치열하게 싸웠다. 이들이 대립하면서 조정 대신들도 두 파로 갈라졌다. 윤임 일파는 대윤, 윤원형 일파는 소윤이라고 불렀다.

문정왕후 윤씨는 35세가 되어서야 아들 환을 낳았다. 그녀가 왕자를 낳으면서 장경왕후가 낳은 세자 호의 지위가 위태롭게 되었다. 중종은 윤씨가 낳은 아들을 경원대군에 책봉하였고 그는 이후 정국을 뒤흔들 태풍의 눈이 되었다.

김안로는 소윤을 제거하고 세자의 자리를 지키기 위해서는 문정왕후 윤씨를 폐위시켜야 한다고 생각했다. 그는 대사헌 허항, 부제학 채무택 등과 함께 윤씨를 폐위시키려는 음모를 꾸미다가 발각되었다. 이 사건으로 조정은 발칵 뒤집히고 대노한 중종은 김안로를 비롯한 이들을 삼흉三凶이라고 부르면서 잡아들인 뒤에 유배를 보냈다가 사사시켰다.

'저들이 나를 폐위시키려고 하다니 소름이 끼치는구나.'

문정왕후 윤씨는 하마터면 자신과 아들 경원대군이 죽음을 당했을지도 모른다는 생각을 하면서 공포에 떨었다. 그녀는 치열한 궁중 암투에서 살아남기 위해서는 강해져야 한다고 생각했다. 경빈은 억울하게 죽음을 당하고 김안로는 자신을 폐출시키려고까지 했다.

'내가 살아남기 위해서는 적을 죽여야 돼.'

문정왕후는 어둠 속에서 눈을 부릅뜨고 주먹을 움켜쥐었다. 그녀는 아들 경원대군 환이 위태로울지 모른다고 생각하여 친정 오라버니들인 윤원로와 윤원형에게 더욱 의탁했다. 윤원로는 노골적으로 음모를 꾸미면서 밖으로는 세자를 바꿔 세운다는 소문을 만들어 저자거리에 퍼뜨리고, 안으로는 경원대군이 위태롭다는 말로써 대궐 사람들을 현혹시켰다. 이 말이 중종에게까지 들어가자 중종도 근심했다.

"네가 공주로 태어났으면 무슨 어려운 근심이 있겠느냐마는 대군으로 태어났으니 불행함이 심하도다."

중종은 어린 아들을 무릎에 앉히고 눈물까지 흘렸다. 중종 38년 (1543) 1월 7일 삼경 무렵에 동궁에서 대화재가 일어났다.

동궁에 불이 일어나는 변을 당할 때 세자의 침소가 밖에서 잠겨 있어서 세자와 세자빈은 간신히 화재를 피했다. 불 지른 자취가 현저하자 궁중 사람들이 모두 간신 윤원로의 소행이라고 지목했다.

이긍익의 《연려실기술燃藜室記述》에 나오는 기록이다. 동궁에 불을 지른 것은 문정왕후 일파가 세자를 시해하기 위한 음모가 분명했으나 끝내 범인을 검거하지 못했다. 세자 호는 불구덩이 속에서 살아나와 문정왕후 윤씨를 실망시켰다. 이후로도 문정왕후는 세자를 제거하기 위해 여러 가지 방법을 동원했으나 번번이 실패했다. 이 과정에서 심성이 여린 세자 호는 눈물로 세월을 보냈다.

1544년(중종 39), 중종은 서른 살의 세자 호에게 보위를 물려주고 다음날 승하했다. 인종이 즉위하자 그의 외삼촌 윤임이 권력을 휘두르게 되고 윤원로 일파는 몰락의 길을 걷기 시작했다. 그러나 많은 궁중 암투를 지켜보았던 중년 여인 문정왕후 윤씨는 호락호락 당하고 있지만은 않았다. 그녀는 위기에 빠질 때마다 인종을 직접 독대하여 위협을 했다.

"원컨대 주상은 우리 가문을 살려 주시오!"

윤씨가 다그칠 칠 때마다 심성이 여린 인종은 자전께서는 노여움을 풀라고 간곡하게 말했다. 그러나 윤씨는 더욱 강경하게 몰아쳤고 인종은 가슴이 답답한 병을 앓게 되었다. 모후인 장경왕후가 일찍 죽었기 때문에 어머니 없이 자란 인종은 치열한 궁중 암투에 시달리다 보위에 오른 지 8개월 보름 만에 목숨이 위태로울 지경이 되었다.

"이질의 증세가 잇달아 일어나서 음식을 먹지 못한다. 의원은 별 다른 증세가 없다 한다."

몸이 허약하여 보위에 오를 때부터 병을 앓고 있던 인종은 6월이 되자 더욱 위중해졌다.

"조광조 등의 일은 내가 늘 마음속에서 잊지 않았으나 선왕께서 허락하지 않으셨으므로 내가 감히 가벼이 고치지 못하고 천천히 하려 하였다. 이제는 내 병이 위독하여 날로 더욱 심해져서 다시 살아날 가망이 전혀 없으므로 비로소 유언하여 뒤늦게 인심을 위로하니 조광조 등의 벼슬을 전일의 중의衆議대로 회복할 수 있으면 다행스럽겠다. 현량과도 전에 아뢴 대로 복원하여 거두어 등용하도록 하라."

인종은 마지막 유언으로 조광조 등의 억울한 죽음을 사면하고 7월 1일 청연루에서 새벽이 밝아올 무렵 승하했다. 그의 나이 불과 31세였다.

인종에게는 왕후와 두 명의 후궁이 있었으나 소생이 없었다. 야사에서는 인종이 문정왕후에게 효도를 하기 위해 후사를 두지 않았다고 하나 개연성이 떨어진다.

네가 임금이 된 것은 나의 힘이다

❀

인종의 가냘픈 생명이 바람 앞의 촛불처럼 위태로워지고 있을 때 문정왕후 윤씨는 뛰어난 정치력을 발휘했다. 인종은 병세가 악화되자 경복궁에 있는 청연루로 침전을 옮겨 치료를 받기 시작했다. 이 때 문정왕후 윤씨는 인종의 병세가 걱정된다면서 자신의 딸인 의혜공주의 집으로 가겠다고 선언하고 어가를 향하게 했다. 인종의 병이 악화되고 있어서 전전긍긍하고 있던 대신들은 깜짝 놀랐다. 그들은 문정왕후 윤씨의 어가를 막고 이러한 일은 전례가 없다고 만류했다. 왕비가 되면 좀처럼 대궐을 나갈 수 없고 한 번 대궐을 나가게 되면 경호와 절차 등이 여간 까다롭지 않았다. 대부분의 왕비들이 대비가 된 뒤에도 대궐 밖을 나가 보지 못하고 죽는 것이 당시의 실정이었다. 문정왕후 윤씨는 대신들이 만류하자 못 이기는 체하고 어가를 멈추었다.

윤씨의 이러한 행동에는 뚜렷한 목적이 있었다. 그것은 인종이 승하했을 때를 대비한 포석이었다. 자신의 존재를 대신들에게 강력하게 각인시켜 인종 승하 후의 주도권을 잡겠다는 의도였던 것이다.

영의정 윤인경이 대비가 대궐을 나가는 것은 있을 수 없으나 승정원으로 모시겠다고 타협안을 제시했다. 그러나 양사와 홍문관 등 대신들이 다투어 반대하자 이루어질 수 없었다. 문정왕후 윤씨는 한바탕 소동을 일으킨 뒤에 다시 어가를 멈추었다.

문정왕후 윤씨는 사흘 동안 의혜공주의 집으로 나가겠다면서 파란을 일으켰다. 인종이 죽기 하루 전날에도 문정왕후 윤씨는 다시 의혜공주의 집으로 나가겠다며 소동을 일으켰다.

"경원대군 환에게 전위한다."

인종은 죽기 하루 전 전위 교서를 내렸다. 문정왕후 윤씨의 끊임없는 시위로 대신들이나 중전 박씨, 인종의 외삼촌인 윤임은 변변하게 대책을 세울 수가 없었다.

인종의 뒤를 이어 보위에 오른 경원대군 환, 즉 명종은 불과 12세였기 때문에 문정왕후 윤씨가 수렴청정을 하게 되었다. 그녀는 수렴청정을 하면서 역대 어느 대비보다 독단적으로 정국을 운영했다.

문정왕후는 동생 윤원형과 함께 대대적인 숙청에 들어갔다. 그녀는 을사사화를 일으켜 윤임과 유인숙, 유관 등을 사사시켰다. 조정에는 피바람이 불고 그녀로 인하여 산천초목이 벌벌 떨었다.

대비는 밀지를 윤원형에게 내렸다. 이에 이기, 임백령, 정순붕, 허자가 변을 고하여 큰 화를 만들어 냈다.

을사사화는 문정왕후와 윤원형이 만들어 낸 것이다. 문정왕후는 어린 명종이 말을 듣지 않으면 회초리로 때릴 정도로 무서운 여인이었다. 어린 명종은 문정왕후와 외삼촌 윤원형으로 인해 고통스러운 나날을 보내야 했다.

임금이 이미 장성했으므로 대비가 비로소 정치에서 물러났다. 따라서 마음대로 권력을 부리지 못하게 되었으므로 만일 하고 싶은 일이 있으면, 곧 언문으로 조목을 나열하여 내시를 시켜서 외전에 내어 보냈다. 임금이 보고 나서 일이 행할 만한 것은 행하고, 행하지 못할 것이면 곧 얼굴에 수심을 나타내며 그 쪽지를 말아서 소매 속에 넣었다. 이로써 매양 문정왕후에게 거슬렸으므로 왕후는 불시에 임금을 불러들여, "무엇 무엇은 어째서 행하지 않느냐?"고 따지면 임금은 온순한 태도로 그의 합당성 여부를 진술했다. 문정왕후는 버럭 화를 내며 "네가 임금이 된 것은 모두 우리 오라버니와 나의 힘이다" 했다. 어떤 때는 때리기까지 하여 임금의 얼굴에 기운이 없어지고 눈물 자국까지 보일 적이 있었다.

《연려실기술》에 있는 기록이다. 이 기록으로 보아 문정왕후는 자식에게도 사나웠던 표독한 어머니였던 듯하다.

윤원형은 양재역 벽서 사건을 일으켜 이약수 등을 사사하고 이언적, 백인걸 등 사림파를 유배 보내 조정에서 몰아냈다.

남자들의 세상에서 살아남은 정치적 여성
❊

실록에서 윤씨는 상당히 악독한 여인으로 등장한다. 특히 인종과 명종에게 가혹하여 그들은 윤씨의 눈치를 살피느라고 제대로 정치를 하지 못할 정도였다.

윤씨는 천성이 강한하고 문자를 알았다.

강한은 성질이 굳세고 사나운 것을 말하고 문자를 알았다는 것은 학문이 뛰어나다는 의미다. 그녀는 승려 보우를 총애하여 사림들로부터 격렬한 비판을 받았다. 보우는 법명으로 호는 허응虛應 또는 나암懶庵이라 했다. 이름은 알려지지 않았고 15세에 금강산 마하연암으로 출가하여 승려가 되었다. 금강산의 장안사, 표훈사 등에서 수련을 쌓고 학문을 닦아 명성이 높아졌다. 재상이었던 정만종이 보우의 인품과 그 도량이 크다는 사실을 조정과 문정왕후에게 알려 깊은 인연을 맺게 되었다.

대체로 승도들 중에 통솔하는 이가 없으면 잡승을 금단하기가 어렵다. 조종조의 대전大典에 선종과 교종을 설립해 놓은 것은 불교를 숭상해서가 아니라 중이 되는 길을 막고자 함이었는데, 근래에 혁파했기 때문에 폐단을 막기가 어렵게 되었다. 봉은사와 봉선사를 선종과 교종의 본산으로 삼아서 대전에 따라 대선취재조大禪取才條 및 중이 될 수 있는 조건을 신명하여 거행하도록 하라.

문정왕후가 비망기를 내려 불교 양종을 부활시킬 것을 지시했다. 그러나 유교를 정학으로 생각하고 불교를 사학으로 생각하는 대신들

봉은사의 모습 서울시 강남구 삼성동에 있다. 원래는 견성사라 했는데 1498년 정현왕후가 성종을 위하여 중창하고 봉은사라 개칭했다. 1571년 명종 대에 현재 위치로 옮겼으며 휴정과 유정이 이곳에서 승과시를 보고 등과했다.

이나 유림들은 격렬하게 비난했다. 문정왕후는 유림의 반대에도 불구하고 불교를 보호하고 중흥시키는 데 박차를 가하면서 1551년 보우를 판선종사도대선사判禪宗事都大禪師로 임명했다. 같은 해 11월 승려들을 위한 과거 시험인 도승시度僧試를 실시하고 도첩제도度牒制度를 부활시켜 승려들의 자질을 향상시켰다. 이로 인하여 서산대사 휴정과 사명대사 유정 같은 고승들이 배출되었다.

"지금 내가 없으면 후세에 불법이 영원히 끊어질 것이다."

보우는 사명감을 가지고 불교를 진흥하기 위해 노력했다. 문정왕후는 유림의 격렬한 반발을 물리치고 보우를 끝까지 보호했다. 그러나 반대파에 대해서는 냉혹하게 숙청했다. 문정왕후의 동생인 윤원형의 권력 농단은 극심한 사회 혼란을 불러왔다. 그리하여 임꺽정과 같은 대도가 출현하고 많은 백성들이 유리걸식을 하다가 도적 떼가 되었다.

문정왕후 윤씨는 조선시대 어떤 여자보다도 막강한 권력을 휘둘렀다. 그녀는 수렴청정을 하면서 명실상부하게 조정을 다스렸다. 재변이 일어나면 중론을 모으게 하고 대비로서는 드물게 대신들과 몇 시간씩 국사를 토론했다. 불교의 진흥에 대해서는 세종이나 세조도 대신들의 압력에 굴복했으나 철의 여인 문정왕후는 결코 굴복하지 않았다.

문정왕후는 1565년 65세로 사망했다. 그녀는 조선의 왕후들 중 가장 악독한 여인이라는 조선시대 사가들의 평가를 받았으나 이는 유교적인 관점이고 남성우월주의적인 시각이다. 중종 대에서 명종 대 초기까지 사림파를 제외한 훈구 대신들은 오로지 권력 쟁탈에만 혈안이 되어 있었다. 문정왕후는 이러한 남성들의 틈바구니에서 정치력을 발휘한 여성이었다. 실록의 기록은 문정왕후가 내놓은 정책마다 비판 일색

문정왕후의 무덤인 태릉으로 가는 길 문정왕후는 후일 중종의 곁에 묻히려고 하였다. 그러나 중종의 무덤인 정릉이 지대가 낮아 장마철에 물이 들어오자 죽은 뒤 중종 곁에 묻히지 못하고 따로 태릉에 묻히게 되었다. 서울시 노원구 공릉동에 있다.

으로 치우쳐 있으나 이는 동생 윤원형의 권력 농단에서 비롯된 측면이 크다.

권력을 되찾기 위해 인고의 세월을 견딘
인목왕후 김씨

대비는 수렴청정을 하면서 정치력을 발휘하기도 하지만 평소에는 평범한 과부의 일생을 살게 된다. 그러나 왕실의 가장 웃어른이기 때문에 때때로 왕에게 위협적인 존재가 되기도 한다. 왕이 친아들이나 친손자일 경우 별다른 문제가 없지만, 대비가 왕의 계모일 경우에는 왕을 폐위시키고 새로운 왕을 즉위시킬 수가 있어서 완전히 상황이 달라진다. 문정왕후의 경우에는 인종이 친아들이 아니었기 때문에 독살설이 제기되었다. 광해군과 인목왕후仁穆王后의 경우에도 친아들이 아니었기 때문에 광해군이 그녀를 폐위시켰다가 오히려 자신이 폐위를 당하는 불운을 겪게 된다.

조선의 제14대 국왕 선조는 의인왕후 외에도 많은 부인들을 거느리고 있었다. 의인왕후 박씨는 자식이 없었으나 공빈 김씨는 임해군과 광해군을 두었고 인빈 김씨는 신성군을 비롯한 4남 5녀를 낳았으며 순빈 김씨는 순화군을 낳는 등 많은 왕자와 공주들이 있었다.

조선에 파란을 일으킨 선조와 왕자들

光해군은 생모인 공빈이 일찍 죽는 바람에 자식이 없는 의인왕후 박씨의 손에서 자랐다. 선조는 재임 기간 중에 임진왜란을 겪었고 광해군이 세자로 책봉된 것은 1592년(선조 25) 4월 임진왜란이 발발했을 때였다. 동래부를 점령한 왜군이 파죽지세로 문경새재를 지나 신립이 지휘하는 조선군을 충주에서 격파하자 조정에서는 부랴부랴 몽진 준비를 하기 시작했다. 이 때 대신들이 비상 상태라면서 선조에게 매달려 세자를 책봉해 줄 것을 요구했다. 선조는 전쟁 상황에서 마지못해 광해군을 책봉한 것이다. 선조는 이 때까지 원자도 정하지 않았고 세자도 책봉하지 않았는데, 이는 인빈 김씨의 아들 신성군을 마음에 두고 있었기 때문이었다.

선조의 아들들 중에는 시정의 부랑배 같은 자들이 많았다. 임해군, 순화군, 신성군, 정원군 등은 부녀자를 겁탈하는 등 패악한 일을 저질러 걸핏하면 대신들의 탄핵을 받았다. 임해군은 기생첩을 빼앗기 위해 오늘날 부총리에 해당하는 특진관 유희서를 포천에서 살해했고 순화군은 귀양을 간 뒤에도 백성들을 마구 죽였다.

수원부사 박이장의 보고서에 "이달 9일 순화군이 약주를 지고 간 원금을 수문水門으로 잡아들여 무수히 구타했고, 12일에는 약주를 가지고 간 종 주질재를 수문으로 잡아들여 옷을 전부 벗겨 알몸으로 결박하고 날이 샐 때까지 풀어주지 않았다고 하며, 18일에는 읍내에 사는 군사 장석시가 그 의 집에 역질이 들어 역신을 쫓고 있을 때 장석시와 맹인 윤화의 아내 맹 무녀 등을 잡아가 수문으로 끌어들여 순화군이 직접 결박하고 한 차례 형 문한 뒤에 밤새도록 매어 두었다. 그리고 맹무녀의 위아래 이빨 각 1개, 장 석시의 위아래 이빨 9개를 작은 쇠뭉치로 때려 깨고 집게로 잡아 빼 유혈 이 얼굴에 낭자했으며 피가 목구멍에 차 숨을 쉬지 못했다. 맹무녀는 궁 안 에서 급사했고 장석시는 이튿날 수문으로 끌어내 왔는데 목숨이 위급하여 곧 죽을 상황이었다" 했습니다.

순화군의 행동이 이처럼 전일보다 한층 더 참혹하므로 부내府內 모든 사 람이 전부 놀라 일시에 흩어지고 봄갈이가 한창 시급한데도 농사지을 생 각을 하지 않으며 부사 박이장은 그의 노여움을 살까 두려워 그 근처에 얼 씬도 못하니 본부의 일이 매우 염려스럽습니다.

경기도 관찰사 남이신이 올린 보고서였다. 순화군이 얼마나 포악했 는지 수원 일대에 농민들이 농사철이 되어도 농사를 지을 생각을 하지 않고 뿔뿔이 흩어져 달아났다는 보고다. 영조는 사도세자를 처형했으 나 선조는 유배를 보내는 것으로 그쳐 선조 시대 내내 왕자들의 패악한 행동이 백성들을 공포에 떨게 했다. 선조는 무능한 군주였으나 놀랍게 도 그의 시대에 조선의 명신들이 수없이 배출되었다. 퇴계 이황을 비 롯하여 율곡 이이, 정철, 이산해, 유성룡, 이덕형, 이항복, 이원익 같은 문신들과 권율, 이순신 같은 무신들이 그의 시대에 등장했던 인물들이 었다.

임금의 총애를 받던 어린 왕비

❋

인목왕후 김씨는 1584년(선조 17)에 연흥부원군 김제남의 딸로 태어났다. 김씨는 8세 때 임진왜란을 맞이했다. 전쟁 때에 수많은 사람들이 고통 속에서 살았으므로 그녀의 어린 시절도 불안했다. 7년 동안의 기나긴 전쟁이 끝나자 그녀는 15세가 되어 있었다. 임진왜란 동안 전쟁에 시달리느라 다른 생각을 할 겨를이 없었던 조정 대신들은 폐허가 된 한양을 복구하고 광해군의 세자 책봉을 명나라에 주청하기로 했다.

"중전의 자리가 비어 있는데 세자 책봉만 중요하게 생각하느냐?"

선조는 조정 대신들이 명나라에 사신을 보낼 것을 청하자 버럭 역정을 냈다. 국본을 튼튼히 하기 위해 광해군 세자 책봉을 명나라에 요청하려던 대신들은 선조가 느닷없이 몽니를 부리자 당황했다. 선조는 광해군을 세자로 책봉하는 것을 달가워하지 않은 것이다. 조정 대신들은 부랴부랴 금혼령을 내리고 왕후를 간택하여 15세의 김씨가 뽑혔다. 그러나 의인왕후의 국상이 계속되었기 때문에 김씨는 18세가 되어서야 국혼을 치르고 왕후가 될 수 있었다. 이 때 선조는 51세였다.

선조는 광해군이 세자로 책봉되는 것을 미루기 위해 신부를 맞아들였으나 18세의 꽃다운 왕후 김씨를 사랑했다.

왕후들은 국가적인 행사가 없으면 평상복을 입는다. 그러나 평상복이라고 해도 낮과 밤이 다르다. 특히 신혼의 젊은 왕후는 분홍색의 풍성한 소례복을 입고 속적삼과 속치마는 매미 날개 같은 나삼을 입는다. 이 나삼은 천연 실크로 서양의 어떤 천보다도 결이 곱고 부드러웠다. 18세의 신부인 인목왕후는 51세의 신랑을 맞아 화촉을 밝혔다. 나이

차이가 많았지만 선조는 꿈결 같은 첫날밤을 보냈다.

김씨는 이튿날부터 왕후로, 조선의 국모로 대궐에서 생활을 하게 되었다. 왕후들의 생활은 내전의 일이라고 하여 특별한 일 외에는 실록에 기록하지 않는다. 실록에 기록되는 일은 왕후가 국가의 공식적인 행사에 참석할 때뿐이다.

'궁중은 사가보다 법도가 더욱 엄격하다. 또한 여인들이 많으니 투기가 심할 것이다.'

인목왕후는 18세였으나 왕비로서 권위를 내세우는 것보다 스스로 삼가고 조심하려고 노력했다. 선조에게는 이미 여러 명의 후궁들이 있었고 인빈 김씨는 4남 5녀나 낳은 여인이었다. 나이로 따지면 어머니와 같은 여인이고 궁중 돌아가는 일을 훤하게 꿰뚫고 있었다. 후궁들뿐이 아니라 대궐의 노상궁들까지 그녀의 일거수일투족을 살피고 있었다. 인목왕후는 여인들의 투기 때문에 몰락하지 않기 위해서 조심하고 또 조심했다.

선조는 변덕이 심하고 냉혹한 군주였다. 그는 자신을 위하여 명나라에 사신으로 가지 않는다는 이유로 7년 동안 임진왜란을 같이 겪은 유성룡을 삭탈관직했고 임해군의 비행을 탄핵했다고 하여 이덕형과 이항복을 파직했다. 그런 선조였기 때문에 광해군을 세자로 책봉한 뒤에도 전위 파동을 일으키면서 괴롭혔다. 인목왕후가 아름다운 여인이 아니었다면 선조는 거들떠보지도 않았을 것이다.

"이것이 무엇이냐?"

하루는 선조가 인목왕후의 침전으로 들어가자 창에 백인百忍이라는 글자가 써 있는 종이가 붙어 있었다.

"장공예張公藝의 글입니다."

인목왕후가 화사하게 웃으면서 대답했다.

"장공예?"

"장공예는 중국 당나라 때의 효자입니다. 당 고종이 9대가 한 집에 화목하게 사는 비결을 묻자 백인이라는 글자를 써서 보였다고 합니다. 신첩도 백 번 참는다는 말을 가슴에 새기기 위해 창문 벽에 걸어 놓고서 스스로를 경계하고 있습니다."

인목대비가 쓴 한문 친필 내용을 풀면 '늙은 소는 힘을 쓴 지 이미 여러 해/ 목이 찢기고 가죽이 뚫려 다만 부처의 자비스러운 눈뿐이로구나/ 쟁기질과 써레질이 이미 끝나고 봄물은 넉넉한데/ 주인은 어찌 심하게 또 채찍질인가?'이다. 영창대군을 잃고 폐모의 위기에 몰려 있을 때 칠장사에서 쓴 것으로 추정된다. 국립중앙박물관 소장. 중박 200811-456

인목왕후의 대답을 들은 선조는 감동했다. 아직 꽃봉오리에 지나지 않는 인목왕후가 더욱 사랑스러웠다. 인목왕후는 시위하는 군사들이 겨울철 추위에 고생하는 것을 염려하여 솜옷과 가죽 모자를 만들어 하사했다.

"중전은 나이는 어리지만 옛날의 어떤 왕후보다 인자하다."

선조는 김씨가 화려한 것을 탐하지 않고 검소하며 어질기까지 하자 흡족하여 더욱 총애했다.

129

광해, 대북을 업고 왕위에 오르다

❁

젊은 인목왕후는 선조의 지극한 총애를 받아 정명공주에 이어 1606년 (선조 39) 영창대군 이의를 낳았다. 그런데 그녀가 영창대군을 낳으면서 왕실에 어두운 그림자가 드리워지기 시작했다. 유영경 등이 적통론을 내세워 은근히 영창대군을 지지했고 선조도 젊은 왕후인 김씨에게 마음을 완전히 빼앗기고 있었다.

광해군은 공빈 소생이었기 때문에 서자였다. 이이첨 등은 광해군이 이미 세자가 되었기 때문에 적통이라고 주장했다. 영창대군을 지지하던 유영경 등은 소북, 광해군을 지지하는 이이첨 등은 대북이 되었다. 당시는 소북이 정권을 잡고 있고 선조 역시 영창대군을 귀여워했기 때문에 광해군의 폐출은 기정사실처럼 되어 가고 있었다.

선조는 광해군의 허물을 찾아내기 위해 전위 파동을 일으키기도 하고 광해군에게 대리청정을 시키기도 했다. 그리하여 걸핏하면 트집을 잡아 광해군을 야단쳤다. 광해군은 선조의 질책을 받을 때마다 피눈물을 삼켜야 했다.

1607년 겨울 선조의 병이 위급해졌다. 그러자 임해군이 역모를 일으키려 했다는 의혹이 불거졌다. 병조판서 박승종이 도감의 군병으로 행궁을 호위할 것을 청하자 임금이 밀지를 내려 대신을 불러들이라고 영을 내렸다. 시원임(時原任 : 전현직) 대신들은 선조의 병이 위급하였기 때문에 대궐 안에 들어가 있었는데 유영경이 여러 대신들에게 말했다.

"지금 내리신 밀지는 시임 대신만을 부른 것이오."

대신들은 유영경의 말을 듣고 밖으로 나갔다.

"나는 본디 질병이 많아서 평일에도 정무를 감당하기 어려웠다. 더구나 지금은 병에 걸린 지 1년이 다 되어 가는데 조금도 차도가 없어 정신이 혼란하고 마음의 병이 더욱 심하다. 이러한데도 왕위에 그대로 있을 수 있겠는가? 세자가 장성하였으니 고사에 의해 전위해야 할 것이다. 만일 전위가 어렵다면 섭정하는 것도 가능하다. 나라의 중대사는 이처럼 하지 아니할 수 없으니 속히 거행하는 것이 좋겠다."

선조가 세 정승에게 비망기를 내렸다.

"나라의 정사는 조섭 중에 계시더라도 지체된 것이 없으니 바라건대 이런 점은 염려하지 마시고 심기를 화평하게 하여 조섭에 전념하시면 종묘와 사직이 은밀히 도와서 병이 저절로 낫게 될 것입니다. 이는 신들의 소원일 뿐만 아니라 모든 신하의 뜻이 모두 이와 같습니다. 황공하여 감히 아룁니다."

영의정 유영경, 좌의정 허욱, 우의정 한응인이 아뢰었다.

"임금께서 병중에 계신 지 거의 1년이 다 되어가니 심기 불편함이 전일보다 배나 더하다. 지금 이 전교를 따르지 않는다면 심기가 더욱 손상되어 환후가 위중하실까 우려된다. 대신은 임금의 명을 순순히 따르라. 이것을 바랄 뿐이다."

인목왕후가 전지를 내렸다.

"신들도 목석이 아닌데 어찌 마음속에 두려운 점이 없겠습니까. 그러나 오늘 전교는 여러 사람들의 생각 밖에서 나온 것이니 신들은 감히 명을 받들 수 없어 땅에 엎드려 죽을죄를 기다립니다."

인목왕후가 전교를 빈청에 내려 세자에게 전위할 뜻을 보였으나 유영경이 비밀리에 아뢰어 막았다.

"매일 아침 세자가 문안할 때마다 내가 반드시 진노하게 되니, 지금부터는 우선 문안을 정지하고 3일 간격으로 하라."

선조는 광해군이 문안 인사를 드리는 것조차 싫어했다.

1608년 2월 1일 선조는 점심 때 찹쌀밥을 먹고 갑자기 기氣가 막혀 위급하게 되었다. 어의 허준 등이 다급하게 진맥을 했으나 선조는 경운궁에서 급서했다.

선조가 갑자기 죽자 인목왕후가 밀봉한 유지를 광해군에게 내렸다.

"동기들을 내가 살아 있을 때처럼 사랑하고 참소하는 말을 하는 사람이 있으면 부디 그 말을 따르지 말라. 이런 내용으로 너에게 부탁하노니, 모쪼록 나의 뜻을 깊이 유념하기 바란다."

선조는 자신이 죽은 뒤에 몰아칠 피바람을 예상하고 있었던 것이다.

미시에 찹쌀밥을 진어했는데 상이 갑자기 기가 막히는 병이 발생하여 위급한 상태가 되었다.

선조는 찹쌀밥을 먹은 지 몇 시간이 지나지 않아 갑자기 위독해졌다. 점심때까지 김대래를 직제학으로 임명하는 등 정사를 보았으나 불과 몇 시간 만에 위독해져 유명을 달리한 것이다. 선조가 찹쌀밥을 먹고 갑자기 위독해진 탓에 독살설이 뒤따랐으나 독살에 대한 징후는 찾아볼 수 없었다. 어의는 허준이었고 침상을 지킨 이는 24세의 인목왕후였다. 유일한 정황이라면 선조가 광해군을 싫어했다는 것이다. 독살설이 제기되었던 이유는 사실 광해군이 사림의 미움을 받았기 때문이다.

여러 가지 논란이 있었음에도 불구하고 광해군은 조선의 제15대왕으로 즉위했고 인목왕후는 대비가 되었다. 대북의 정인홍과 이이첨이 정권을 잡자 소북은 바늘방석에 앉게 되었다.

이렇게 사느니 독을 마시고 죽으시오!

❀

광해군은 보위에 올랐으나 불안했다. 즉위하면 명나라에 사신을 보내 책봉을 받아야 했다. 그러나 세자 책봉을 원했을 때 명나라에서는 형 임해군이 있는데 아우인 광해군이 세자가 되는 것은 석연치 않다면서 거절하고 진상을 조사하는 사신을 파견하겠다고 했다. 그리고는 광해군이 즉위하자마자 이를 조사하는 사신을 파견했다. 명나라로부터 세자 책봉도 받지 못한 채 보위에 오른 광해군과 대북은 긴장하지 않을 수 없었다. 그들은 명나라에서 사신이 오기 전에 임해군을 역모로 몰아 제거하기로 했다.

임해군은 광해군이 세자가 되자 반발하면서 장사들을 불러 모으는 등 크게 문제를 일으키고 있었다.

"임해군 이진은 오랫동안 다른 마음을 품고서 사사로이 군기를 저장하고 몰래 죽을 각오를 한 무사를 양성하였습니다. 지난해 10월 대행 대왕께서 환후로 편찮으실 때부터 역도들을 많이 모았을 뿐만 아니라 많은 장수들과도 결탁하여 주야로 은밀히 불경스러운 짓을 도모하고 있는데, 이는 나라 사람들이 분명히 알고 있는 일입니다. 대행 대왕께서 승하하는 날에 이르러서는 발상하기 전에 공공연히 집에서 나갔다가 한참 시간이 지난 뒤에야 달려 들어왔으니 비밀스럽게 가병家兵

을 지휘한 정황이 환히 드러났습니다."

광해군 즉위년(1609) 2월 14일, 대북의 사주를 받은 장령 윤양, 지평 민덕남, 헌납 윤효선, 정언 이사경, 임장 등이 임해군이 역모를 일으킬 것이 분명하다고 아뢰면서 조정은 파란에 휩싸였다. 임해군은 광해군과 어머니가 같은 친형이었다. 그러나 선조가 죽은 지 불과 14일 만에 역모로 고변되면서 그의 앞날은 죽음의 그림자가 짙게 드리워졌다.

"대궐이 지척에 있는 곳에서 철퇴와 환도를 빈 가마니에 싸서 많은 수량을 반입하였으니 헤아릴 수 없는 상황이 조석에 닥쳤음을 알 수 있다. 음모가 발각된 뒤에 도성 문 밖에 유치시켜 놓았으나 뜻밖의 환란을 차마 말하기 어려운 점이 있다. 따라서 형제라는 사정 때문에 용서할 수는 없다. 단서가 드러날 때까지 절도에 정배하라."

광해군은 그 날로 임해군을 진도에 유배하라는 영을 내렸다. 그러나 명나라 사신이 조사를 하러 올 예정이기 때문에 그의 목숨을 끊을 수는 없었다. 광해군은 외척 김예직을 임해군에게 보냈다. 임해군은 김예직을 보고 통곡하고 울면서 자신이 어리석어 많은 죄를 저질렀으나 역모를 꾸민 일은 사실이 아니니 살려 달라고 애원했다. 김예직은 노비들이 꾸민 짓이라고 핑계를 대면 광해군이 살려 준다고 했다고 전했다.

광해군과 대북이 바짝 긴장해 있는 상태에서 명나라 사신 엄일괴가 조선으로 들어왔다. 광해군과 대북은 엄일괴를 매수하기 위해 막대한 뇌물을 준비했다. 엄일괴는 서강에서 임해군을 만났다.

"나는 일찍이 왜적에게 붙잡힌 적이 있어서 정신을 잃고 못된 행동을 하였다. 또한 중풍에 걸려서 손발을 움직일 수 없다."

임해군은 김예직이 시키는 대로 엄일괴에게 말했다.

"네가 반역을 도모하다 죄를 받은 것이 사실이냐?"

엄일괴가 임해군에게 물었다.

"내가 병으로 정신이 혼몽하였는데 노비들이 역모를 도모할 뜻을 가졌던 것 같으나 나는 몰랐다."

엄일괴는 임해군이 억울하다는 사실을 알았으나 수만 냥의 은을 뇌물로 받고는 그 날로 명나라로 돌아갔다.

"임해군을 잘 보호하고 소홀히 대우하지 말라고 조선 국왕에게 말을 전하시오."

엄일괴가 돌아가자 임해군에 대한 처벌 문제가 다시 대두되었다. 광해군은 역모를 인정하면 살려 줄 것이라고 약속했으나 그것은 거짓 약속에 지나지 않았다. 대북의 사주를 받은 삼사를 비롯하여 대간들이 임해군을 사사하라고 광해군에게 요구했다. 임해군의 역모를 입증하기 위해 그의 종들이 수없이 잡혀 들어와 가혹한 고문을 당했고 임해군은 강화 교동으로 유배되었다.

"이렇게 살아서 무엇을 하겠소? 독을 마시고 죽으시오."

임해군을 감시하는 교동 수장 이정표가 임해군을 매일같이 핍박했으나 그는 자신의 목숨을 끊지 않았다. 그러자 대북의 지시를 받은 이정표가 목을 졸라 살해했다.

임해군이 죽은 것을 사람들이 능히 밝히지 못하고 또 죽은 날도 알지 못하였다. 무신년 반정 후 임해군의 가족이 그 관비를 불러 묻고서야 비로소 그 실상을 알았다. 부인 허씨가 관을 열고 보니 피부가 살아 있을 때와 같았는데 그 목에 아직 새끼줄을 감았던 붉은 흔적이 있었다.

실록의 〈임해군 이진 졸기〉에 있는 기록이다. 임해군은 선조의 가장 큰아들로 어릴 때는 칭송을 받았으나 자라면서 성품이 패악해져 부녀자들을 마구 겁탈했으며 백성들의 재물을 빼앗고 살해하는 등 인심을 크게 잃어 충신들조차 그를 구원하는 직언을 올리지 않았다.

계축옥사와 영창대군의 비극

❀

임해군이 살해되면서 누구보다 먼저 공포에 사로잡힌 것은 인목대비였다. 선조가 죽어 불과 24세에 과부가 된 것도 억울한데 이제는 아들의 목숨조차 위태롭게 된 것이다.

'영창대군이 살아 있으면 보위가 위태롭다.'

광해군 쪽에서 보면 정비의 아들인 영창대군은 위협적인 존재였다. 자신은 서자인 데 반해 영창대군은 적자인 것이다. 소북이나 다른 대신들이 언제든지 적통론을 내세워 그를 옹립할 수도 있었다. 인목대비는 남편을 잃은 슬픔 속에서도 자신의 앞날에 불어 닥칠 피바람을 생각하면서 몸을 떨었다.

'유영경이 영창대군을 세자로 책봉하려고 한 것이 잘못이었어.'

인목대비는 살얼음판 위를 걷는 것처럼 하루하루를 보냈다. 광해군이 즉위하면서 왕비가 된 중전 유씨는 인목대비를 왕실의 큰 어른으로 대우했으나, 광해군이 총애를 하기 시작한 상궁 김개시는 이이첨과 긴밀하게 협조를 하면서 영창대군을 죽이려는 음모를 꾸미기 시작했다. 그러나 영창대군을 제거하려면 마땅한 명분이 있어야 했다. 영창대군은 아직 어린 소년에 지나지 않았기 때문에 역모를 꾀했다는 누명을 씌우기가 어려웠다.

대북의 영수 이이첨은 책략가였다. 그는 영창대군을 왕으로 옹립하려 했다는 구실로 영의정 유영경을 탄핵하여 사사하게 하고 소북파를 대대적으로 숙청했다. 때마침 문경의 새재에서 상인을 죽이고 은 수백 냥을 약탈한 강도 사건이 일어나자 이이첨은 범인들이 명성이 쟁쟁한 대신들의 서자라는 사실을 근거로 역모 사건으로 몰고 갔다. 강도들은 영의정을 지낸 박순의 서자 박응서, 역시 영의정을 지낸 심전의 서자 심우영, 목사를 지낸 서익의 서자 서양갑, 평난공신 박충간의 서자 박치의, 북병사를 지낸 이제신의 서자 이경준, 박유량의 서자 박치인, 서얼 허홍인 등이었다. 그들은 서자였기 때문에 출세를 할 수 없었다. 신분적으로 천대받고 괄시받던 그들은 광해군 즉위년(1608)에 서얼도 과거를 보게 해 달라는 비장한 상소를 연명으로 올렸다. 그러나 자신들의 상소가 받아들여지지 않자 경기도 여주 강변에 무륜당無倫堂이라는 집을 짓고 나무꾼, 소금장수 등 중인과 천민들을 끌어들여 화적질을 했다. 그들은 허균, 이사호, 김경손 등과 어울리면서 스스로를 죽림칠현이라고 부르기도 하고 강변칠우江邊七友라 일컫기도 했다. 조선의 지배 이데올로기인 윤리를 정면으로 부정하는 무륜당이라는 당호에서 알 수 있듯이 그들은 혁명적인 사상을 갖고 있었다.

활동 자금을 마련하기 위해 문경 새재에서 상인을 살해하고 은을 약탈한 그들은 상인의 노복이 뒤를 미행하여 포도청에 고발함으로서 모조리 체포되었다.

이이첨은 포도대장 한희길, 김개 등과 비밀히 의논한 다음 몰래 사람을 들여보내 박응서를 포섭하여 역모로 만들었다.

"우리들은 도둑이 아닙니다. 장차 큰일을 일으킬 생각으로 양식과 무기를 준비하려 했습니다. 국구(國舅 : 임금의 장인) 김제남과 몰래 통하여 영창대군을 받들어 임금으로 추대하려고 한 것입니다."

박응서의 고변에 따라 국청이 설치되고 관련자들이 줄줄이 체포되어 가혹한 고문을 당했다. 사건에 관련된 칠서들은 대부분 역모를 인정하지 않고 고문을 받다가 죽고 박치의는 도망쳤다. 이 사건에 연좌되어 종성판관 정협, 선조로부터 인목대비와 영창대군을 잘 보살펴 달라는 유명을 받은 신흠, 박동량, 한준겸 등 7대신과 이정구, 김상용, 황신 등 서인 수십 명이 사형을 당하거나 유배를 갔다.

이 사건은 역사 속에서 칠서지옥, 혹은 계축옥사라고 불린다. 이이첨은 증인들을 가혹하게 신문하면서 영창대군을 옹립하려고 했다는 자백을 받아내고 이 일이 모두 인목대비의 아버지 김제남의 지시로 이루어진 일이라고 조작해 수십 명의 목숨을 앗아갔다.

인목대비 김씨는 역적들의 공초에서 김제남의 이름이 거론되자 경악했다.

"신의 이름이 역적의 편지에서 나왔으니 신의 관직을 삭탈하고 죄를 추궁하소서."

김제남은 인목대비와 영창대군에게 불똥이 튀지 않게 하기 위해 자신을 벌해 달라고 광해군에게 상소를 올렸다.

"대죄하지 말라."

광해군은 간단하게 비답을 내렸다.

이후 광해군이 직접 나서서 친국을 하면서 조정과 대궐은 피바람에 휘말렸고 이이첨 등은 국문장을 피바다로 만들었다. 국청에서는 매일같이 죄인들이 곤장을 맞다가 죽어 나갔다. 공초에 이름이 오른 대신들의 노비와 종들도 고문을 당하다가 죽고, 심지어는 나무꾼이 우연히 나무를 팔러 왔다가 체포되어 혹독한 형벌을 당하기까지 했다. 이덕형과 이항복은 노비들을 고문하는 것에 반대하다가 유배를 갔다.

"영창대군을 옹립하기로 했다는 이야기가 이미 역적의 입에서 나왔고, 김제남의 죄악에 관련된 사실 또한 역적의 입에서 나와 이미 그를 구속했습니다. 상황이 이에 이르렀으니, 영창대군이 아무리 아무것도 모르는 어린아이라 할지라도 신하로서 용서받을 수 없는 막중한 죄를 짓고서 어떻게 감히 한순간인들 편안히 궁중에 있을 수 있겠습니까? 왕법은 지극히 엄하여 결코 용서해 주기 어려우니 형률을 적용하여 처리하게 하소서."

삼사가 영창대군과 김제남을 죽이라는 주장을 했다. 영창대군은 불과 여덟 살밖에 되지 않았는데도 역모의 수괴가 되고 김제남은 주범이 되었다.

'아버님이 연루되었으니 우리 집안은 멸문을 당하겠구나!'

인목대비는 추국청이 설치되어 조사가 진행되는 동안 불안과 공포 속에서 시간을 보냈다. 김제남을 비롯하여 그의 세 아들들은 모두 역적이 되어 사형당하고 친정어머니는 제주도에 관노로 보내졌다. 김씨는 피눈물을 흘렸다. 하지만 그녀의 시련은 이것으로 그치지 않았다. 이이첨 등이 영창대군을 강화도로 유배 보내기로 결정한 것이다.

'이 어린 것을 유배 보내면 반드시 사사시킬 것이다!'

인목대비는 영창대군을 자신의 품에서 내보내려고 하지 않았다.

이 때 은밀하게 활동을 한 여인이 있었으니 바로 상궁 김개시였다. 김개시는 광해군의 총애를 받은 궁녀였는데 중전인 유씨조차 함부로 하지 못할 정도로 대궐에서 권세를 휘둘렀다. 김개시는 영창대군을 유배하라는 영이 내리자 영창대군을 끌어안고 놓지 않는 인목대비를 협박했다. 김개시와 내관들은 인목대비가 영창대군을 내놓지 않으면 대비전의 궁녀들을 모조리 죽이겠다고 위협했다. 궁녀들은 공포에 질려서 인목대비에게 영창대군을 내어 달라고 애원했다.

대비께서 말씀하시되

"너희들은 나인인 까닭으로 자식에 대한 어미의 정을 모르는도다. 인정상 차마 내어 주지를 못하겠다."

하시는 것이었다. 한편으로는 대군을 모시고 있던 나인들이 대군 아기씨를 달래며

"피접 나갔다가 올 것이니 버선 신고 옷을 입고 나를 따라 나가십시다."

말하니 이르시되

"죄인이라 하고 죄인들이 드나드는 문으로 내어 가게 하니 버선 신고 옷을 입어도 소용이 없다."

하시기에

"누가 그렇게 말씀드렸습니까?"

대답하시되

"남이 일러 줘서 내 이미 다 알았네. 서소문은 죄인 드나드는 문이니 나도 죄인이라고 하여 그 문 밖에 가두려는 것이다."

하시고

"나하고 누님하고 간다면 가려니와 나 혼자서는 못 가겠노라."

하시니 대비께서는 더욱 아득하여 우시는 것이었다. 어서 내라고 재촉하며

"내어 주지 않거든 나인들을 다 잡아 내라."

겹겹이 사람을 풀어 놓는 것이었다. 대군을 모신 김상궁을 감찰나인이 잡아 내며

"더욱 울고 아니 뫼셔 내니 옥에 가두라."

하니

"아무리 달래서 나가십시오 하여도 저렇게 우시고, 죄인 드나드는 서소문으로 나가시라 하니 아무리 어린 아기씨인들 이렇듯 하시거든 어찌 이리 핍박하여 보채는고? 내가 모시고 나갈 것이니 조금만 물러서라."

하였던 것이다.

날은 늦어가고 하도 민망하여 재촉은 성화같아 대비는 정상궁이 업고 나가고 공주 아기씨는 주상궁이 업고 대군 아기씨는 김상궁이 업사왔더니 대군 아기씨가 이르시기를

"대비와 누님은 먼저 나서시고 나는 그 뒤를 따르게 하라."

하시니

"어찌하여 그런 분부를 나리시나요?"

하거늘

"내가 먼저 나가면 나만 나가게 하고 다른 두 분들은 아니 나오실 것이니 나 보는 데서 가옵사이다."

하시는 것이었다. 대비께서 내관에게 이르시기를

"너희들도 선왕의 녹을 오래 먹었으니 설마 어찌 측은한 마음이 없을까마는 대군 아기씨를 불쌍히 여기라."

하오시고 너무도 애통해 하시니 내관들도 눈물을 흘리면서 여러 말을 하지 못하고 나갈 것만을 재촉했다.

《계축일기癸丑日記》 중 영창대군이 인목대비의 서궁에서 끌려나오는 장면이다. 불과 8세의 어린 소년인 영창대군은 자신이 끌려 나가는 것을 알았는지 어머니와 누나가 자신의 눈앞에서 떠나지 않기를 간절하게 바랐다. 그러나 어린 소년의 간절한 바람도 소용없이 영창대군은 그 날 밤 강화도 교동으로 유배를 가게 되었다. 영창대군은 끌려가면서도 어머니를 보게 해 달라고 몸부림치며 울다가 그도 이루어지지 않자 나중에는 누나라도 보게 해 달라며 목이 메어 부르짖었다.

영창대군은 강화도 교동으로 유배된 지 1년도 되지 않아 강화부사 정항에 의해 증살(蒸殺 : 삶아 죽이는 형벌. 영창대군은 문이 잠긴 채 방 안에서 타 죽었다)되었다. 그 때 인목대비는 아들이 죽은 사실조차 모르고 눈물로 세월을 보내고 있었다.

내 반드시 이 원수를 갚을 것이다
＊

이이첨은 이에 그치지 않고 폐모론을 일으켰다. 폐모론을 가장 먼저 주장한 인물은 우리나라 최초의 한글 소설 《홍길동전》의 저자인 허균이었다. 허균은 광해군과 독대를 하여 폐모론을 역설했다. 그러나 그와 대립 관계에 있던 기자헌의 아들 기준격의 상소로 역적이 되어 능지처참을 당한다. 한편 인목대비는 폐모론에 불이 붙으면서 서궁에 유폐되어 한 많은 세월을 보내게 되었다.

'살아 있는 것이 원수를 갚는 것이다.'

아들을 잃은 인목대비는 피눈물을 흘리며 복수를 맹세했다. 그러나

인목대비가 유폐되어 있던 경운궁 석어당의 모습 인목대비는 이곳에서 홀로 공포와 싸우며 10년의 세월을 견뎠다. 그리고 인조반정이 일어난 후 바로 이곳에서 광해군을 죽일 것을 명했다.

살아 있는 것도 쉽지 않은 일이었다. 광해군과 김개시는 인목대비를 살해하려고 했으나 인목대비는 홀로 서궁에서 공포와 싸우면서 10년을 보냈다.

'반드시 악독한 임금은 자멸할 것이다. 그러기 위해서는 내가 살아야 돼.'

왕실의 가장 어른인 대비는 반정이 일어나면 후사를 결정할 권한을 가지고 있었다. 광해군이 죽거나 반정이 일어나면 그녀가 권력을 장악할 수도 있었다.

광해군의 왕비인 중전 유씨는 광해군이 잘못된 길을 갈 때마다 바로잡으려고 애를 썼다. 그러나 이이첨, 김개시 등에 둘러싸여 있던 광해군은 중전 유씨의 말을 귀담아 듣지 않았다.

이 때 중국에서는 명나라가 쇠약해지고 후금이 일어났다. 명나라에서 파병 요청이 오자 조선 조정은 우왕좌왕했다. 광해군은 그때서야 조정에 원로가 없다고 탄식했다. 광해군의 왕비 유씨는 상소문을 올려 후금을 받아들이는 것은 잘못이라고 비판했다. 유씨의 상소는 명나라에 사대하는 것으로 보였지만 본뜻은 후금을 지원하면 반정이 일어나 축출될 것이라는 데 있었다.

광해군은 명나라에 반감을 갖고 있었다. 이 때문에 명나라가 구원을 청하자 마지못해 강홍립을 파견하면서 형세에 따라 대응하라고 비밀리에 지시했다. 강홍립은 명군과 합세하여 후금과 싸우는 체하다가 그들에게 투항해 버렸다. 조정에서는 강홍립의 일가를 모두 죽여야 한다고 주장했으나 광해군은 일축했다.

마침내 서인 이귀, 김자점, 신경진, 심기원 등이 폐모론과 광해군의 배명 정책을 이유로 반정을 일으키고 인목대비에게 달려와 인빈의 손자 능양군을 추대할 것이니 교지를 내려 달라고 청했다.

"이혼(광해군의 본명)을 죽이라."

인목대비는 광해군을 죽일 것을 반정 공신들에게 요구했다. 그러나 반정 공신들은 광해군을 죽이면 민심을 잃는다며 인목대비의 지시를 받들지 않았다.

인목대비는 능양군에게 교지를 내리고 자신은 왕대비가 되었다. 반정 이후 광해군은 제주도로 위리안치되어 15년을 살다가 죽었다.

광해군을 죽이지 못한 인목대비의 분노는 인성군 이공(선조의 일곱
번째 아들)에게 폭발했다. 1623년 인조반정이 일어나 즉위한 인조는 인
성군을 숙부의 예로써 대우했다. 그러나 이괄의 난이 일어나고 잡혀 들
어온 자들이 모두 혐의를 그에게 뒤집어 씌웠기 때문에 간성으로 귀양
보냈다. 이후 원주로 옮겼다가 어머니 민씨(선조의 후궁)의 병이 위독해
지자 유배에서 풀려나 돌아왔다. 그런데 1628년 유효립 등이 대북파의
잔당을 규합하여 모반을 기도할 때 인성군이 왕으로 추대되어 인목대
비의 분노를 산 것이다. 인성군은 진도에 유배를 갔다가 자살을 강요당
해 죽었다.

정명공주(인목대비의 딸)가 10년 동안 유폐되어 있다가 비로소 밖으로 나
왔는데도 이공과 이제 등은 끝내 찾아와서 만나보지 않기에 나는 늘 저들
이 이미 죄를 졌기 때문에 만나려 하지 않는 것이라고 여겼다. 미망인이 스
스로 죽지 못하고 다시 밝은 태양을 보게 되었고 이미 부형의 수모를 썻었
으니 차라리 죽어서 지하에 계신 부형을 위로해 드리고 싶었으나 스스로
자결하지 못한 채 모진 목숨을 아직껏 보존하고 있었다. 그런데 또 역적의
입에 거론되었으니, 분하고 원통한 마음에 뼈가 녹는 것만 같아 이공을 잡
아다가 국문하고 그의 앞에서 자결하고 싶은 마음이 간절하다. 그러나 나
의 모친이 나이가 이미 늙었으므로, 지난날의 원통함을 잊고 애써 모친의
마음을 위로해 드리고 싶어서 늘 즐거운 모습으로 날을 보내고 있다. 나의
소원이 이 밖에 무엇이 있겠는가. 단지 주상이 평안하기만을 원할 뿐이다.

인목대비는 폐모론이 일어날 때 인성군이 관련되었다는 말을 듣고

불같이 노하여 그를 죽이라는 영을 내렸다. 인조반정은 광해군이 형제를 죽이고 어머니를 폐했다는 패륜론을 명분으로 삼은 혁명이었다. 인조는 인목대비와 반목할 수 없어서 인성군에게 사약을 내렸다.

인목대비는 인조 시대에 대비로서의 역할을 충실하게 해 나갔다. 18세의 어린 나이에 왕비가 되어 10여 년을 눈물 속에서 살았던 인목대비는 오로지 살아남는 것이 승리하는 것이라는 실낱같은 희망을 가지고 견디었기 때문에 마침내 좋은 세상을 만날 수 있었다. 광해군 치하에서 온갖 핍박을 받았던 그녀는 48세를 일기로 영면했다.

"내 몸이 온갖 환난을 만나 모진 목숨이 끊어지지 않고 주상이 종사를 다시 편안하게 하여 나를 물불 속에서 구출하고, 나의 부모와 형제의 원수를 갚아 나로 하여금 만년의 존귀하고 영화스러운 복을 누리게 하였으니 어찌 천행이 아니겠느냐. 나는 죽어도 여한이 없다."

인목대비가 남긴 유언이다.

북벌을 위해 역모 사건을 파헤친
인선왕후 장씨

효종의 왕비 인선왕후仁宣王后 장씨는 가장 존귀한 신분이면서 동시에 가장 많은 파란을 겪은 여인이기도 하다. 대군의 부인이었을 때는 강화도에서 병자호란을 맞이하여 스스로 목숨을 끊어야 할 위기에 놓이기도 했고, 전쟁이 끝난 뒤에는 볼모로 심양으로 끌려가 8년 동안이나 타국 생활을 하면서 남편 봉림대군과 소현세자의 뒷바라지를 했다. 소현세자의 급작스러운 죽음으로 봉림대군이 세자가 되었을 때는 조소용의 모함을 견디면서 불안 속에서 살아야 했다.

　인선왕후 장씨는 1618년(광해 10) 12월에 이정구, 신흠, 이식 등과 더불어 조선의 4대 문장가로 불리는 문신 장유의 딸로 태어났다. 그녀의 외조부는 척화파 대신으로 유명한 김상용이었다. 외가와 친가가 모두 당대의 명문이었기 때문에 장씨는 좋은 환경에서 자랐다. 장씨가 6

세 되었을 때 그녀는 부모의 품을 떠나 작은 아버지의 집에서 할머니의 손에 의해 길러졌다. 이 때는 부모를 그리워하면서 눈물을 흘리는 평범한 소녀였지만 학풍이 도도한 명문의 규수답게 자라면서 품행이 조신하고 단정해졌다.

장씨는 1631년(인조 9) 14세가 되었을 때 13세의 봉림대군과 혼례를 올렸다. 왕자들은 혼례를 올리게 되면 대궐 밖 대군저에서 살게 된다. 장씨는 20세가 될 때까지 대군의 부인으로 평화로운 삶을 살았다. 남편 봉림대군은 문무에 출중하고 자상한 성품을 가진 사람이었다.

사직이 위기에 빠졌는데 생사를 근심하겠습니까?

❋

1636년(인조 14) 12월 병자호란이 일어났다. 청나라는 10만 대군을 휘몰아 압록강을 건넌 뒤에 노도처럼 조선을 침략해 왔다. 국경에서 다급하게 파발이 날아오자 조선은 임경업으로 하여금 의주에서 청나라군을 막게 했다. 그러나 청군은 임경업이 지키는 의주성을 우회하여 한양을 향해 질풍처럼 달려왔다. 조선은 혹한 속에 쳐들어온 청군을 막지 못하고 우왕좌왕하다 봉림대군과 인평대군을 비롯한 종친과 비빈들을 강화도로 보내기로 결정했다. 강화도를 방어하는 검찰사에는 영의정 김류의 아들 김경징이 임명되었다. 장씨도 세자빈 강씨, 남편 봉림대군, 사대부의 부인들과 함께 강화도로 피난길을 떠나기 시작했다.

"부인, 청군은 오랑캐니 앞으로 우리는 많은 고초를 겪어야 할 것이오."

봉림대군이 피난을 떠나면서 장씨를 위로했다.

"대군마마, 첩은 걱정하지 마세요. 사직이 위기에 빠졌는데 어찌 저의 생사를 근심하겠습니까?"

장씨는 어둠 속에서 장의를 둘러쓰고 서쪽 하늘을 바라보았다.

"탈 것이 없으니 걸어서 가야 하오."

"대군 마마의 뒤를 따를 것이니 속히 걸음을 재촉하소서."

장씨가 결연하게 말했다. 청군이 노도처럼 밀려왔기 때문에 대군의 부인도 미처 탈 것을 준비하지 못했다. 장씨는 봉림대군의 뒤를 따라 강화도를 향해 걷기 시작했다. 한밤중이었고 날씨는 살을 엘 듯이 추웠다. 낮부터 내리기 시작한 눈은 그쳤으나 길이 얼어붙어 미끄러웠다. 엎어지고 넘어지면서 장씨는 봉림대군과 함께 양화진에 이르렀다.

양화진에 이르자 벌써 세자빈 강씨를 비롯하여 많은 비빈과 양반가의 부인들이 종들의 시중을 받으면서 강화도로 건너갈 준비를 하고 있었다. 상황은 더욱 악화되고 있는 것 같았다. 청군이 이미 한양에 들어와 노략질을 하고 집들을 불태운다는 소문이 흉흉하게 나돌았다. 이내 검찰사 김경징 일행이 도착하자 장씨도 어둠 속에서 길을 재촉했다. 검찰사 김경징은 위기에 대처할 만한 인물이 못되었다. 김경징은 강화도를 방어하는 것보다는 자신의 집 재물을 강화도로 옮기는 일에만 골몰했다. 사방이 바다로 둘러싸인 강화도를 안전한 곳으로 생각한 김경징은 할머니와 어머니, 아버지의 첩과 자신의 부인, 자신의 첩을 가마에 태우고 계집종까지 말에 올라타게 한 후 강화도로 향했다. 피난 짐바리가 50여 바리나 되었기 때문에 경기도 일대의 인부와 말을 대대적으로 동원했다. 세자빈 강씨를 비롯한 대군과 부인들은 김경징이 무엇을 하는지 잘 알지 못했다. 그들은 행군이 더디어 청군이 뒤쫓아 올까봐 그 것만 걱정했다.

비빈들이 강화도로 간다는 소문이 퍼지자 피난민들이 줄을 잇고 뒤 를 따랐다. 한양에서 김포를 거쳐 강화도로 가는 길이 사람들로 메워졌 다. 밤새도록 길을 걸은 장씨와 세자빈 일행은 다음날 아침이 되어서야 강화도가 건너다보이는 통진 월곶나루에 이르렀다.

'저기가 강화도로구나.'

장씨는 물결이 출렁대는 강화도 앞바다를 보고 감회에 젖었다.

비빈들을 보호하고 강화도를 지키는 검찰사의 임무를 맡은 김경징 은 자신의 식솔들을 먼저 배를 태워 강화도로 보내게 했다. 이 때문에 장씨와 세자빈 일행은 바다를 건널 수 없었고, 이틀 밤낮을 추위와 굶 주림에 시달리며 공포에 떨었다.

"대체 김경징이란 자가 무엇을 하고 있다는 말이냐?"

봉림대군이 대노하여 내시들을 꾸짖었다.

"경징이라는 자에게 가서 말하라. 우리가 치욕을 당하면 너도 살아 남지 못할 것이라고 하라!"

세자빈 강씨도 언성을 높여 내시들에게 호통을 쳤다. 내시들이 황 급히 달려가서 김경징에게 봉림대군과 세자빈 강씨가 대노했다는 사 실을 알렸다. 그때서야 김경징은 얼굴이 하얗게 변해 비빈들을 배에 태 우고 강화도로 들어가게 했다.

'아, 가까스로 배를 탔구나.'

장씨는 배가 염하강(김포 내륙과 섬 사이를 흐르는 강화 해협) 가운데에 이르자 비로소 안도했다. 그때 갑자기 월곶나루가 왁자해지면서 청군의 기마대가 들이닥쳤다. 나루에서 배를 기다리던 조선인들은 경악했다. 사람들은 비명을 지르면서 산과 들로 달아나고 바다로 뛰어들었다. 월곶나루에서는 목불인견의 참상이 벌어졌다. 청나라군에게 끌려가 몸을 더럽히지 않기 위해 다투어 바닷물로 뛰어들어 목숨을 끊는 여인들이 바람에 날리는 낙엽처럼 많았다.

'아아, 어찌 저럴 수가 있다는 말인가?'

아슬아슬하게 염하강을 건넌 장씨는 부인네들이 절개를 지키기 위해 바다로 뛰어들자 비통한 심정을 금할 길이 없었다.

아직 자진을 해서는 안 되오!

❀

청나라 군사들이 바다를 건너지 못할 것이라고 생각한 검찰사 김경징은 나라가 위기에 빠졌는데도 매일같이 술을 마시면서 방비를 소홀히 했다. 그러나 청군은 한강 일대에서 배를 징발하여 단숨에 바다를 건너 강화 읍성으로 쇄도했다.

"청군이 어디까지 왔느냐?"

세자빈 강씨가 내시들에게 소리를 질렀다. 김경징이 청군과 싸우지도 않고 달아나자 세자빈과 봉림대군, 그리고 장씨는 포로가 될 다급한 운명에 처했다.

"이미 갑곶진에 상륙했습니다."

내시들이 당황하여 어찌할 바를 모르고 대답했다.

"검찰사는 무엇을 하고 있느냐? 군사들을 이끌고 적과 싸우고 있느냐?"

"검찰사는 군사를 버리고 달아났다고 합니다."

"뭐라? 검찰사가 달아나면 누가 군사를 지휘한다는 말이냐?"

"군사들도 모두 달아났습니다. 빈궁 마마께서도 속히 대군 마마와 함께 피하셔야 합니다."

세자빈 강씨는 검찰사가 활 한 번 쏘아 보지 않고 달아났다는 사실에 경악했다.

"이 좁은 섬에서 어디로 피한다는 말이냐?"

성 밖에서는 벌써 청군의 함성이 들리고 있었다. 강화도가 함락될 위기에 처하자 세자빈과 장씨는 당혹스러운 마음을 금할 길이 없었다. 벌써 대신과 종친들의 부인들이 절개를 지키겠다고 목을 매어 자진했다는 소식이 여기저기서 들려오고 있었다.

'우리도 이제는 자진을 해야 하는구나.'

장씨는 스스로 목숨을 끊어야 한다고 생각하자 눈앞이 아득해져 왔다. 궁녀들은 부청 곳곳에서 흐느껴 울고 있었다.

"아직 자진을 해서는 안 되오!"

봉림대군이 바깥의 동정에 귀를 기울이면서 말했다.

"저는 왕실의 여자입니다. 오랑캐에게 욕을 당하여 왕실을 부끄럽게 하지 않겠습니다."

장씨는 은장도를 준비했다. 그 때 옆방에서 궁녀들의 다급한 비명소리가 들려왔다.

"빈궁 마마!"

봉림대군과 장씨가 황급히 옆방으로 달려가자 세자빈 강씨가 은장도로 목을 찔러 자진하려 하고 있었다.

"빈궁 마마, 아니 되옵니다!"

내시들이 황급히 강씨의 손을 잡아 큰 상처에는 이르지 않았다.

"빈궁 마마, 자중하십시오. 오랑캐의 포로가 된다고 하더라도 욕을 보이지는 않을 것입니다."

봉림대군이 세자빈 강씨를 만류하자 그녀는 방바닥에 쓰러져 통곡했다. 장씨도 세자빈 강씨를 부축하면서 울음을 터트렸다

김경징은 할머니, 어머니, 아버지의 첩, 자신의 부인과 첩까지 내버려두고 몰래 달아났다. 이리하여 김류 일가의 여인들은 청군에게 욕을 당하지 않기 위해 모조리 자결했다. 이들뿐만 아니라 많은 양반가의 부인들이 곳곳에서 목을 매어 자진했다. 이 바람에 강화도에 상륙한 청군은 나뭇가지에 대롱대롱 매달려 있는 수많은 여인들의 시체를 보아야 했다.

봉림대군과 세자빈, 장씨, 그리고 많은 여인들이 청군의 포로가 되었다. 인조는 남한산성에서 40여 일 동안 치열하게 항전했으나 강화도가 함락되었다는 말을 듣고 청 태종에게 항복했다.

돌아올지 기약할 수 없었던 8년간의 인질 생활

❀

소현세자 내외와 봉림대군 내외는 청나라 심양으로 인질로 끌려가게 되었다. 음력 2월 초순이었다. 북쪽으로 올라갈수록 날씨는 차가웠고, 살아서 돌아올지 기약할 수 없었기에 심양으로 가는 길은 더욱 서글펐다. 장씨가 슬퍼할 때마다 봉림대군은 그녀의 손을 잡고 위로해 주었다.

"나라가 약해서 인질이 되었으니 굴욕을 이겨내야 하오."

"저는 견딜 수 있지만 대군 마마가 걱정입니다."

"나는 장부요. 우리가 돌아갈 수 있다면 반드시 설욕할 것이오."

"저도 대군 마마에게 미력을 보태겠습니다."

장씨는 봉림대군이 옆에 있었기에 인질로 끌려가는 고통을 견딜 수 있었다.

압록강을 건너자 물색이 완연히 달라졌다. 대륙은 끝없이 광활했고 북풍이 사정없이 몰아쳤다. 길게 이어진 인질 행렬이 대륙을 횡단했다. 때때로 비바람까지 불어 뼛속까지 한기가 몰아쳤다. 청석령이라는 고갯마루에 이르렀을 때는 비까지 추적추적 내렸다. 이 때 봉림대군은 〈음우호풍陰雨胡風〉이라는 시를 지었다.

청석령 지나거늘 초하구 어드메요
호풍은 차디찬데 궂은비는 무슨 일인가
뉘라서 내 행색 그려내어 님 계신 데 드릴꼬

전쟁에 패하여 인질로 끌려가는 왕자들의 행렬은 비참하기 짝이 없었다. 왕자들뿐이 아니었다. 세자빈 강씨와 대군 부인 장씨도 차가운 비바람을 맞으면서 평정산을 넘었다. 세자빈도 울고 장씨도 울었다.

청군은 조선 대신들의 부인과 첩, 딸, 그리고 민가의 여인들까지 수많은 여자들을 포로로 끌고 갔다. 그들에게 포로가 된 여자들은 첩이 되거나 종으로 팔려갔다.

개중에는 양반의 부인을 간음하여 말에 태우고 남편에게 말고삐를 잡게 하여 심양으로 끌고 가는 청나라 군사도 있었다. 남편은 말을 타고 가는 부인에게 정절을 잃고도 자결을 하지 않는다며 비난하고, 부인은 남자들이 잘못하여 이 지경을 만났다고 비난하여 보는 사람들이 비루하게 여기기도 했다.

4월이 되어서야 심양에 도착한 장씨는 심양이 한양보다 훨씬 번화한 도시라는 사실을 알 수 있었다. 거리에는 고루거각이 즐비하고 넓은 대로에는 마차들이 달리며 사람들은 어깨를 부딪히면서 오고 갔다.

심양에서의 인질 생활은 외롭고 고독했다. 청나라 군사들이 감시를 하고 있었기 때문에 함부로 밖을 다닐 수 없었고 때때로 청나라의 의전에 참여하는 것이 고작이었다.

장씨는 심양에서 첫 딸을 낳았는데 훗날의 숙안공주였다. 이후 장씨는 딸만 줄줄이 셋을 낳는다.

"딸을 낳았구려. 고맙소."

봉림대군이 장씨의 손을 잡고 기뻐했다.

"아들을 낳아야 하는데 송구하옵니다."

"핫핫! 그것이 어찌 인력으로 되는 일이겠소? 언젠가는 아들을 낳을 테니 걱정하지 마시오."

봉림대군은 장씨가 딸을 낳았으나 서운해하지 않았다.

"우리는 언제나 조선으로 돌아갈까요?"

장씨는 봉림대군의 손을 잡고 눈물을 흘렸다. 청나라에 끌려온 지 벌써 여러 해가 지나고 있었다. 청나라는 소현세자와 봉림대군에게 명나라와의 전쟁에 참여할 것을 요구했다.

"어찌 세자 저하께서 전쟁에 나갈 수 있겠습니까? 소인이 대신 나가겠습니다."

봉림대군은 소현세자 대신 전쟁터로 출전했다.

'아아, 우리 대군 마마께서 무사히 돌아올 수 있도록 해 주소서.'

장씨는 심양에서 밤마다 봉림대군을 위하여 천지신명께 빌었다. 봉림대군은 청군의 산해관 전투에 참여했다가 승리하여 돌아왔다. 산해관에서 패배한 명나라는 완전히 기울어 이자성에게 멸망했다. 그리고 청군이 들이닥치자 이자성은 도성을 버리고 달아났다.

조선은 청나라에 사신을 보낼 때마다 인질을 돌려보내 줄 것을 간곡하게 요청했다. 소현세자 내외는 왕위를 계승해야 했기 때문에 오랜 인질 생활을 마치고 8년 만에 귀국했다.

"세자 저하께서는 돌아가시는데 우리는 어찌 돌아가지 못합니까?"

소현세자가 귀국하는 것을 본 장씨는 더욱 고향이 그리웠다.

"우리도 조만간 귀국할 것이오. 세자 저하께서 우리를 귀국시키겠다고 하지 않았소?"

봉림대군은 우울한 표정으로 남쪽을 바라보면서 말했다.

소현세자는 인질 생활에서 돌아온 지 2개월 만에 죽었다.

'저하께서 갑자기 돌아가시다니 어찌 이럴 수가 있다는 말인가?'

장씨는 소현세자가 급서했다는 말을 듣고 경악했다. 불과 몇 달 전만 해도 같이 음식을 나누어 먹고 동생 부부를 반드시 돌아오게 해 주겠다고 약속하던 소현세자였다. 세자가 죽었기 때문에 봉림대군과 장씨는 급히 귀국하게 되었다

'살아서는 결코 돌아오지 못할 것이라고 생각했는데, 기어이 고국으로 돌아오는구나!'

8년만의 귀국이었다. 조선으로 돌아오는 수레를 통해 밖을 내다보면서 장씨는 감개무량했다. 이 때 그녀에게는 심양에서 낳은 네 명의 딸과 뱃속의 아기(훗날의 현종)가 있었다.

봉림대군과 장씨는 대궐로 돌아오자 인조와 장렬왕후에게 문안 인사를 여쭈었다. 8년 만에 드리는 인사라 눈물이 비 오듯이 흘러내렸다.

"타관에서 고생이 많았다. 여정이 힘들었을 것이니 푹 쉬도록 하라."

인조도 눈물을 흘리면서 말했다. 수많은 고초를 겪고 청나라에서 8년 만에 돌아왔으나 대궐의 분위기는 어수선했다. 소현세자의 부인 강빈은 유폐되어 있었고 궐 안에서는 소현세자가 독살되었다는 흉흉한 소문이 나돌고 있었다. 장씨는 8년 동안 심양에서 함께 고생했던 소현세자 부부가 맞이한 비극에 쓸쓸했다. 여러 날이 지나자 장씨는 소현세자의 죽음에 소용 조씨가 개입되었다는 사실을 눈치 챘다. 그러나 소용 조씨와 김자점은 인조의 총애를 받고 있는 터라 대립을 피했다.

봉림대군은 세자가 되고 장씨는 세자빈이 되었다. 그러나 책봉이 이루어지지 않았기 때문에 사저에서 아들을 낳았다. 이 아들이 훗날의 현종이었다. 세자빈 장씨는 표독한 소용 조씨의 마음을 거스르지 않기 위해 사력을 다했다. 봉림대군도 소현세자의 죽음에 의혹을 갖고 있었으나 입 밖에 내지 않았다.

효종과 더불어 북벌을 추진하다

❉

봉림대군이 청나라에서 돌아온 지 4년이 되는 1649년 5월 인조가 죽자 봉림대군이 보위에 올라 효종이 되고 장씨는 인선왕후가 되었다.

효종은 심양에서 겪은 8년 동안의 고초로 인해 북벌에 대한 야망을 갖고 있었다. 소현세자는 조선의 국력으로는 청나라와 전쟁을 하는 것은 불가능하다고 생각했으나 효종은 일개 여진족이 중국을 지배하고 있으므로 얼마든지 가능하다고 생각했다.

한편 조정은 유림이 장악하고 있었다. 송시열을 대표로 하는 유림은 전쟁을 하는 것보다 군왕이 덕을 쌓아야 나라가 요순시대처럼 태평성대가 되고, 그 덕에 힘입어 청나라가 저절로 무너질 것이라고 주장했다. 효종과 인선황후는 인조 때 소현세자를 죽음으로 몰아넣은 김자점과 당시 귀인이 되었던 조소용을 제거하는 데 나섰다.

"사방에서 수레에 실어 보낸 뇌물 짐이 그 집 문전으로 폭주하며 이익을 즐겨 붙좇는 사대부들까지 모두 이끌어 벼슬에 오르게 하여 혹은 청반(淸班 : 양사와 홍문관)에 허통許通하기도 하고 혹은 방면(方面 : 지방 수령)에 제수하기도 하니 밖으로는 민원이 날로 깊어 가고 안으로는 관리들의 기강이 날로 문란해지고 있습니다. 상황이 이에 이르렀으니 전하의 나라가 어찌 잘못되지 않을 수 있겠습니까. 멀리 귀양 보내소서."

송준길을 비롯하여 사간원과 사헌부가 일제히 김자점을 탄핵했다. 효종은 인조의 구신이라고 하여 처음에는 윤허하지 않는 듯했으나 탄핵이 계속되자 김자점을 일단 광양으로 유배시켰다.

효종은 친청론자들을 조정에서 축출하고 김상헌, 김집, 송시열, 송준길 등 강경파를 등용하여 비밀리에 북벌 계획을 추진해 나갔다.

'전하께서 북벌을 준비할 수 있도록 내가 내조해야 한다. 그러기 위해서는 궐 안의 친청파를 제거해야 돼.'

인선왕후 장씨는 조소용으로 인해 고통스러운 일생을 보냈던 대비 장렬왕후 조씨를 전면에 내세우고 조소용을 철저하게 감시하기 시작했다. 그녀의 목표는 독부 조소용을 대궐에서 축출하는 것이었다.

조소용은 김자점이 유배되자 위기를 느끼고 자신의 아들 숭선군을 왕으로 추대하기 위해 남아 있는 김자점 일파와 은밀하게 모의를 계속했다. 대궐 안에 효종을 저주하는 흉물을 묻는 한편 역관 정명수와 이형장을 시켜 효종이 북벌을 준비하고 있다는 사실을 청나라에 밀고했다. 대노한 청나라 조정은 조사단을 파견하기로 결정했다. 조선 조정은 발칵 뒤집히고 효종도 불안하여 잠을 이루지 못했다.

청나라 사신이 오자 효종은 북벌 계획은 터무니없는 낭설이라고 알리고 많은 뇌물을 써서 위기를 모면했다. 그런데 김자점이 명나라의 연호를 쓴 장릉(長陵 : 인조와 인열왕후의 능)의 지문誌文을 증거로 청나라에 밀고했다. 이는 청나라에 굴복하지 않는다는 뜻이었다. 청나라가 이 문제를 따지자 영의정 이경석이 모든 죄를 뒤집어쓰고 백마산성에 위리 안치되었다.

인선왕후 장씨는 내명부에서 조귀인의 궁녀들을 철저하게 조사했다. 그리하여 조귀인과 김자점 일당이 숭선군을 추대하려고 역모를 꾸미고 있는 사실을 밝혀냈다.

임금이 대신과 비변사의 여러 신하, 금부 당상, 양사 장관을 불렀다. 빈청에 모이니 봉서封書를 내려 보여주었는데, 바로 선대왕의 후궁인 조귀인이 저주한 일이었다.

《효종실록》2년(1651) 11월 23일의 기록이다. 이는 궐 안에서 이미 조귀인에 대한 조사가 이루어져 효종에게 보고되었다는 사실을 의미하는 것으로서 인선왕후 장씨의 작품이었다.

효종이 내린 봉서를 본 대신들이 즉시 조귀인의 비복들과 관련자들인 영이, 가음춘, 앙진, 예춘 등 22명을 잡아들여 의금부에서 국청을 설치하고 국문했다.

"판의금부사 원두표가 명을 받들고 외방에 가 있으니 다른 사람으로 바꾸어 임명하소서. 판의금이 없으면 국문하지 못하는 것이 전례입니다. 감히 여쭙니다."

"지금 우선 국문하라."

효종의 강력한 지시에 의해 국문이 시작되었다. 영이는 효명옹주(조귀인의 딸)의 여종이었다. 나이가 어리고 용모가 고왔는데 자수를 잘 놓아 조귀인이 총애했다.

"이 아이가 영특하니 나의 며느리로 삼아야겠다."

조귀인은 숭선군과 영이를 함께 살게 했다. 숭선군은 부인 신씨를 몹시 미워했는데 그녀는 신흠의 딸로서 장렬왕후 조씨의 외조카였다. 장렬왕후 조씨는 조카가 구박을 받고 있다는 말을 듣고 몹시 노하여 영이를 불러 꾸짖은 일이 있었다.

"조귀인이 매번 '대비가 나를 구박하기를 어찌 이리도 심하게 하는가' 하고 말하면서, 아침저녁으로 우물물을 길어 놓고는 사람들을 모두 물리고 몰래 기도하였으며, 심복인 두세 시비侍婢와 모의하는 일이 있었습니다. 앵무는 여자 무당입니다. 조귀인과 서로 통하여 오가는데 종적이 괴이하고 비밀스럽습니다."

영이가 조귀인이 저주한 사실을 자백했다. 의금부에서 국문이 실시되자 조귀인의 비복들은 승복을 한 후 죄에 따라 처형되기도 하고 불복한 채 그대로 죽기도 했다. 무당 앵무가 자백을 하자 그녀로 하여금 대궐 안으로 들어가서 땅을 파게 했는데 색깔이 재와 같은 뼈 가루가 나왔다.

"저희들이 옛 무덤에서 썩은 관 조각을 구하여 조귀인에게 바쳤습니다. 그리고 불상을 만들고 불측한 내용으로 기도한 일에 대해서도 모두 알고 있습니다. 그리고 조귀인이 작은 궤짝에다 사람의 뼈 가루를 담고는 옹주에게 전해 저주하는 데 쓰게 하였습니다."

앙진과 가음춘의 자백이다.

"옹주가 옷소매 속에다 사람의 뼈 가루를 담아서 대궐 안과 인평대군의 집에다 뿌렸습니다. 그리고 다른 더럽고 흉한 물건도 많이 묻었습니다."

예일과 업이의 자백이었다.

"아, 용서해 주고자 하나 일이 이미 분명하게 드러났고, 은혜를 온전히 하고자 하나 여러 사람의 노여움은 막기가 어렵다. 죄가 종묘사직과 자전(慈殿 : 임금의 어머니를 이르던 말. 여기서는 장렬왕후 조씨를 가리킨다)에 관계되니 내가 어찌 감히 마음대로 할 수 있겠는가. 부득이 해서 공의를 따른다. 그러나 역시 차마 전형(典刑 : 능지처참)을 가하지는 못하겠다. 귀인 조씨는 자진하게 하라."

효종은 조귀인에게 자진하라는 영을 내렸다. 김자점도 그 아들과 손자와 함께 처형되었다.

친청파들이 스스로 자멸하자 효종은 이완, 유혁연, 원두표 등 무장 등을 등용하여 본격적으로 북벌을 추진하기 시작했다. 인선왕후 장씨는 안에서 조용하게 북벌의 추진을 도왔다.

격동의 시대를 살다간 자애로운 국모

✺

인선왕후는 효종과의 사이에서 모두 1남 6녀를 낳았는데 북벌에 대한 군비 마련을 위해 궁중의 재물을 극도로 아끼고 검소하게 생활했다. 세자와 공주들에게도 화려한 옷을 입히지 않은 것으로 유명했다. 하루는 넷째 딸 숙휘공주가 수놓은 비단 치마를 해 달라고 인선왕후에게 졸랐다. 인선왕후는 부왕이 북벌을 위해 모든 물자를 아끼고 있는데 딸이 사치를 하는 것은 옳지 않다고 타일렀다. 그러자 숙휘공주가 효종에게 달려가 수놓은 비단 치마를 입게 해 달라고 청했다. 지엄한 왕실이지만 일반 가정처럼 단란한 가족의 분위기가 느껴진다.

"내가 오로지 큰일(북벌)을 도모하기 위해 검소함을 몸소 실천하고 있는데 너는 어찌하여 화려한 비단 치마를 입으려고 하느냐. 내가 죽은 후 너의 어머니가 대비가 된 뒤에는 네가 그것을 입더라도 탓할 사람이 없을 것이니 참아야 한다."

효종도 어린 숙휘공주가 우는데도 허락하지 않았다. 인선왕후는 어린 딸이 아버지에게 거절을 당하고 울면서 돌아오자 자애롭게 안아 주면서 북벌이 왜 필요한지를 차근차근 설명했다.

인선왕후는 심양으로 가던 길에 죽은 첫째 딸 숙신공주까지 딸이 여섯이었다. 다섯째 딸 숙정공주는 동평위 정재륜에게 시집을 갔는데 정재륜은 인선왕후가 특히 사랑하여 대궐에 자주 들어와 문안을 드리고 식사를 하게 했다. 정재륜이 어릴 때라 물을 말아서 밥을 먹다가 남기는 것을 보고 효종이 질책을 했다.

"먼저 다 먹을 수 있는 양을 헤아려 보고 물에 말아서 남김이 없도록 하는 것이 옳다. 물에 말아 남긴 밥을 새나 짐승에게 먹이면 아주 버리는 것은 아니지만 무지한 천인들이 곡식을 귀중히 여기는 도리를 전혀 모르게 되고, 흔히 땅에 버리면 하늘이 주신 물건을 함부로 버리는 것이 됨을 면치 못한다. 이렇게 되는 것은 모두 밥을 먹는 사람의 잘못이니 복을 아끼는 도리가 아니다."

《연려실기술》에 의한 기록으로 효종과 인선왕후가 얼마나 검소하게 살았는지 알 수 있는 대목이다. 효종은 두 차례에 걸쳐 러시아의 침략을 정벌하는 등 야심을 불태웠으나 순치제의 등장으로 청나라가 더욱 강력해지면서 끝내 뜻을 이루지 못하고 죽었다.

인선왕후 장씨는 아들 현종이 효종의 뜻을 이어 북벌을 단행해 주기를 바랐다. 그러나 현종은 강대국인 청나라와의 전쟁을 벌일 생각이 없었다.

실망한 인선왕후 장씨는 대비전에서 은인자중하다가 1674년 57세를 일기로 눈을 감았다. 인선왕후 장씨가 죽은 후 시어머니인 장렬왕후 조씨의 복상 문제를 둘러싸고 2차 예송 논쟁이 일어났다. 이 때 기년복을 주장하는 송시열과 대공복을 주장하는 윤휴의 대립으로 당쟁이 격화되었고, 결국 송시열을 비롯한 서인 세력이 축출되면서 남인 정권이 들어서는 계기가 되었다.

인선왕후는 많은 한글 편지를 남긴 것으로도 유명하다.

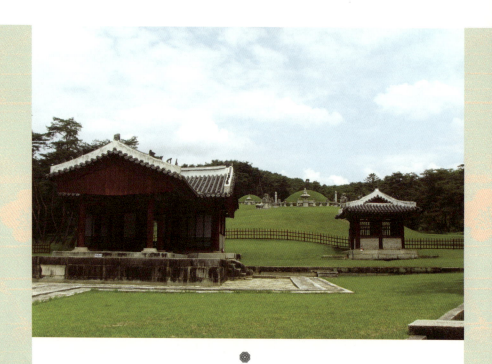

인선왕후 장씨와 효종의 영릉　원래는 구리시에 있던 것을 여주로 옮겨 왔다. 인선왕후는 8년간의 고난에 찬 인질 생활을 견디고 국모의 자리에 올랐다. 효종과 더불어 북벌을 단행하려 했지만 끝내 꿈을 이루지 못하고 세상을 떴다.

글월을 보니 아무 일 없이 지낸다 하니 너를 본 듯 반갑구나. 사연을 보고 웃으며 그만 하기를 바란다. …… 숙경이는 내일 나가게 되었다. 숙경이마저 대궐에서 나가면 내가 더욱 적막할 것 같으니 가지가지 마음을 진정하지 못할 것 같다. 언제나 너희가 들어올까. 눈이 감기도록 기다리고 있다.

인선왕후가 둘째 딸 숙명공주에게 보낸 편지로 여섯째 딸 숙경공주가 원몽린에게 시집을 가게 되어 대궐에서 나가기 전날 쓴 편지다. 딸을 시집보내는 어머니의 마음이 절절하게 녹아 있다.

수렴청정으로 여군의 권세를 누렸던
정순왕후 김씨

드라마 이산 정조대왕이 화제가 되면서 정순왕후 김씨에 대한 관심이 높아졌다. 따지고 보면 김씨도 역사의 희생양인데 드라마에서는 권모술수의 대가로만 그려지고 있다. 김씨는 15세의 꽃다운 나이에 66세의 영조에게 시집을 왔기 때문에 청춘의 아름다움을 향유할 수도 없었고 남녀상열지사를 알기도 어려웠을 것이다. 영조에게 정순왕후 김씨는 한낱 꽃에 지나지 않았다. 그녀가 정조와 대립하면서 노론 강경파를 이끄는 것은 경륜으로 보았을 때 어려운 일이었다. 그 일을 맡은 사람은 그녀의 오라버니 김귀주였다.

김귀주는 어려서부터 문장이 뛰어나 충청도 일대에 소년 재사라는 소문이 자자했고, 시세에 아부하지 않는 청류로 자부했다. 홍양해에게 학문을 배우고 증광 문과에 병과로 급제하여 홍문관 부교리에 임명되었으며, 강원도 관찰사와 승지를 역임하면서 청명류淸名流를 조직했다. 김종수, 윤시동, 유언호, 심환지 등 영정조 시대의 당당한 대신들이 겉으로는 청명류를 표방했으나 실제로는 김귀주의 심복 역할을 했다. 그는 김한록, 김상로, 신만과 함께 사도세자의 죽음에도 관련되어 있었다.

김귀주가 청당을 조직했기 때문에 영조는 대노하여 숭정문에서 반교문을 내리기도 했다.

오늘날 조선에 나라가 있는가, 임금이 있는가? 거의 10년 동안 탕평했는데도 청당, 명당, 시체당時體黨을 만들었다. 이제 다시 노론이네, 소론이네, 남인이네, 소북이네 하는 자는 내 신하가 아니고 난역자亂逆者이니, 이런 마음을 둔 자는 절하지 말고 나가고 이런 마음이 없는 자는 절하고 가라.

세상에서 가장 깊은 것은 사람의 마음속

❀

정순왕후는 1745년(영조 21) 11월 노론계인 유학 김한구의 딸로 태어났다. 실록에는 여주에서 출생한 것으로 쓰여 있으나 잘못된 것으로 보인다. 야사에서는 대부분 그녀가 충청남도 서산에서 태어난 것으로 되어 있다. 야사의 여러 기록들은 김씨가 상당히 총명한 여인이었음을 보여준다. 먼저 서유영의 《금계필담錦溪筆談》에 실린 이야기를 살펴보자.

김씨는 본가가 서산이었는데 가난한 선비의 집에서 태어났다. 집이 가난해 여주의 친척 집에 머물러 있을 때 전염병이 마을에 돌았다. 김씨는 어머니 원씨와 함께 들판에 움막을 짓고 살았다. 하루는 움막 밖에 두억시니(도깨비)들이 몰려와 괴성을 지르다가 안을 들여다보았다.

"에크, 중전께서 계신다. 빨리 달아나자!"

두억시니들은 다소곳이 앉아 있는 김씨를 발견하고 혼비백산하여 달아났다. 이 때 김씨의 나이 다섯 살이었으나 이미 귀부인과 같은 기품이 있었다.

1759년(영조 35) 영조가 간택령을 내리자 김씨는 간택에 참여하기 위해 아버지 김한구와 함께 한양으로 올라왔다. 대궐에서 초간택이 실시되었을 때 처녀들은 모두 방석에 앉아 있었는데 그녀만이 홀로 서 있었다. 자신의 어린 색시를 직접 고르던 영조가 의아하여 그 까닭을 물었다.

"아버님 이름이 방석에 쓰여 있어서 감히 앉을 수가 없습니다."

김씨가 또렷한 목소리로 대답했다. 방석에 간택에 참여하는 규수 부친의 이름을 붙여 놓았기 때문에 그녀는 아버지의 이름을 깔고 앉을 수가 없다고 답변한 것이다. 영조는 김씨의 말에 감탄하면서 처녀들에게 질문을 했다.

"이 세상에서 가장 깊은 것이 무엇인고?"

처녀들은 다투어 깊은 산과 물이라고 대답했다.

"사람의 마음속입니다. 다른 것은 깊이를 잴 수 있으나 사람의 마음속은 깊이를 잴 수 없습니다."

"영특하다!"

김씨의 대답에 영조는 무릎을 쳤다.

"세상에서 어떤 꽃이 가장 아름다운가?"

영조가 다시 질문을 던졌다. 처녀들은 자신이 알고 있는 꽃 이름을 댔다. 김씨는 다소곳한 목소리로 면화라고 대답했다. 김씨는 사람들이 따뜻한 옷을 만들어 입는 면화가 가장 아름답다고 하여 백성을 사랑하는 마음가짐을 은연중에 드러낸 것이다.

위인들에게는 항상 전설이나 설화가 따른다고 하지만 조선시대 이처럼 왕후의 영민한 모습을 적은 기록은 흔치 않다. 김씨의 총명함은 강효석이 편찬한《대동기문大東奇聞》에도 기록되어 있다.

영조가 처녀들을 간택하던 날 비가 내리자 궁궐 지붕의 기왓골이 몇 개인지 세어 보라고 처녀들에게 영을 내렸다. 다른 처녀들이 추녀를 바라보면서 기왓골을 세는데 김씨는 추녀에서 떨어지는 낙수에 패인 땅을 헤아려 맞추었다.

역시 김씨의 총명한 모습이 손에 잡힐 듯이 잘 나타나고 있다. 야사의 기록대로라면 영조는 자신의 부인을 시험을 보아서 뽑았다는 것이 된다.

김귀주를 석고대죄하게 하라

❋

정순왕후는 삼간택에 뽑히어 영조의 계비가 되었다. 부친 김한구나 친정 오빠 김귀주가 노론계라고 하지만 불과 15세인 그녀는 당파와 전혀 관련이 없었다. 사도세자의 죽음 또한 그녀와 관련이 없다.

당시 영조는 김씨를 계비로 맞아들였으면서도 문숙의를 총애하고 있었다. 문숙의는 사도세자와 사이가 좋지 않아 항상 사도세자를 모함했다. 영조는 그럴 때마다 벼락을 치듯이 사도세자에게 호통을 쳤다. 영조는 매우 엄격한 임금이어서 자식을 귀여워하면서도 냉혹하게 가르쳤는데, 아버지의 지나친 호통은 사도세자에게 편집광적인 스트레스를 가져왔다. 그는 영조가 꾸중을 하자 우물 속에 뛰어들려고도 하고 계단을 내려올 때 정신을 잃고 쓰러지기도 했다. 문숙의는 사도세자가 자신을 미워하는 것을 알고 그를 제거하지 않으면 안 된다고 생각했다. 문숙의는 노론 강경파와 함께 나경언의 상소 사건을 일으켰다.

나경언의 상소 사건은 그 내용이 불태워져 정확한 내막을 알 수 없고 사도세자의 광패한 비행을 적은 것으로만 기록되어 있을 뿐이다. 이 때문에 사가들마다 사도세자의 죽음에 대해 다른 해석을 내놓고 있다.

사도세자와 노론 강경파가 정치적으로 대립하고 있었다는 주장은 이해하기 어려운 일이다. 실제로 사도세자는 죽기 몇 년 전부터 정신병을 앓고 있었고 대처분을 당할 때는 매일같이 의원의 치료를 받고 있었다.

노론 강경파는 사도세자가 정신병으로 내관과 궁녀들을 마구 베어 죽이자 그를 제거하지 않으면 안 된다고 판단했다. 이에 나경언을 사주하여 상소 사건을 일으켰고 때마침 사도세자의 생모 영빈 이씨까지 영조에게 대처분을 내려 달라고 호소했던 것이다.

사도세자가 죽음을 당할 때 정순왕후는 불과 16세에 지나지 않았다. 대궐이 발칵 뒤집히고 혜경궁 홍씨와 세손이 처절하게 우는 것을 보자 그녀는 어찌할 바를 몰랐다.

당시 노론 강경파는 김한구, 홍계희, 홍봉한, 홍인한 등이었는데 그들은 사도세자에게 대처분을 내린 일이 정당하다고 보았다. 홍봉한은 정신병자인 사도세자를 폐하고 그의 아들 이산을 세손으로 세우고 싶어 했다. 영조도 이산을 유난히 귀여워했다. 결국 그들은 사도세자를 죽게 만든 것은 지나치다는 온건파와 갈라지게 되었다.

노론 강경파는 세손 이산이 점점 장성하게 되자 자신들의 앞날을 불안해하기 시작했다. 영조는 김귀주가 사촌인 김관주를 시켜 홍봉한을 비난하는 상소를 올리자 외척들끼리 싸운다며 크게 화를 냈다.

"두 집안은 형세가 양립할 수 없어 김씨 가문에서 반드시 홍씨 집안을 폐하려고 하니 어찌 덕이 되겠는가? 내가 김귀주의 사람됨을 염려했는데 과연 그렇다. 내가 믿는 것은 오직 중전과 세손뿐인데 이런 일을 당해서 중전의 심사가 어떻겠는가? 이는 임금을 배반하고 자기 당을 위하려는 마음에서 나온 것이다. 이 무리들을 처치하는 것은 한 번의 호령 사이에 달린 일이나 그렇게 하지 않은 것은 내게 다른 뜻이 있어서이다."

영조는 길게 탄식을 하며 하교를 내렸다. 영조가 김귀주를 처벌하면 중전의 심사를 아프게 하는 것이라고 한 말은 그가 김씨를 깊이 사랑하고 있었음을 말해 주고 있다. 김귀주는 영조로부터 처벌을 받지 않자 다시 상소를 올렸다. 영조는 불같이 노하여 병조판서 이경호에게 지시했다.

"그가 김관주에게 시켜 상소하는 미친 짓을 했는데 처분하지 않자 또 감히 상소를 올렸다. 어제 하교한 것을 듣고 즉시 궐 안에서 자결하지는 못할지언정 무슨 마음으로 하룻밤을 지냈는가? 그의 숙부가 관을 벗고 길가에서 명을 기다리고 있는데도 그 무리들은 예삿일로 보고 말하기를, '내 마음이 옳은데 어찌 숙부의 해괴한 거동을 따르랴?' 했다. 이는 외척으로서 다른 외척을 공격한 것일 뿐만 아니라 반드시 구덩이에 묻은 후에야 그만두려 한 것이다. 이렇게 하고서 그 나라가 흥하겠는가, 망하겠는가? 이 사람이 마음을 고치지 않는데 내 마음이 어찌 편안하겠는가? 경이 나가서 김귀주로 하여금 금오문 밖에서 석고대죄하게 하라."

이에 이경호가 나갔다 돌아왔다.

"김귀주가 이미 개양문 밖에서 석고대죄하고 있는데 관을 벗고 그의 동생 역시 그 옆에서 명을 기다리고 있습니다."

그러나 분을 참지 못한 영조는 이경호가 잠시 머뭇거렸다고 하여 직책을 파하고 다른 신하에게 다시 김귀주를 보고 오라는 영을 내렸다. 또 선전관으로 하여금 김귀주에게 당심黨心을 자백하도록 했다.

"김귀주가 말하기를, '어리석고 경솔하여 당을 짓는 습성에서 망령된 행동이 나온 것이니 어찌 감히 변명하겠습니까?' 했습니다."

선전관이 돌아와서 복명했다. 김귀주의 답변이 미진하다고 여긴 영조는 다시 자백하기를 독촉했다. 김귀주는 "이후에 다시 이런 마음이 싹튼다면 임금과 선인先人을 저버리는 사람이 될 것입니다"라는 공초를 바쳤다.

"이 공초가 어떠한가?"

영조가 전 참판 이담에게 물었다.

"과연 김귀주가 반성을 했습니다."

"그렇다면 아름다운 일이다."

영조는 그때서야 만족했다. 영조는 죽을 때까지 홍봉한과 김귀주를 화해시키려고 했으나 뜻을 이루지 못하고 죽었다. 영조는 재위 기간이 51년 7개월이 될 정도로 오랫동안 제왕으로 군림했다. 조선의 왕들 중에서 83세까지 산 임금은 영조뿐이었다.

정조의 후궁을 들이게 하다

❋

세손으로 있으면서 여러 차례 죽음의 위기를 겪고 즉위한 정조는 사도세자의 죽음과 관련이 있었던 문숙의와 그의 오라버니 문성국, 정후겸 등을 처형했으나 정순대비의 오라버니인 김귀주는 귀양을 보내는 것으로 그쳤다. 정순대비는 김귀주를 보호하지 않을 수 없었다. 친정아버지 김한구는 김귀주가 청명류라는 결사 조직을 만들었다가 귀양 갔을 때 파직되었다가 죽었다. 이제 남은 피붙이라고는 오라버니 김귀주뿐이었다. 정조는 대비가 된 정순왕후가 김귀주를 보호하자 위리안치시키는 것으로 그치고 더 이상 처벌을 하지 않았다.

김씨는 정조가 즉위하면서 대비가 되었으나 가시밭길 같은 위태로운 삶을 살아야 했다. 노론 벽파가 몰락하면서 그에 대한 반발로 정조를 암살하려던 시도가 여러 차례 일어났고, 그 때마다 김씨는 자신에게 화가 미칠까 전전긍긍해야 했다.

정조는 24년 3개월 동안 임금의 자리에 있었다. 그 세월이 김씨에게는 인고의 시간이었다. 오라버니 김귀주마저 유배지에서 죽고 나자 그녀는 더욱 외롭고 쓸쓸했다. 하지만 그렇다고 해서 대비로서의 입지가 작아진 것은 아니었다.

정조는 27세까지 후사가 없었다. 이에 김씨는 교지를 내렸다.

이 미망인의 모진 목숨이 오늘날에 이르도록 구차하게 살아있으니 허전한 마음이 있게 될 뿐이다. 다만 국가의 더없이 중요하고 큰일이 있어 언사가 지루하고 번거롭게 되는 것을 살필 겨를이 없이 경들에게 교지를 내렸다. 우리 왕실의 고사를 따라 사대부가 중에서 처녀를 간택하여 후궁의 자리에 있게 한다면, 삼종의 혈통을 이어가게 되는 방도를 찾을 수 있을 것이다. 아! 이 미망인은 선왕의 은혜를 보답할 길도 없고 주상의 효성에 보답할 길도 없다. 이 한 가지 일을 가지고 나라의 억만년 근본이 되게 하고 싶으니 경들이 이해해 주기를 바란다.

정순대비는 후사가 없는 정조에게 후궁을 들이라는 영을 내린 것이다. 얼핏 보면 뜻밖이라고 할 수 있으나 정순대비는 왕실에서 가장 신분이 높은 웃어른이었다. 정순대비가 정치력을 발휘하기 시작한 것은 사실상 이 때부터다.

정조의 입장에서 보면 정순대비의 의도를 불순하게 생각할 수도 있었다. 대비전에서 후궁의 간택을 관할하여 그녀의 일가 중에서 후궁을 뽑을 수도 있는 일이었다. 정조는 정순대비가 두 번이나 후궁을 간택할 것을 촉구하자 자신이 총애하던 신하인 홍국영의 누이동생을 선택했다. 김씨의 언문 교지에서 확인할 수 있듯이 정조와 김씨의 관계는 표면적으로 그다지 나쁘지 않았다. 정조는 김씨에게 깍듯이 예를 갖추었고 김씨 또한 정조를 임금으로 공경했다.

등극 후 정조는 정치를 개혁하고 실학자들을 등용하고자 했다. 서얼에게도 벼슬에 오를 수 있는 기회를 주고 규장각을 설치하여 남인 계열의 신진사대부들을 발탁했다.

정조의 갑작스러운 죽음과 독살설
✳

1800년 6월 정조의 지병인 종기가 악화되었다. 정조는 자신의 병을 스스로 진맥하려고 했다. 유학을 하는 사람들 대부분이 의서를 읽었기 때문에 유의儒醫들이 많던 시절이었다. 정조도 의서를 섭렵했으나 임상 경험은 없었다. 하지만 그는 의원들의 처방을 시시콜콜 따지고 의심했다. 대신들이 병세를 묻자 정조는 이렇게 대답했다.

"높이 부어올라 당기고 여전히 고통스럽다. 증상으로 말하면 춥고 더움이 일정치 않은 것 말고도 정신이 흐려져 꿈을 꾸고 있는지 깨어 있는지 분간하지 못할 때도 있다."

의원 강명길이 아뢰었다.

"맥은 일정하여 기운이 부족한 징후는 없습니다. 보편적으로 빠르고 센 것 같으나 특별히 종기 때문에 열이 나는 것은 없는 듯합니다."

"종기의 부위를 진찰해 본 후에야 처방을 의논할 수 있는데 의원들이 진찰을 다하지 못했다 합니다. 그들에게 자주 진찰하도록 하시는 것이 어떻겠습니까? 성상의 병환이 이러한데도 신들은 아직까지 종기가 난 부위를 보지 못했으니 더욱 초조하고 답답합니다."

정조는 기이하게도 종기가 난 곳을 대신들에게 보이지 않았다. 어의들의 치료가 효험을 보지 못하자 정조는 민간 의원인 피재길, 김한주, 백동규 등까지 불러 진찰하게 했다. 그러자 고름이 쏟아져 나왔다.

"고름이 나왔다고는 하나 통증이 현저히 줄어든 것은 느끼지 못하겠다. 병이 든 지 오래되어 원기가 차츰 약해지고 있으니 지방의 잡다한 무리는 더 이상 많이 들여보내지 말라. 경들은 의술에 밝은 자를 두루 찾아 반드시 오늘 안으로 차도가 있게 하라. 나의 병세가 이러하여 백성과 나라의 일을 전혀 처리하지 못하고 있다. 그러나 관심이 있는 것은 아무리 하찮은 일이라도 그냥 넘어가지 않아 이따금 꿈을 꾸기도 하니 이 때문에 한 가지 병을 더 보탠 것 같다."

정조는 고질병으로 잠조차 제대로 이룰 수 없었다.

"심연과 정윤교를 들어오게 하라. 밤이 깊은 후에 잠깐 잠이 들었을 때 피고름이 저절로 흘러 속적삼에 스며들고 요 자리까지 번졌는데 잠깐 동안 나온 것이 거의 몇 되가 넘었다. 하기에 종기 자리가 어떠한지 궁금하므로 경들을 부른 것이다."

몸에서 피고름이 몇 되나 나왔다는 것은 이미 병이 중증이라는 징후였다.

"피고름이 이처럼 많이 나왔으니 근이 이미 다 녹은 것을 알 수 있습니다. 신들의 반갑고 다행스러운 마음은 무엇이라 형용할 수 없습니다. 잠자리도 전에 비해 편안하셨습니까?"

"지난밤에 비하면 조금 나았다."

"날이 밝은 다음에 다시 자세히 진찰해 봐야겠으나 기쁘기가 한이 없습니다."

그러나 정조의 병은 더욱 악화되었다. 정조의 병이 심해지자 정순대비가 이를 살피기 시작했다.

"주상의 병세는 중풍 같은데 대신들이 병세에 적절한 약을 의논하지 못하고 어찌할 줄 모르고 있으니 무슨 일이오?"

"이미 성상의 병세가 위독한 지경에 이르러 망극할 뿐 더 이상 아뢸 말이 없습니다."

좌의정 심환지가 대답했다.

"병술년에 주상의 병환이 혼미한 지경에 이르렀으나 하루 밤낮을 넘기고 다시 회생했고, 갑오년에 그와 같은 증세가 있었으나 결국 회복했소. 지금은 주상의 병환이 위독한 지가 그다지 오래되지 않았는데 그게 무슨 말이오?"

"지금 또 병세에 맞는 약을 계속 올리고 있습니다."

제조 김재찬이 인삼차와 청심원을 받들고 들어왔으나 정조는 마시지 못했다.

"인삼차에 청심원을 개어서 들여보냈지만 이제는 아무것도 드실 길이 없습니다. 천지가 망극할 따름입니다."

도제조 이시수가 아뢰었다.

"내가 직접 받들어 올리고 싶으니 경들은 잠시 물러가시오."

정순대비가 말했다. 심환지 등이 명을 받고 잠시 문 밖으로 물러나왔다. 조금 뒤에 방 안에서 곡하는 소리가 들리자 심환지와 이시수 등이 문 밖으로 바싹 다가가 큰 소리로 아뢰었다.

"신들이 이와 같은 망극한 변을 만나 지금 400년의 종묘사직이 극도로 위태롭게 되었는데 신들이 우러러 믿는 곳이라고는 왕대비 전하와 자궁慈宮 저하(혜경궁)뿐입니다. 동궁 저하께서 나이가 아직 어리므로 감싸고 보호하는 책임이 왕대비 전하와 자궁 저하에게 달려 있을 뿐인데 어찌 그 점을 생각지 않고 이처럼 감정대로 행동하십니까? 게다가 국가의 예법도 지극히 엄중하니 즉시 처소로 돌아가소서."

정순대비는 한참 후에야 비로소 처소로 돌아갔다. 정조의 독살설이 제기되는 것은 정순대비가 마지막 순간에 정조의 임종을 지켰기 때문이다. 대비나 왕후가 임금의 임종을 지키는 것은 전례가 없는 일이 아니었다. 선조 때도 임종을 지킨 것은 인빈이었고 이 때문에 독살설이 제기되었다.

김씨가 노론 강경파와 손을 잡고 정조를 독살했다는 주장은 설득력이 없다. 정조 말년에는 좌의정 심환지, 우의정 이시수 등 노론 강경파들이 조정에 있었다. 이시수는 약방 도제조를 맡아 정조의 치료를 전담했고, 부녀자가 임종을 지키는 것은 옳지 않다며 정순대비에게 대비전으로 돌아가라고 강력하게 요구하기까지 했다.

궁궐의 발 뒤에 앉아 조선을 떨게 하다
❀

정조가 승하하자 아들 순조가 왕위에 올랐는데 불과 11세의 나이였다. 정순대비 김씨는 왕대비로 수렴청정을 하게 되었다. 이 때 영의정에 심환지, 좌의정에 이시수, 우의정에 서용보가 임명되었다.

"대행 대왕의 성대한 덕과 큰 업적은 하나도 의리이고 둘도 의리이다. 조금이라도 이를 어긴다면 대행조大行朝의 역신인 것이다. 대행조의 역신일 뿐만이 아니라 곧 영조의 역신인 것이고 당저조(當宁朝 : 순조)의 역신인 것이다. 지금 조정에는 통솔하는 바가 없어 의논이 여러 갈래를 이루고 있는데 대행 대왕께서도 늘 이 점을 깊이 우려했었다.

이런 때를 당하여 주상은 어리고 여군女君이 조정에 임하였다 하여 협잡된 화심禍心으로 괴이한 상소를 올려 시험한다면 결단코 용서하지 않고 마땅히 역률로써 대행 대왕의 영전에 고할 것이다. 대소 신료들과 중외(中外 : 조정과 민간을 아울러 일컫는 말)에서는 모두 알고 있으라.”

정순대비는 순조가 즉위한 지 한 달밖에 되지 않은 시점에서 대신들에게 강력하게 선포했다. 이는 스스로 여군이 되어 통솔할 것이니 반대하는 자는 역모로 다스리겠다는 무시무시한 선언이었다. 정권을 장악한 정순대비는 서학을 빌미로 남인들에 대한 박해에 나섰다.

“선왕께서는 매번 정학正學이 밝아지면 사학은 저절로 종식될 것이라고 하셨다. 지금 듣건대, 이른바 사학이 옛날과 다름이 없어서 한양에서부터 호남에 이르기까지 날로 번성하고 있다고 한다. 사람이 사람 구실을 하는 것은 인륜이 있기 때문이며, 나라가 나라 꼴이 되는 것은 교화가 있기 때문이다. 그런데 지금 사학은 어버이도 없고 임금도 없어서 인륜을 무너뜨리고 교화에 배치되어 저절로 오랑캐와 금수의 상태에 이르고 있다. 저 어리석은 백성들이 점점 물들고 어그러지는 것이 마치 어린 아기가 우물에 빠져 들어가는 것 같으니, 어찌 측은하게 여기지 않을 수 있겠는가?”

정순대비 김씨가 내린 지시다. 정순대비가 이러한 영을 내린 것은 정조 시대에 발탁되어 있던 남인들을 제거하려는 정치적 결단이었다. 영조 시대 이후 줄곧 정권을 장악하고 있던 노론은 정조 시대에 찬 서리를 맞았고 남인들이 대거 등용되었다.

정순대비와 정조는 당파와 이념 면에서 달랐다. 노론이 유학의 정통을 답습하고 있었다면 남인은 이용후생학을 주창하면서 서학까지 용인하고 있었다. 결국 서학을 탄압하는 것은 이념 전쟁이고 당파 싸움이었다. 정순대비의 집권으로 남인들은 대대적으로 숙청당하게 되었다.

정순대비는 서학을 역률로 다스리고 오가작통법伍家作統法을 시행하여 엄단하라고 지시했다. 이리하여 남인인 이가환, 이승훈, 권철신 등이 처형되고 주문모 신부를 비롯한 많은 천주교인들이 학살되었다. 이 사건은 역사 속에서 신유교난, 또는 신유옥사라고 불린다.

신유옥사는 순조 1년(1801)을 온통 피로 물들이고 12월에야 끝이 났다. 오늘의 관점에서 보면 천주교에 대한 탄압은 잘못이지만 당시의 상황으로는 이단에 빠지는 나라를 구하는 결단이었다.

1803년 3월과 4월 평양부와 함흥부에 큰 불이 일어났다. 12월에는 창덕궁에서 불이 나 선정전과 인정전이 불에 탔다. 이 일로 인해 장안의 민심이 흉흉해졌다. 김씨는 재난이 일어난 것에 대해 비판이 일자 스스로 수렴청정을 거두겠다고 선언했다.

"불행히도 망극한 때를 당하여 사직을 위해 부득이 감당할 수 없는 자리에 있은 지 3년이 되었다. 그 동안 가례가 순조롭게 이루어졌으니 이 마음이 얼마나 기뻤겠는가? 나의 처음 뜻은 새해에 곧 수렴첨정을 거두려 했었는데 그 사이에 큰 재이를 당했으니, 시기에 적합하지 않은 사람으로서 있어서는 안 될 자리에 있었기 때문이다. …… 지금 새해가 며칠밖에 남지 않았지만, 이러한 하교가 있게 된 것은 수렴청정의 칭호를 새해까지 끌지 않으려는 이유 때문이다."

정순대비는 일단 수렴청정을 거두었으나 다음해 6월에 또 다시 수렴청정을 하겠다고 선언했다. 그러나 이시수와 김관주가 한사코 반대하여 뜻을 이룰 수 없었다.

정순왕후 김씨와 영조의 원릉 경기도 구리시 안창동에 있다. 정순왕후 김씨는 조선의 왕후들 중 손가락으로 꼽을 만큼 큰 권력을 누렸던 여인이다. 한편에서는 그녀로 인해 경주 김씨의 세도 정치가 횡행하고 천주교에 대한 박해가 본격화되었다는 비판이 제기되고 있지만 이것은 여전히 남성 중심적인 시각이다. 당대의 정치 상황을 바탕으로 한 재평가가 필요하다.

김씨는 이로부터 6개월 후인 1805년 1월, 61세를 일기로 세상을 떠났다.

대원군 독재의 시대를 연
신정왕후 조씨

신정왕후 조씨는 순조의 아들 효명세자의 부인이었다. 조씨는 1808년 (순조 8) 풍양 조씨 가문 조만영의 딸로 태어났다. 그녀가 다섯 살이 되었을 때 조만영은 증광 문과에 급제하여 검열, 지평, 정언 등을 두루 역임하고 1816년 전라도 암행어사로 파견되어 탐관오리들을 다스리는 등 맹활약을 했다. 그는 강직한 인물로서 전라도 내의 민폐인 진전징세 (陳田徵稅 : 농사를 짓지 않고 묵혀 두는 땅에서 세금을 걷는 일), 환곡허록(還穀虛錄 : 백성들에게 거둘 쌀을 거짓으로 기록하는 일), 각 궁방(宮房 : 왕실에서 분가한 대원군, 왕자, 공주, 옹주가 살던 집)의 횡포, 어염선세魚鹽船稅의 강제 징수 등을 상소하여 전라감사 김계온을 파직하게 만들었다.

조만영이 서장관으로 청나라에 다녀와 부사직으로 있을 때 조정에서 금혼령과 세자빈 단자를 들이라는 영이 내렸다. 조만영은 12세가 된 딸의 단자를 들이고 간택에 참여했다. 조만영의 딸은 장락전에서 행해진 간택에서 세자빈으로 뽑혔다.

세자빈 조씨의 남편 효명세자는 순조의 아들로 드물게 총명했으며 실학자 박규수로부터 학문을 배웠다. 박규수의 조부는 당대의 문장가라는 평가를 받았던 연암 박지원이었다.

박규수는 불과 19세에 효명세자에게 주역을 강의할 정도로 학문이 뛰어났다. 효명세자는 이러한 박규수를 좋아하여 재동에 있는 박규수의 집에 선비 차림으로 나타나 밤새도록 학문을 토론하기까지 했다.

"박규수는 훌륭한 선비요."

박규수와 의기투합한 효명세자는 종종 세자빈 조씨에게 칭찬하는 말을 했다. 이 인연으로 인해 조씨가 섭정을 하던 고종 시대에 박규수는 평안도 관찰사를 비롯해 우의정까지 지내게 된다. 효명세자는 대리청정을 하면서 어진 인물을 등용하고 옥사를 신중하게 처리하여 장차 성군이 될 것이라는 칭송을 들었다. 세자빈 조씨는 행복했고 19세가 되었을 때 세손인 헌종을 낳았다. 그러나 1830년 불과 21세의 나이로 효명세자가 죽자 과부가 되고 말았다.

왕비가 되지 못하고 대비가 된 여인

✣

조씨가 낳은 아들은 왕세손으로 책봉되고 1834년(순조 34) 순조가 죽자 8세의 나이로 조선의 왕으로 즉위했으니 그가 바로 헌종이었다. 조씨는 왕비가 되지도 못하고 대비가 되었다. 여덟 살의 어린 아들이 왕

신정왕후가 머물던 자경전의 모습 왕이 승하하면 교태전에 있던 왕비는 대비로 승격되는데, 이 때 대비가 주로 사용하던 곳이 자경전이다. 지금의 자경전은 경복궁을 재건하면서 1865년에 신정왕후를 위해 지은 것이다. 현존하는 침전 가운데 옛 모습을 간직한 유일한 건물이다.

이 되었으나 수렴청정은 왕실의 가장 어른인 순원왕후 김씨가 하게 되었다. 순원왕후 김씨는 김조순의 딸로 안동 김씨 60년 세도의 기틀을 다진 여인이었다.

김조순은 정조의 총애를 받은 인물로 노론 시파時派였다. 노론 벽파辟派인 정순대비 치하에서는 정치력을 발휘하지 못했으나 딸이 순조의 왕비가 되고 정순대비가 죽자 벽파를 축출하고 안동 김씨를 등용하여 60년 세도를 열었다.

이상황과 김조순이 예문관에서 함께 숙직하면서 당·송 시대의 각종 소설과《평산냉연平山冷燕》등의 서적들을 가져다 보면서 한가히 시간을 보내고 있었다. 그런데 임금이 우연히 입시해 있던 주서로 하여금 그들이 하고 있는 일이 무엇인가를 보게 하였던 바 이상황과 김조순이 때마침 그러한 책들을 읽고 있었으므로 그것을 가져다 불태워 버리도록 명하고서는 두 사람을 경계하여 경전에 전력하고 잡서들은 보지 말도록 하였다.

김조순은 예문관에서 숙직을 하다가 중국 소설을 읽고 있었는데 정조에게 발각되었다. 그러자 정조가 대노하여 그들이 보던 소설을 모조리 불태워 버렸던 것이다.

김조순이 도착해 있는 지방의 관찰사에게 공문을 띄워 그가 압록강을 건너기 이전에 답문을 받고 반성하는 글과 시도 지어 올리게 하여 게시하도록 하라.

김조순은 반성문을 쓴 뒤에야 용서를 받을 수 있었다. 그러나 정조는 그의 학문과 문장을 좋아했다.

헌종이 즉위하면서 안동 김씨와 풍양 조씨가 치열하게 세력을 다투게 되었다. 그러나 순원왕후 김씨가 가장 큰 권력을 가지고 있었기 때문에 안동 김씨 가문의 여식이 헌종의 왕후로 간택되었다. 그녀가 불과 10세의 나이에 헌종의 부인이 된 효현왕후였다. 하지만 그녀는 불행하게도 16세에 요절했다.

효현왕후 김씨가 죽자 안동 김씨와 풍양 조씨는 왕후의 자리를 놓고 치열하게 다투다가 남양 홍씨인 홍재용의 딸을 헌종의 두 번째 부인으로 간택했고, 비로소 두 세력은 균형을 이루게 되었다. 그런데 헌종이 22세의 젊은 나이에 딸 하나를 남기고 죽으면서 강화도령 철종이 즉위했다. 이 때 철종의 나이 18세였다. 초명은 원범. 강화도에서 출생했으며 농사나 짓고 나무나 하러 다니던 초동이었다. 그러한 그가 왕위에 오른 것은 세도를 잡고 있던 안동 김씨 가문이 허수아비 왕을 앞세워 정사를 마음대로 요리하기 위해서였다. 철종은 안동 김씨 김문근의 딸을 왕비로 맞아들였고 철종 시대에는 안동 김씨 근根자 항렬과 병炳자 항렬이 조정에 대거 진출하여 국사를 농단했다. 젊은 철종은 산해진미와 향기로운 술, 꽃 같은 여인들의 치마폭에서 벗어날 수가 없었다. 그는 점점 몸이 허약해져 갔고 말기에 이르러서는 몇 번이나 혼절하기까지 했다.

철인왕후 김씨가 15세에 왕후로 책봉되자 안동 김씨의 세도는 절정에 이르게 되었다. 헌종이 보위에 있을 때까지만 해도 풍양 조씨가 어느 정도 조정에 세력을 구축하고 있었다. 그러나 철종이 즉위하면서부터는 완전히 권력의 중심에서 밀려나게 되었다. 안동 김씨가 아니면 조정에 진출할 수 없는 시대가 된 것이다.

철종 시대에는 나라의 살림이 말이 아니었다. 곳곳에서 민란이 일어나고 백성들은 도탄에 빠져 신음했다. 매관매석이 횡행하여 안동 김씨의 좌장 격인 김좌근의 애첩 나합(羅閤 : 나주 출신의 합해閤下라는 뜻에서 붙여진 이름이다)의 치마 속에서 벼슬이 나온다는 말이 있을 정도였다.

김좌근을 비롯한 안동 김씨 세력은 종실과 풍양 조씨들을 철저하게 탄압했다. 그 대표적인 예가 안동 김씨에게 비판적이었던 종친 이하전을 역모로 몰아 살해한 것이었다. 이하전은 완창군 이시인의 아들로 헌종이 후사 없이 죽자 왕족 중 학문이 높고 기개가 있다고 하여 왕위 후보에 올랐으나 안동 김씨들의 반대로 뜻을 이루지 못한 인물이었다.

이하전은 철종 14년(1862) 오위장 이재두의 무고로 김순성, 이긍선 등에 의하여 왕으로 추대되었다는 역모 혐의를 받고 제주도에 유배되었다가 사사되었다.

신정왕후, 이하응과 손을 잡다

순원왕후 김씨가 죽으면서 신정왕후 조씨는 마침내 왕실의 가장 어른이 되었다. 신정왕후 조씨는 절치부심하고 있었다. 대비는 왕이 유고 시에 후사를 결정할 수 있는 인물이었다.

철종은 강화도에서 농사를 짓던 인물이었기 때문에 야심도 정치력도 없었다. 철종이 병치레를 자주 하면서 후사 문제가 초미의 관심사가 되었다. 철종은 숙의 범씨와의 사이에 옹주 하나밖에 두지 않았고 그녀는 박영효에게 시집을 갔다. 순조 이후 왕손들이 단명했기 때문에 왕실에는 가까운 인척들이 거의 없었다. 철종마저 헌종과 칠촌이 되었기 때문에 왕이 될 수 있었다. 신정왕후 조씨는 흥선군 이하응과 은밀하게 손을 잡았다.

흥선군 이하응은 1841년(헌종 7)에 흥선정이 되었고, 1843년에 군으로 봉해졌다. 1847년에는 동지사로 사신의 물망에 올랐으나 뽑히지 못했고 종친부 당상관이나 오위도총부의 도총관 같은 한직만 전전했다. 특히 철종이 즉위하면서 명실상부한 척신 정치를 실행한 안동 김문의 서슬 아래서 이하응은 숨조차 제대로 쉴 수 없는 곤경에 처했다. 그의 생활은 비참해지고 종친의 위엄은 찾아볼 수 없게 되고 말았다.

안동 김씨 가문은 철인왕후가 있었기 때문에 철종이 승하한다고 해도 자신들 마음대로 후사를 결정할 수 있을 것이라고 생각했다. 그들은 무능하고 병치레를 자주하는 철종이 오래 살기만을 바랐다.

1858년 철종이 첫 왕자를 얻었으나 이 왕자는 돌도 지나기 전에 죽었다. 철종은 방탕한 생활을 하여 건강이 더욱 악화되었다. 1862년 2월에 위중한 상태에 빠졌다가 회복되고 다음해인 1863년 8월에도 위급한 지경을 당했다.

이 무렵 장안에는 철종이 기력을 회복하여 정사를 돌보려고 하면 안동 김씨 대신들이 약을 먹여 정신을 잃게 한다는 소문이 은밀하게 나돌았다. 그런 소문이 사실이 아니라 하더라도 후궁의 치맛자락 속에서 세월을 보내고 밤낮으로 술을 마시니 끝내 병을 얻어 정신을 차릴 수 없는 지경이 되었다.

1863년 11월에는 과거를 보러 올라온 선비들의 입을 통해 철종이 승하했다는 소문이 삽시간에 장안에 퍼졌다. 안동 김씨 가문의 대신들은 이러한 소문이 나도는 것을 우려해 철종을 보련(寶輦 : 임금이 타는 가마)에 태우고 종로에 나가게 했다. 그러나 철종이 보련 밖으로 얼굴을 내밀지 않자 선비들이 웅성거리며 "대신들이 빈 보련을 끌고 다니며 백성들을 기만한다" 하고 말했다. 이에 대신들이 보련에 올라가 억지로 얼굴을 보이게 했는데 온몸이 붓고 손발을 움직이지 못해 시체와 같았으므로 선비들은 국상이 났다고 외치며 울면서 흩어졌다.

흥선군의 아들로 하여금 익종의 대를 잇게 하라

신정왕후 조씨는 철종의 죽음이 임박하자 이하응을 만나 후사를 도모했다.

"주상 전하께서 승하하시면 먼저 대보부터 손에 넣으시옵소서."

이하응이 신정왕후에게 계책을 알려 주기 시작했다.

"옥새 말씀이오?"

"그러하옵니다. 대보는 안동 김씨의 사주를 받고 있는 중전 마마께서도 손에 넣으려 하실 것이옵니다. 왕대비 마마께서는 왕실의 어른이시니 왕대비 마마께서 간수한다 하십시오."

"음."

조씨가 무겁게 신음을 토했다.

"다음은 언문 교지를 내려 흥선의 두 번째 아들 재황을 익종(효명세자. 신정왕후의 남편으로 사후에 추존되었다)의 사왕(嗣王 : 왕위를 이은 임금)으로 삼는다 하시고, 영돈령 대감 정원용을 원상(院相 : 왕이 죽은 뒤 어린 임금을 보좌하여 정무를 맡아보던 임시 벼슬)으로 삼는다 하십시오."

"가만, 익종의 사왕이라고 하셨소? 그러면 승통이 어찌되는 것이오?"

왕대비 조씨는 어리둥절하여 이하응을 쳐다보았다. 철종이 승하하면 사왕은 철종의 대를 잇는 것이 관례요, 법도였다. 그런데 익종의 승통을 잇는다니 이 무슨 해괴한 일인가?

"왕대비 마마, 24대 헌종 대왕께오서는 순조 대왕의 대를 이었사옵고 25대 철종 대왕께오서도 순조 대왕의 대를 이었사옵니다. 두 분 선행 대왕들께서도 한 분의 대를 이으셨사옵니다. 이제 제26대 신왕이

188

철종 대왕의 대를 잇지 않고 익종 대왕의 대를 잇는다 하여도 허물이 되지 않사옵니다. 오히려 왕실의 가장 어른인 왕대비 마마께서 저의 미천한 아들놈을 양자로 삼아 익종 대왕의 대를 잇는 것이 당연지사인 줄 아옵니다.”

“허면 대감의 아들 재황이 나의 양자가 되는 것이오?”

“그러하옵니다. 왕대비 마마!”

“과연 묘책이오!”

조씨는 무릎을 탁 쳤다.

“왕대비 마마, 마마의 친정 조카인 조성하로 하여금 대전의 일거일동에 눈을 떼지 못하게 하십시오. 흥선이 죽고 사는 것은 오로지 왕대비 마마께 달려 있사옵니다.”

“그렇게 하리다. 내가 어찌 안동 김문에 두 번씩이나 수모를 당하겠소?”

조씨는 입술을 깨물었다.

조씨가 이하응과 밀약을 맺은 지 며칠 되지 않아 기어이 철종이 승하했다. 신정왕후 조씨는 재빨리 옥새를 간수하고 대신들을 불러들였다.

“죽지 못해 사는 이 몸이 망극하고 차마 감당할 수 없는 일을 당하고 나니 그저 원통한 생각뿐이다. 지금 나라의 안위가 시각을 다투기 때문에 여러 대신들을 청해 종묘사직의 큰 계책을 의논하여 정하려는 것이다.”

신정왕후가 비통한 표정으로 대신들을 돌아보면서 말했다.

“빨리 대왕대비의 분명한 전지를 내려 즉시 큰 계책을 정하시기를 천만 번 빌고 있습니다.”

원상 정원용이 후사를 정해 줄 것을 조씨에게 청했다.

"홍선군의 적자 중에서 둘째 아들 재황으로 하여금 익종 대왕의 대통을 잇게 하기로 결정했다."

신정왕후 조씨는 홍선군 이하응의 둘째 아들 재황을 익종의 양자로 입적시켜 후사를 잇게 한다는 교지를 내렸다. 안동 김문으로서는 청천벽력과 같은 일이었다. 이하응의 아들이 양자로 입적이 된다고 해도 철인왕후의 아들로 입적을 시켜야 하는 것이 원칙이었다. 그러나 왕실의 가장 어른은 조씨였고 그녀가 결정권을 갖고 있었기 때문에 어쩔 수가 없었다.

조선왕조가 개국한 지 473년. 근대 산업사회로 발전한 서구 열강들이 해외로 눈을 돌리면서 침략 행위를 일삼고 있을 때, 조선에서는 우여곡절 끝에 불과 12세의 어린 소년이 국왕으로 등극한다. 그리고 이로써 대원군이 역사의 전면에 등장하게 되고 쇄국과 개화의 소용돌이에 휘말리게 된다.

국법은 서슬처럼 퍼렇게 살아 있어야 하느니

❀

정국은 태풍이 휘몰아치고 있었다. 특히 정권에서 소외되어 있던 홍선군 이하응의 대응은 상상을 초월할 정도였다. 그는 민승호, 조성하 같은 당대의 인물들을 포섭하여 수하에 두었다. 민승호는 대궐 밖의 일을 담당했고 조성하는 대궐 안의 일을 담당했다.

철종이 유명을 달리하자마자 이들은 민첩하게 움직였다. 민승호는 대궐 밖의 동조 세력을 가동했다. 이장렴이 지휘하는 금위영 군사들로 하여금 무장을 하고 대궐을 삼엄하게 에워쌈으로써 안동 김씨 일족의 손발을 묶어 버렸다. 이것이 이하응의 둘째 아들 재황이 조선의 제26대 국왕으로 옹립되는 데 결정적인 역할을 했다. 병권을 장악하는 데 실패함으로써 안동 김문은 종말을 맞이하게 된 것이다.

흥선대원군 이하응. 그는 집권을 하게 되자 영의정 김좌근을 사직케 하고 그 자리에 좌의정 조두순을 앉혔다. 좌의정에는 함경도 관찰사 이유원, 우의정에는 이경재를 임명했다가 홍문관 제학 임백경을 임명했다. 이조판서에는 김병학, 호조판서는 김병국, 병조판서에는 원상 정원용의 아들 정기세, 선혜당상에 이승보를 임명했다. 또 좌포도대장 이경하, 우포도대장 신명순, 금위대장 이장렴, 어영대장 이경우, 총융사 이방현을 임명하여 군사를 거느리는 무관 장상들을 자기 세력으로 바꿨다. 안동 김문을 이끌고 있는 김병기는 광주 유수로 내보냈다.

신정왕후 조씨는 수렴청정을 하게 되자 역대 어느 대비도 내리지 않았던 강력한 교지를 대소 신료들에게 내렸다.

"세상을 떠난 우리 대왕은 천하를 보살피는 하늘을 본받고 물이 흘러내리듯이 옳은 것을 따라갔으며 정사에 해로운 것은 한 번도 생각한 적이 없고 백성들에게 이로운 것을 한 가지도 망설인 일이 없었다. 그 덕에 귀신들도 감동하여 해마다 풍년이 들었다."

신정왕후 조씨의 언문 교지는 선왕인 철종을 칭송하는 서두로 시작되었다.

"그런데 어찌하여 나라의 재정이 고갈되고 백성들이 도탄에 빠져 수습할 수 없을 정도로 질서가 문란해지고 풍속이 악화되는가? 근심과 원한을 참지 못하여 윤리를 무너트리는 무리가 나오고 고혈을 짜내는 것을 견디다 못해 명분과 등급을 침범하는 사건까지 나오고 있다. 슬프다! 슬프다! 차마 무슨 말을 더 하겠는가! 감사나 병사와 수사, 그 외의 관리들이 나라를 위해서 애를 쓴 일은 무엇이며 국왕을 위해서 충성을 한 일은 무엇인가? 국왕이 아무리 열심히 정사를 돌본들 조정 대신들과 지방 수령 방백들이 제 소임을 다하지 않는다면 무슨 소용이 있겠는가? 엄정하게 지켜야 할 법규를 빈 문서장으로 여기고, 관리들이 뇌물을 가볍게 받아먹는데도 사헌부나 사간원에서는 강직하게 간쟁하는 말이 들리지 않으며, 관리를 임명하는 일이 공정하게 처리되지 않는다. 그래서 풍기가 날로 그릇되고 세상이 저속해지면서 백성들의 비참한 생활과 나라의 애통스러운 형편은 더 말할 나위조차 없다."

신정왕후 조씨는 격앙된 목소리로 언문 교지를 읽어 내려갔고 대신들의 얼굴은 점점 흙빛이 되어 갔다.

"나라의 법은 서슬처럼 퍼렇게 살아 있어야 하는 것이므로 도끼와 작두를 가지고 다스릴 방도가 없는 것은 아니다. 그러나 새 임금이 등극했으니 모두 함께 과거를 버리고 쇄신하자는 뜻에서 문무 대신들과 흉금을 터놓고 말하는 것이다. 백관들은 정신을 똑바로 차려 맡은 임무가 있는 자는 임무를 다해야 할 것이며, 바른 말을 할 책임이 있는 자는 그 책임을 다해야 할 것이다. 끝내 정신을 차리지 못하여 다른 날 죄를 뉘우쳐야 할 때를 당하더라도 임금이 진작 타이르지 않았다고 원망하지 말라!"

전에 없이 강경한 교지였다. 대신들은 목을 움츠리고 식은땀을 흘리면서 발 안을 쳐다보았다. 신정왕후 조씨는 발 안에 오연하게 앉아 있었다. 신정왕후 조씨의 하교는 한문으로 고쳐져서 승정원을 통해 중앙과 지방으로 반포되었다.

전국을 공포의 도가니로 몰아넣은 척사윤음

❄

신정왕후 조씨는 수렴청정을 하기 시작했으나 동양의 호랑이라고 불리는 대원군이 국태공으로 불리면서 철권 정치를 하기 시작하자 불과 3년 만에 수렴청정을 거두었다. 그러나 3년간의 짧은 수렴청정 기간에 그녀는 조선팔도를 피바다로 만드는 교지를 내렸다.

"요즘의 서양인 사건은 참으로 일대 변괴이다. 수만 리 밖에 있는 흉악한 종자와 추악한 무리가 팔을 내휘두르며 출입하고 사술邪術을 제멋대로 행하였으니 그를 끌어들인 사람이 있었을 것이고 그가 붙어 살게 한 곳이 있었을 것이다. 만약 뒤얽혀 서로 호응하면서 숨겨두고 아뢰지 않다가 끝내 특별한 조사에서 발각되었을 경우에는 결단코 남김없이 코를 베어 죽여야 할 것이며, 사람들도 역시 다 같이 그를 처단하게 될 것이다. 먼저 이러한 내용을 한문과 언문으로 베껴서 거리와 마을에 붙여 모두 잘 알게 하라."

신정왕후의 지시에 의하여 고종은 1866년 8월이 되자 척사윤음斥邪綸音을 내렸다.

"불행하게도 7,80년 사이에 이른바 서양학이라는 것이 신해년(1791)에 처음으로 생겨서 신유년(1801)에는 온 나라에 널리 퍼졌으며 많은 백성들이 그에 물들어 더는 바로 잡을 수 없게 되었다. …… 그들

신정왕후 조씨와 추존 왕 익종의 수릉 1846년 양주 용마봉 밑으로 이장하였다가 1855년 지금의 자리로 옮겼으며 신정왕후가 죽자 익종과 합장했다. 신정왕후는 병인대박해로 인해 한국천주교회사상 가장 악독한 여인으로 이름을 남겼으나 천주교에 대한 배척이 당대의 시대적 이념이었다는 사실을 상기할 필요가 있다.

이 말하기를, '천당을 만든 것은 천주를 잘 섬긴 자들의 영혼에게 복을 누리도록 하기 위해서이며, 지옥을 만든 것은 천주를 잘 섬기지 않는 자들의 영혼에게 괴로움을 주기 위해서이다. 사람 중에 죄를 지어서 응당 지옥에 들어간 자는 야소(耶蘇 : 예수)의 앞에서 자기 잘못을 슬프게 뉘우치며, 모두 야소의 어머니에게 기도를 드려 천주에게 전달되도록 하면, 곧 그 사람의 죄는 용서받게 되고 영혼도 천당으로 올라갈 수 있다'라고 하였다. ……《상서尙書》에 이르기를, '백성들에게 허물이 있는 것은 나 한 사람에게 달려 있는 것이니, 자신을 돌이켜보고 스스로 반성하면서 마치 자기의 아픔처럼 여겨야 한다'라고 하였다. 이번에 속마음을 툭 털어 놓고 타이르는 것은 모두 내가 애통하게 여기는 뜻을 나타내는 것이다. 그러니 모든 신하들과 백성들은 내가 은혜스럽지 않다고 말하지 말라. 그리하여 이와 같이 길게 타이르는 것이다."

천주교 박해의 피바람이 분 것이다. 병인대박해를 기점으로 1870년대 초까지 천주교인 약 8,000명이 살해되었고 신정왕후 조씨는 한국 천주교회사에 가장 악독한 여인으로 이름을 남기게 되었다. 오가작통법까지 실시한 그녀의 천주교 말살 정책은 전국을 공포의 도가니로 몰아넣었다.

신정왕후 조씨는 고종이 친정을 하게 되면서 뒷전으로 물러나게 되었다. 이후 그녀는 명성황후와 대립하다가 친척들이 줄줄이 정변에 희생되어 죽게 되자 일찍 죽지 않은 것을 스스로 한탄하기도 했다. 신정왕후는 약 70년의 세월을 궁중에서 보내다가 1890년 83세를 일기로 영면했다.

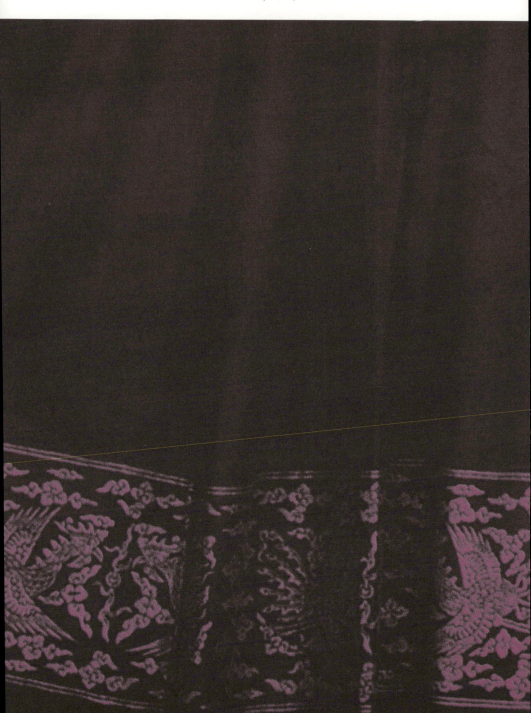

제3부

조선을 울린 비극의 왕후들

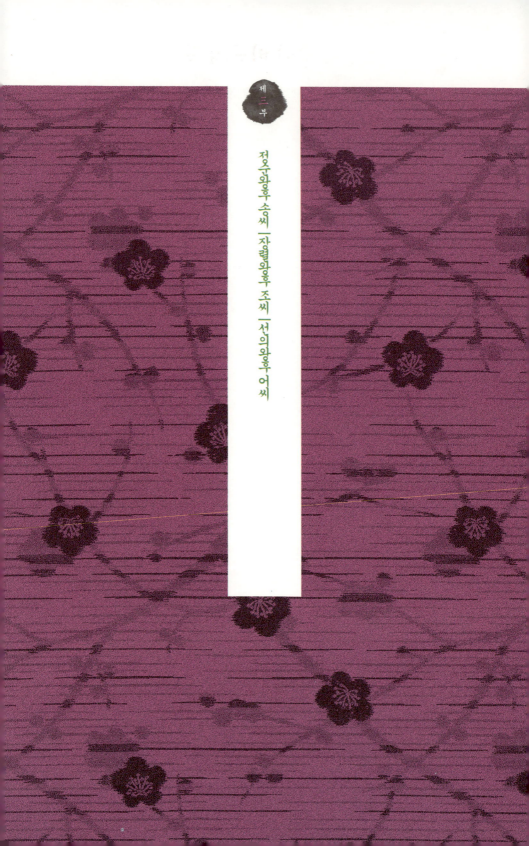

제 三 부

정순왕후 송씨 │ 자열왕후 조씨 │ 선의왕후 어씨

왕위를 찬탈당한 비극의 여인
정순왕후 송씨

정순왕후定順王后 송씨는 나이 어린 단종의 왕비가 되어 그가 영월에서 비참한 최후를 맞이하자 눈물과 한으로 평생을 보낸 여인이다. 계유정난을 일으킨 수양대군의 보위 찬탈과 성삼문, 박팽년 등 사육신의 단종 복위 운동은 그녀로서는 어찌할 수 없는 역사적인 사건이었다. 그녀가 왕후로 보낸 시간은 3년밖에 되지 않았고 그것은 여인으로서 가장 아름다워야 했던 15세에서 18세 때 일어난 일이었다. 그녀는 그 아름다운 시기에 조선의 국왕 단종의 왕비로 살았다. 그러나 그 나머지 인생은 죽은 이를 애타게 그리워하면서 살아가는 인고의 세월이었을 뿐이었다.

정순왕후 송씨는 1440년(세종 22)에 송현수의 딸로 태어났다. 그녀는 노산군으로 강봉되어 영월에서 죽음을 당한 단종의 부인이었기 때문에 어린 시절에 대한 기록은 남아 있지 않다. 대부분의 왕비들이 태어날 때 상서로운 기운이 하늘을 덮었다거나 용이 치마폭으로 들어오는 태몽이 있었다는 전설 같은 기록이 있으나 그녀에게는 아무것도 남아 있지 않다. 그러나 단종의 왕비로 간택되었으니 용모가 아름답고 규수로서 빼어난 숙행(淑行 : 정숙한 행실)이 있었을 것으로 추정된다. 단종이 아무리 힘이 없는 어린 국왕이라고 해도 한 나라의 군주였다.

송현수는 평범한 선비였으나 1454년(단종 2) 그가 풍저창부사로 있을 때 딸이 왕후로 간택이 된 덕택에 벼락출세를 했다. 그러나 그로부터 몇 년이 지나지 않아 역모에 휘말려 주살되는 비극을 맞이한다.

"신 등이 그윽이 생각하건대 전하께서 왕후를 맞아들이는 예를 늦출 수는 없습니다. 일찍이 청하려고 했으나 다만 상제(祥祭 : 왕이 죽은 지 2주년이 되어 치르는 제사)의 기간이 지나지 않아서 감히 아뢰지 못했습니다."

수양대군은 단종이 왕위에 오르자 여러 달 동안 왕후를 맞아들일 것을 강청했다.

"이 일은 불가할 뿐만 아니라 입에서 말을 꺼내서도 안 되는 것이다."

문종의 유명에 따라 황보인과 김종서의 보필을 받고 있던 단종은 상중이라는 이유로 단호하게 반대했다. 이 논쟁은 장장 한 달 동안이나 계속되는데 수양대군은 종친들을 대거 동원하여 왕비를 맞아들일 것을 5월 한 달 동안 주장했으나 단종은 그때마다 거절했다. 이는 힘겨루기의 일환으로 유명을 받은 대신들에게 수양대군이 패했음을 의미한다. 황보인과 김종서 등 고명대신들은 단종을 움직여 수양대군의 주장을 배척했다.

'흥! 대신들이 감히 왕실을 좌우하려고 하다니 하늘 무서운 줄 모르는군.'

수양대군은 김종서와 황보인을 제거해야겠다고 결심했다. 김종서도 수양대군이 사람들을 모으는 것을 눈치 채고 대응하기 시작했다. 그는 안평대군과 연합하여 수양대군을 제거하려는 계획을 세웠다. 그러나 수양대군이 권람, 한명회 등과 함께 계유정난을 일으켜 황보인과 김종서를 척살하면서 사정이 달라졌다. 수양대군 일파가 동원한 갑사들은 김종서의 집에 가서 그를 척살한 뒤에 한양 장안을 누비고 다니면서 김종서 일파를 대대적으로 살육했다. 이어서 대궐로 쳐들어가 살생부를 만들어 대신들을 명소패로 부른 뒤에 차례로 베어 죽였다.

> 조극관, 황보인, 이양이 제3문에 들어오니, 함귀 등이 철퇴로 때려죽이고, 사람을 보내어 윤처공, 이명민, 조번, 원구 등을 죽이고, 삼군진무(三軍鎭撫 : 삼군사령관) 최사기를 보내어 김연을 그 집에서 죽이고, 삼군진무 서조를 보내어 민신을 비석소에서 베었다.

실록의 기록으로 단종 1년(1453) 10월 10일 밤에 일어난 일이다. 김종서는 집에서 수양대군의 공격을 받았으나 가까스로 살아나 상처를 싸매고 여장을 한 뒤에 가마를 타고 돈의문과 서소문, 숭례문 세 문을 거쳐 대궐로 들어가려고 했다. 그러나 문이 닫혀 들어가지 못하고 아들 김승벽의 처가에 숨었다. 세조는 김종서가 살아났다는 보고를 받자 무장 양정과 의금부 진무鎭撫 이흥상을 김승벽의 처가로 보냈다.

"내가 어떻게 걸어가겠느냐? 초헌을 가져오라."

김종서는 자신을 체포하는 것으로 생각했으나 이홍상은 그를 끌어내어 목을 베었다. 육진을 설치하는 데 결정적인 공을 세운 김종서는 그 아들과 함께 반정 세력에 의해 비참하게 죽음을 당했다. 수양대군은 김종서의 부자, 황보인, 이양, 조극관, 민신, 윤처공, 조번, 이명민, 원구 등을 모두 저자에 효수했다.

계유정난은 수많은 대신들과 그 일족을 죽음의 구렁텅이로 몰고 갔다. 정권은 수양대군에게 넘어가고 그는 종친이면서도 영의정에 취임하여 나라의 대사를 마음대로 휘둘렀다. 수양대군과 대립하던 안평대군은 강화도로 귀양을 갔다가 사사되었다. 살해당한 충신들의 부인과 딸들은 관노나 공신들의 노비로 보내졌다. 정권을 장악한 수양대군 일파는 어린 국왕인 단종을 핍박하기 시작했다.

"어린 임금이 보좌에 있으니 사직이 위태롭다. 어린 임금이 무엇을 안다고 보좌에 있는가?"

내시들이 뒤에서 단종을 향해 수군거렸다. 수양대군도 단종을 싸늘한 눈빛으로 쏘아보고는 했다. 단종은 살기등등한 그들의 눈에서 피 냄새를 맡으면서 공포에 떨었다.

여덟 번의 간택 끝에 왕비가 되다

❀

송현수의 딸 송씨는 이 때 15세로 평범한 규수에 지나지 않았다. 한양 장안이 몰아치는 피바람으로 뒤숭숭했으나 혼기에 이른 그녀는 자신에게 불어 닥치는 운명의 바람을 알 수 없었다.

"대군께서 영의정이 되셨구나."

그 때 송현수는 수양대군과 가까이 지냈기 때문에 그의 동정에 관심을 갖고 있었다.

"그 양반이 영의정이 된 것이 우리와 무슨 상관이 있습니까?"

송현수의 부인이 웃으면서 말했다.

"맞소. 그나저나 딸아이가 열다섯 살이니 시집보낼 때가 되었지. 내 좋은 혼처를 물색해 보리다."

송현수는 부인에게 약속하고 혼처를 찾으려고 했으나 다음날 갑자기 금혼령이 내렸다.

"허허, 우리 아이 혼사는 임금님의 혼사가 끝나야 하겠군."

송현수는 공교로운 일이라는 듯이 헛웃음을 웃었다. 비록 정4품이라고 해도 일개 창고의 책임자인 송현수가 국혼에 관여할 수는 없었다.

권력을 완전히 장악한 수양대군은 다시 단종에게 왕비를 맞아들일 것을 강청했고 이번에는 단종도 거절할 수 없었다. 금혼령이 내리고 사대부가에 단자를 들이라는 영이 떨어지자 송현수도 딸의 사주단자를 예조에 넣었다. 수양대군은 자신에게 사심이 없다는 것을 내외에 과시하기 위하여 종친들과 함께 간택을 여덟 번이나 했다. 세자빈이나 왕비의 간택은 일반적으로 초간, 재간, 삼간으로 나누어 실시하고 대부분 재간에서 뽑는 것이 관례인데 수양대군은 여덟 번째에 가서야 왕비를 뽑던 것이다. 수양대군은 송현수의 딸, 예원군사 김사우의 딸, 전 사정 권완의 딸을 취했다가 결국 송현수의 딸을 왕비로 결정했다.

송현수는 딸이 왕비로 간택되었을 때 기쁨보다 불안이 앞섰다. 딸이 왕비가 되면 그의 집안은 당연히 부귀영화를 누리게 된다. 그러나 칼에 피를 묻히고 무수한 충신들을 살육한 수양대군 일파가 조정을 장악하고 있었다. 귀여운 딸이 왕비가 되어 부귀영화를 누릴 수 있으면 더 바랄 것이 없으나 알 수 없는 사태를 만날지도 모른다는 불안감이 엄습해 왔다. 그러나 왕비로 결정된 이상 거역할 수 없었다.

"마마, 부디 광영을 누리소서."

송현수는 그 날 밤 어린 딸을 포옹하고 그 말밖에 할 수 없었다.

왕은 말하노라. 하늘과 땅이 이루어져 인륜을 처음으로 세우니 이에 부부를 만들어 사직과 종묘를 받들게 하도다. 이것을 경상(卿相 : 판서와 재상)에게 의논하니 모두 적당하다 하므로 옛날의 법도를 따라서 지금 모관某官 아무개와 모관 아무개로 하여금 예를 갖추어 납채(納采 : 청혼)하게 한다.

납채 의식에 대한 왕의 교서다. 교서를 받든 대신들이 송현수의 집에 와서 교서를 전달했다. 송현수는 북향을 향해 사배를 올린 뒤에 답서를 올렸다.

높으신 주상 전하께서 아름다운 명으로 비루한 족속에서 배필을 찾으시니 신의 딸이 간택되어 자리를 채웠습니다. 교훈과 예의범절이 익숙하지 못한 어린 나이이지만 삼가 옛날 법도를 받들어 엄숙히 전교를 따를 것입니다.

송현수의 답서는 딸이 아직 어리지만 옛날의 법도를 잘 지키겠노라는 약속이었다. 송씨가 왕후에 책봉되면서 면포 600필, 쌀 300석, 황두黃豆 100석이 내려오고 밭도 100결이나 하사되었다. 송현수는 단숨에

종2품 동지돈녕부사(同知敦寧府事 : 왕실과 종친의 사무를 보는 관아의 책임자)에 제수되었다.

정순왕후 송씨는 이러한 과정을 거쳐서 14세 단종의 왕비가 되었다. 15세의 소녀인 송씨는 비록 혼례를 올렸다고 해도 단종을 보는 일이 수줍고 조심스러웠다. 얼마 동안은 단종의 얼굴을 감히 쳐다보지도 못했다. 소년소녀인 그들이 합방을 했는지는 알 수 없다. 그러나 남녀상열지사를 치르지는 못했다고 하더라도 같은 방에서 잠을 잤을 것이고, 이성에 한창 눈을 뜰 나이기 때문에 자신도 모르게 부부의 정을 갖게 되었을 것이라고 추측된다.

왕위를 찬탈당하고 권력의 뒤안길로

❁

송씨는 왕후로서 많은 궁녀들에게 둘러싸여 지내게 되었다. 그러나 차츰차츰 시간이 흐르면서 궁궐의 분위기가 이상하다는 것을 알게 되었다. 단종은 뜻밖에도 수양대군과 그 일파에게서 물러나라는 위협을 받고 있었고 언제나 얼굴이 수심에 잠겨 있었다.

'세상에! 어떻게 감히 임금에게 물러나라고 한다는 말인가?'

송씨는 단종의 그늘진 용안을 대할 때마다 가슴이 아팠다. 이제는 종친들까지 나서서 수양대군에게 양위를 하고 물러나라고 요구하고 있었다.

"전하께서는 이 나라의 군주인데 어찌 종친들에게 위협을 받는 것입니까?"

송씨는 단종을 위로했다.

"나는 수양 숙부가 무섭소. 그가 눈을 부릅뜨고 나를 볼 때마다 소름이 끼치는 것 같소."

단종은 밤이 깊으면 소리를 죽여 울기도 했다. 단종은 모후인 권씨가 그가 태어난 지 얼마 되지 않아 죽었기 때문에 어머니의 사랑을 받지 못하고 자랐다. 단종은 세종의 후궁인 혜빈 양씨의 손에서 자랐는데 금성대군 이유가 그녀와 결탁하여 수양대군을 몰아낼 계획을 세웠다. 이 사실이 수양대군에게 알려져 금성대군은 삭녕으로 귀양을 가고 양씨도 대궐에서 폐출되었다. 단종에게는 더욱 심한 압박이 가해졌다. 환관 엄자치를 비롯하여 궁녀들도 걸핏하면 축출되어 수양대군에게 충성을 하는 자들로 채워졌다. 그들은 단종과 송씨에게 눈을 부릅뜨고 왕의 자리를 내놓으라고 위협했다.

"전하, 저들이 물러날 것을 원하면 그리하소서. 보위에서 물러나면 무서운 일은 없을 것이 아닙니까?"

송씨는 단종이 죽음의 공포에 떨자 양위할 것을 권했다. 세종과 문종의 후궁들이 그녀를 측은한 눈으로 보면서 단종이 양위를 해야 한다고 말했다. 대궐의 노상궁들도 수양대군 일파가 권력을 장악한 이상 양위하는 것만이 살길이라고 귀띔을 했다.

"내가 물러나면 해코지하지 않을까?"

단종은 밤을 새우며 불안에 떨다가 송씨의 손을 잡고 울었고 그 때마다 송씨는 가슴을 저미는 것 같았다.

"저들이 원하는 것을 주었는데 어찌 해코지를 하겠습니까?"

"중전에게 미안하오."

"아닙니다. 소첩은 전하와 함께 있는 것으로 만족합니다."

송씨는 단종이 안전하다면 왕의 자리를 포기하는 것이 낫다고 생각했다. 사랑하는 사람이 행복해지기를 바라는 것이 여인의 마음이었다.

단종 3년(1455) 윤 6월 11일 단종은 수양대군 일파의 협박을 견디지 못하고 마침내 선위 교서를 내렸다.

"내가 나이가 어리고 궐 밖의 일을 알지 못하는 탓으로 간사한 무리들이 은밀히 발동하고 난을 도모하는 싹이 종식되지 않으니 이제 대임을 영의정에게 전하여 주려고 한다."

수양대군은 몇 번이나 사양하는 시늉을 한 뒤에 허위로 가득한 교서를 반포했다.

"주상 전하께서 선업을 이어받으신 이래 불행하게도 국가에 어지러운 일이 많았다. 덕 없는 내가 선왕과는 한 어머니에서 난 아우이고 또 자그마한 공로가 있었기에 장군(長君 : 왕자들 중의 연장자)인 내가 아니면 이 어렵고 위태로운 상황을 진정시킬 길이 없다고 하여 드디어 대위를 나에게 주시었다. 나는 굳게 사양했으나 허락을 얻지 못했고 또 종친과 대신들도 모두 종사의 대계로 보아 의리상 사양할 수 없다고 하는지라, 억지로 여론을 좇아 즉위하고 주상을 높여 상왕으로 받들게 되었다."

수양대군의 이러한 행동은 유비가 여러 차례 제위에 오를 것을 권하는 제갈공명에게 사양하는 겸양을 흉내 내어 만들어진 것이다. 그러나 이미 권력은 완전히 수양대군에게 넘어가 있는 상황이었고 수양대군은 사양하는 시늉만 하다가 국새를 받았다. 이 때 수양대군에게 국새를 전달한 인물이 예방승지인 성삼문이었다. 성삼문은 수양대군이 단종을 협박하여 보위를 빼앗았다는 사실을 알고 있었기 때문에 국새를 넘겨주려 하지 않았다. 그래서 성삼문이 옥새를 쥐고 놓지 않아 수양대군이 빤히 노려보는 일이 벌어지기도 했다.

단종은 상왕이 되고 수양대군은 보위에 올라 세조가 되었다. 세조는 보위에 오른 뒤에 단종을 상왕으로 깍듯이 받드는 시늉을 하면서 집현전 학자를 우대하는 등 상생의 정치를 해 나가려고 했다. 그러나 한명회와 권람 등 권력을 잡은 쿠데타 세력들은 달랐다. 그들은 어떻게 하든 상왕인 단종을 제거해야만 수양대군의 보위가 안전하다고 생각했다.

이러한 상황을 모르는 송씨는 단종이 보위에서 물러난 후에는 홀가분하고 한가하게 지낼 수 있을 것이라고 여겼다. 그러나 단종은 상왕으로 물러난 뒤에도 보위를 찬탈당했다는 생각 때문에 우울한 나날을 보내고 있었다.

어린 상왕 부부에게 관심을 기울이는 사람들은 아무도 없었다. 송씨는 단종과 대궐 뜰을 거닐면서 그의 슬픔을 달래 주려고 애를 썼다. 하지만 단종은 비가 부슬부슬 내리는 한낮이나 눈이 사락사락 내리는 깊은 겨울밤이면 넋을 잃고 생각에 잠길 때가 많았다. 송씨는 그런 단종을 볼 때마다 가슴이 조각조각 찢어지는 것 같았다.

운명을 결정지은 사육신의 단종 복위 사건

✳

1456년(세조 2) 6월, 세조가 보위에 오른 지 1년 만에 성삼문, 박팽년 등이 성승, 유응부 등 무신들과 손을 잡고 단종 복위 운동을 일으켰다. 이들은 세조가 황보인과 김종서를 척살하는 계유정난을 일으켰을 때는 반발하지 않고 용인하여 정난공신에 책봉되기까지 했다. 황보인과 김종서 등 고명대신들이 전횡을 일삼는다는 수양대군의 주장에 어느 정도 공감하고 있었던 것이다. 그러나 수양대군이 영의정이 되어 나라의 대사를 휘두르고 단종을 위협하여 상왕으로 물러나게 하자 격렬하게 반발했다.

성삼문과 박팽년 등은 중국 사신을 환영하는 태평관 연회에서 운검(雲劍 : 임금을 호위할 때 별운검이 차던 칼)을 차고 있다가 세조와 세자, 한명회 등의 목을 베고 단종을 복위시킨다는 계획을 세웠다. 그러나 한명회가 장소가 협소하다는 이유로 운검을 폐지하자 성승과 유응부는 계획대로 거사를 하려고 했고 성삼문 등은 연기하자고 주장했다. 결국 성삼문 등의 주장대로 거사가 미뤄졌고 이에 발각될 것을 우려한 김질이 배신하여 세조에게 전말을 고했다.

세조는 즉시 성삼문 등을 잡아들여 가혹한 고문을 하기 시작했다. 사육신은 처절한 고문을 받은 뒤에 능지처참되었고 성승과 유응부도 목이 베어졌다. 복위 운동에 단종이 직접 관련되었다는 공초가 나오면서 그에게도 죽음의 그림자가 덮쳐 왔다.

좌승지 구치관에게 명하여 의금부에 가서 성삼문 등에게 물었다.
"상왕께서도 역시 너희들의 역모에 참여하여 알고 있는가?"
성삼문이 대답했다.
"알고 있다. 권자신이 그 어미에게 고하여 상왕께 알렸고, 뒤에 권자신, 윤영손 등이 여러 번 약속을 올리고 기일을 고하였으며, 그 날 아침에도 권자신이 먼저 창덕궁에 나아가니 상왕께서 긴 칼을 내려 주셨다."

구치관이 또 권자신에게 물으니, 권자신의 대답도 성삼문과 같았다.

실록에 의하면 성삼문 등이 단종이 직접 개입했다고 자백한 것으로 되어 있다. 강개한 충신이 어찌하여 이러한 자백을 했는지는 알 수 없으나 단종의 앞날도 예측할 수 없게 되고 말았다. 양녕대군 이제와 영의정 정인지는 단종의 죄를 물어야 한다고 주장했다. 그러나 수양대군은 시일을 끌었고 그 때 금성대군이 단종을 왕으로 복위시키려 한다는 소문이 돌았다.

처음에 세조는 윤허할 수 없다고 잘라 말했다. 그러자 종친들이 나서고 문무백관들이 다투어 상소를 올렸다. 세조는 상소를 윤허할 수 없다는 비답을 내리는 시늉을 했다.

신하들이 연일 상소를 올려 단종을 처벌해야 한다고 주장하자 정순왕후 송씨는 비통했다. 단종 복위 사건 때 권자신에게 칼을 하사했다는 공초가 나오고 금성대군이 단종을 추대하여 한양으로 진격할 것이라는 고변이 들어온 이상 살아날 수가 없었다. 세조는 마침내 단종을 노산군으로 강봉하여 영월로 유배를 보내라는 영을 내렸다. 송씨에게는 청천벽력과 같은 일이었다.

상왕을 노산군으로 강봉하고 궁에서 내보내 영월에 거주시키라. 의식을 후하게 봉공하고 목숨을 보존하여서 나라의 민심을 안정시키도록 하라.

실록에 있는 기록이다. 역모로 이름이 올라 유배를 가게 되면 다음 수순은 사약이다. 단종과 송씨는 양위한 일을 후회했다. 어차피 죽을 바에야 끝까지 싸우다가 죽어야 했다. 그러나 뒤늦은 후회는 소용이 없었다.

"전하께서 유배를 가시다니 어찌 이럴 수가 있습니까? 하늘이 용서치 않을 것입니다."

단종과 송씨가 있는 상왕전은 울음바다가 되었다. 단종 복위 운동이 일어났을 때부터 군사들이 빽빽하게 둘러싸고 감시를 받았던 상왕전이었다.

"내가 유배 가는 것은 견딜 수 있으나 내가 없는 대궐에서 중전이 어찌 지낼지 걱정이오."

단종은 목이 메어 울음조차 나오지 않았다. 그는 나이 어렸으나 자신의 부인을 보호하지 못한다는 사실이 더욱 가슴 아팠다.

"전하께서 유배를 가실 때 신첩도 데리고 가시옵소서."

송씨는 몸부림을 치면서 울었다. 17세와 18세의 어린 부부는 이별이 서러웠다.

"나는 중전을 데리고 갈 힘이 없소. 나를 따라가면 중전도 죽게 될 것이오."

단종이 울고 송씨도 울었다. 옆에서 시중들던 궁녀들도 울고 하늘도 슬펐는지 그 날따라 비가 주룩주룩 내렸다. 1457년(세조 3)의 일이었다.

송씨는 단종이 영월로 귀양을 가면 이 생에서 다시 만날 수 없을 것이라는 사실을 알고 있었다. 송씨는 단종의 유배 행렬이 대궐을 나서서 청계천에 이를 때까지 따라가며 눈물로 전송했다.

"이제 그만 돌아가오."

"전하, 신첩의 절을 받으소서."

단종과 송씨는 동대문 밖 청계천의 다리 위에서 헤어졌다. 이 다리는 단종과 송씨가 영영 이별했던 곳이라고 하여 영도교永渡橋, 즉 영영 건넌 다리라는 이름으로 불렸다. 단종은 500명에 이르는 군사들의 삼엄한 감시를 받으면서 송씨와 작별을 하고 영월로 향했다. 그의 영월행은 죽으러 가는 행렬이었다. 금성대군의 역모 혐의에 대한 조사가 마무리되지 않았기 때문에 조정에서는 그를 죽이라는 상소가 빗발치고 있었다.

금성대군 이유는 귀양지가 바뀌어 삭녕에서 순흥으로 내려오자 순흥부사 이보흠과 함께 만나기만 하면 강개하여 눈물을 흘렸다. 그는 산호珊瑚 갓끈을 이보흠에게 주고 거사를 꾀하였다. 비밀리에 남쪽 인사들과 결탁하여 단종을 복위시킬 계획을 하는데 하루는 이유가 좌우를 물리치고 이보흠을 불러서 격문의 초안을 쓰게 했다.

천자를 끼고 제후에게 명령하니 누가 감히 좇지 않으랴.

격문은 없어지고 이 한 구절만 남아 있다. 그들은 순흥의 군사와 모의에 참여한 자들을 집결시키고 단종을 순흥에 옮겨 모신 후 조령과 죽령의 두 길을 막고서 복위할 계책을 세웠다. 그 때 순흥 관아에서 급창(及唱 : 고을 원의 명을 큰 소리로 전달하는 일을 맡아 보던 사내 종)으로 있는 자가 벽장 속에 엿듣고는 그 격문을 훔쳐 가지고 서울로 올라갔다. 풍기현감 김효급은 그 말을 듣고 말을 서너 번이나 갈아타고 쫓아가 격문을 빼앗아서 먼저 고변했다. 조정은 발칵 뒤집히고 금부도사가 군사들을 이끌고 순흥으로 달려가 금성대군 이유를 체포하여 압송하기 시작했다.

금성대군 이유는 안동 옥에 갇혔는데 하루는 알몸으로 빠져나가서 간 곳을 알지 못하였다. 금부도사와 부사가 놀라고 두려워서 종을 울리고 사람을 동원하여 수색하였다. 한참 만에 이유가 밖에서 들어오면서 웃으며 말했다.

"너희들이 수가 많으나 만일 내가 도망한다면 추격하지 못할 것이다. 그러나 여러 사람이 죽는 것보다는 한 사람이 죽는 것이 편하다."

금성대군 이유는 자신 때문에 많은 사람들이 죽는 것을 바라지 않았다. 그는 의관을 정제하고 걸상에 걸터앉았다.

"전패(殿牌 : 임금을 상징하는 나무 패)에 절을 해야 합니다."

금부도사가 서쪽으로 향하여 절을 할 것을 요구했다.

"우리 임금은 영월에 계시다."

금성대군 이유는 북쪽을 향하여 통곡한 뒤에 사배하고 사약을 받고 죽었다.

단종의 비극적 운명과 민초들의 한

✹

단종은 영월의 청령포에 도착하자 송씨를 그리워하면서 울고 또 울었다. 태어나서 처음으로 대궐을 벗어나 머나먼 영월까지 온 단종은 송씨에 대한 그리움을 달랠 수가 없었다. 대궐에 혼자 남아 있는 송씨가 어찌 되었는지 알 수 없었다. 그에게 역모의 죄가 씌워졌으므로 그녀의 앞날이 순탄치 않을 것이라고 생각할 뿐이었다. 단종의 유배 생활은 한 없이 쓸쓸했다. 청령포는 남쪽을 제외한 사방이 강으로 막혀 있고 남쪽 마저 천길 벼랑이 솟아 있어서 한 번 들어가면 나오기 힘든 곳이었다. 감시를 하는 군사들 외에는 하루 종일 찾아오는 사람조차 없었다. 그러 나 청령포에 도착한 지 한 달도 되지 않아 홍수가 나서 청령포가 물에 잠기는 바람에 단종은 관풍헌으로 옮기게 되었다.

> 달 밝은 밤 자규새는 구슬피 우는데
> 시름겨워 자규루에 기대노라
> 네 울음 슬퍼 내 마음 괴롭구나
> 네 소리 없으면 이내 시름 없을 것을
> 이 세상 괴로운 사람에게 말하노니
> 부디 춘삼월에 자규루에 오르지 마오

단종이 영월의 관풍헌 자규루에 올라가 읊었다는 〈애가哀歌〉라는 시다. 시 한 구절 구절마다 자신의 신세를 한탄하는 마음이 피를 토하 듯이 녹아 있다. 그런데 이것이 끝이 아니었다. 단종은 유배된 지 3개월 이 지났을 때 송씨의 아버지인 송현수의 역모 사건이 일어났다.

"판돈녕 부사 송현수와 돈녕부 판관 권완이 반역을 도모합니다."

백성 김정수가 전 예문 제학 윤사윤에게 말하여 윤사윤이 이를 세 조에게 고했다. 그러나 송현수의 역모 사건은 실체가 없는 조작된 사건 이었다. 이 사건으로 인해 송현수는 교수형을 당했다.

노산군이 이를 듣고 또한 스스로 목매어서 졸卒하니 예로써 장사 지냈다.

《세조실록》은 단종이 목을 매어 자살했다고 기록했다. 그러나 《숙종실록》과 이자가 쓴 《음애일기陰崖日記》의 기록은 다르다

금부도사 왕방연이 사약을 받들고 영월에 이르러 감히 들어가지 못하고 머뭇거리고 있으니, 나장이 시각이 늦어지다고 발을 굴렀다. 도사가 하는 수 없이 들어가 뜰 가운데 엎드려 있으니, 단종이 익선관과 곤룡포를 갖추고 나와서 온 까닭을 물었으나 도사가 대답을 못하였다. 통인 하나가 항상 노산군을 모시고 있었는데 스스로 할 것을 자청하고 활줄에 긴 노끈을 이어서 앉은 자리 뒤의 창문으로 그 끈을 잡아당겼다. 그 때 단종의 나이 17세였다. 통인이 미처 문 밖으로 나오지 못하고 아홉 구멍에서 피가 흘러 즉사하였다.

《음애일기》에 의하면 단종은 수하로 거느리고 있던 통인에 의해 살해되었다. 단종을 살해한 통인이 문 밖으로 나오지도 못하고 죽었다고 하여 권력에 아첨하는 자에 분개하는 모습을 보여주고 있다.

단종이 죽자 시녀와 시종들이 다투어 영월의 동강에 몸을 던져 죽어서 둥둥 뜬 시체들이 강에 가득했다. 또한 갑자기 천둥 번개가 몰아치고 소낙비가 세차게 쏟아지기 시작했다. 지적에서도 사람과 물건을 분별할 수 없을 정도로 사방이 캄캄해지고 맹렬한 바람이 불어 나무를 쓰러뜨리고 검은 안개가 공중에 가득 깔려 밤이 지나도록 걷히지 않았다.

사기에 말하기를, "노산이 영월에서 금성군의 실패를 듣고 자진하였다" 하

였는데, 이것은 당시의 여우나 쥐 같은 놈들의 간악하고 아첨하는 붓장난이다. 후일에 실록을 편수한 자들이 모두 당시에 세조를 추종하던 자들이다.

이자는 《음애일기》에서 세조실록을 편찬한 사가들을 통렬하게 비판하고 있다. 단종의 죽음이 비통했기 때문인지 그의 죽음에 관한 많은 설화들이 영월 지역에 남아 있고 문인들도 이를 기록하여 후세에 전하고 있다.

노산이 해를 입자, 명하여 강물에 던졌는데 옥체가 둥둥 떠서 빙빙 돌아다니다가 다시 돌아오곤 하는데, 가냘프고 고운 열 손가락이 수면에 떠 있었다. 아전의 이름은 잊었으나 그 아전이 집에 노모를 위하여 만들어 두었던 관이 있어서 가만히 옥체를 거두어 염하여 장사 지냈는데 얼마 안 되어 소릉(昭陵 : 단종의 어머니 능)의 변이 있어 다시 파서 물에 던지라고 명령하였다. 아전이 차마 파지 못하고 파는 척하고 도로 묻었다.

《연려실기술》의 기록이다. 단종 사후에 사대부들은 입신양명하기에 바빴으나 민초들은 오히려 스스로 제물을 마련하여 제사를 지냈다. 집안에 길흉화복이 있어도 단종의 묘에 가서 제사를 지냈다. 《음애일기》를 보면 "정인지 같은 간적 놈들에게 핍박받아 우리 임금으로 하여금 제 명에 돌아가지 못하게 하였다"고 부녀자들마저 비판했다고 한다.

천만리 머나먼 길에 고운 님 여의옵고
내 마음 둘 데 없어 냇가에 앉았으니
저 물도 내 마음 같아서 울어 밤길 가는구나

왕방연은 단종을 죽게 하고 한양으로 돌아오다가 목이 메어 시조한 수를 지었다.

단종의 시신은 동강에 버려졌다. 실록에서조차 단종의 시신을 수습하는 과정이 여러 이야기로 나타나고 있으나 엄흥도가 수습했다는 설이 정설로 여겨진다.

엄흥도는 영월 호장이었는데 관을 지게에 지고 아들과 함께 한밤중에 시체를 수습하여 동을지산에 묻었다. 단종의 능이 보존되고 있는 것은 오로지 엄흥도의 공로다. 오랜 세월이 지나자 엄흥도의 후손들은 이 일로 인해 여러 차례 포상을 받았다.

죽은 지 240년이 지나서야 왕후로 추봉되다

❁

정순왕후 송씨는 폐서인이 되어 동대문 밖 낙산에 있는 여승들의 암자 정업원으로 쫓겨났다. 이 때 신숙주가 송씨를 자신의 노비로 달라고 세조에게 청을 올렸다가 거절당하는 일이 생겨 호사가들의 입에 오르내렸다. 신숙주는 이 일로 두고두고 사가들의 비난을 받아야 했다.

송씨는 정업원으로 내쫓긴 후 한동안 단종이 비명에 죽었다는 사실을 알지 못했다. 그녀는 하루도 거르지 않고 정업원 뒤의 야산 봉우리에 올라가 단종이 있는 영월 쪽을 바라보면서 그리움을 달랬다.《영조실록》에서는 이렇게 기록하고 있다.

임금이 정업원의 유지(遺址 : 예전에 건물 따위가 있었거나 사건이 일어나 역사적 자취가 남아 있는 자리)가 이곳에 있다는 것을 들었기 때문에 비석을 세우게 하였다. 비석이 완성되자 임금이 먼저 창덕궁에 나아가 선원전에 비석 세운 일을 직접 아뢰었다. 이어서 정업원 유지에 거둥하여 비각碑閣을 세우고 사배례를 행한 다음 말하였다.

"오르내리시는 정순왕후의 영령께서 오늘 반드시 이곳에 임하셨을 것이다."

그리고 친히 '동망봉東望峰' 세 글자를 쓰고 정업원과 마주하고 있는 봉우리 바위에 새기도록 명하였는데 곧 정순왕후가 올라가서 영월 쪽을 바라다보던 곳이다.

정업원에 세워진 구기비 세조는 단종의 왕위를 찬탈하여 죽였지만 민초들과 사가들은 그 비통함을 잊지 않았고 훗날 영조는 친히 구기비를 세워 정순왕후 송씨와 단종을 애도했다.

단종의 무덤은 처음에 영월의 길가에 버려져 있었으나 1681년 (숙종 7)에 노산대군으로 추봉되고 1698년 전 현감 신규의 상소에 의해 복위가 결정된 뒤에 장릉으로 옮겨졌다. 죽은 뒤 240년이 지나서야 단종이라는 이름을 얻게 된 것이다. 송씨 역시 이 때서야 정순왕후로 추봉되었다.

조선 역사에서 정순왕후 송씨처럼 비극적인 여인도 찾기 힘들다. 그녀는 불과 15세의 어린 나이에 임금의 부인인 왕후가 되었으나 3년 만인 18세에 남편과 헤어지는

정순왕후 송씨의 사릉 경기도 남양주군 진건읍에 있다. 단종만을 생각하며 평생을 보냈던 정순왕후 송씨는 단종의 누나 경혜공주의 시집인 해주 정씨 가문 묘역에 묻혔다. 이름도 생각한다는 뜻인 사릉思陵이다. 대군부인의 예로 장사 지낸 뒤 왕후로 추봉됐기 때문에 다른 왕릉에 비해 조촐하게 꾸며져 있다.

생이별을 당하고 초근목피로 연명하면서 살다가 82세에 영면했다.

서울시가 복원한 청계천에 있는 영도교는 그녀와 단종이 생이별을 했던 곳이다. 깨끗한 물이 흐르는 청계천을 걸으면서 단종과 정순왕후 송씨의 애타는 이별을 떠올리는 감회가 남다르다. 정순왕후 송씨가 죽을 때까지 영월 쪽을 바라보며 살았다는 동망봉은 풀 한포기 나무 한 그루까지 그녀의 그리움과 한이 서려 있는 듯하여 가슴을 저미게 한다.

후궁의 권력 아래 숨죽여야 했던
장렬왕후 조씨

왕후들은 왕비로 간택되는 순간부터 비극적인 운명이 시작되는 경우가 있다. 특히 왕이 왕후와 비슷한 나이가 아니고 월등하게 많을 때는 더욱 그렇다. 왕에게는 으레 전 왕후나 후궁들에게서 낳은 왕자나 공주들이 있기 마련이고 본인이 의도하든지 의도하지 않든지 치열한 궁중 암투에 휘말리게 된다. 여인네들끼리 총애를 다투는 일도 버거운 일이지만 당파 싸움이나 조정 대신들의 권력 투쟁에 휘말리게 되면 친정까지 멸문을 당하게 되어 평생을 눈물과 한을 씹으면서 살아야 한다.

왕후의 삶은 결코 영화로운 삶이 아니다. 조선시대 여인들의 삶이 일부다처제로 인하여 왜곡되어 있듯이 군왕들의 아내 또한 마찬가지였다. 왕후들은 간택이 되면 초혼이지만 왕들은 재혼, 삼혼이 많아 할아버지와 손녀딸, 아버지와 딸 같은 경우도 종종 있었다.

네가 왕자를 낳지 않았으면 좋겠구나

✿

장렬왕후莊烈王后 조씨가 인조와 혼례를 올릴 때 그녀는 15세였고 인조는 44세였다. 인조의 첫 번째 부인인 인열왕후 한씨는 죽었으나 인조에게는 총애하는 소용 조씨가 있었다. 조소용은 30대의 원숙한 나이인데다가 인조반정의 주역 김자점과 결탁하여 권세를 한 손에 쥐고 휘두르고 있었다. 장렬왕후 조씨의 친정아버지 조창원은 그녀가 인조의 계비로 간택되자 이렇게 말했다.

"국모의 자리는 삼가고 삼가야 하는 자리다. 이미 세자가 있으니 네가 왕자를 낳지 않았으면 좋겠구나."

조창원은 딸이 왕자들의 권력 투쟁에 휘말리지 않기를 간절하게 바랐다. 광해군과 영창대군의 대립으로 인해 반정이 일어나 왕이 된 인조였다. 전대의 비극이 딸에게 되풀이되지 않기를 조창원은 바란 것이다.

조창원은 1592년(선조 25) 임진왜란이 일어나자 10세의 나이로 아버지를 따라 종군한 뒤에 진사시에 입격하고, 후에 별좌와 의금부도사 등을 지냈다. 광해군의 난정이 심해지고 아버지 조존성이 옥사에 연루되어 화를 당하자 관직을 그만두고 시골로 내려가 아버지를 봉양했다. 인조반정 후 형조좌랑에 제수되었다가 직산현감으로 나가 민심을 다스리고 많은 치적을 올렸다. 이어 군자감정으로 승진되었다가 다시 여산군수에 제수되었으며 인천부사로 재직하고 있을 때 딸이 왕후로 간택되었다.

"덕으로 궁중을 다스리고 참고 또 참아야 한다. 명심하겠느냐?"

조창원은 딸이 왕비로 간택되자 기쁨과 안쓰러움이 교차하는 눈빛으로 조씨를 살폈다. 장렬왕후 조씨는 한나라의 국모로 뽑힐 정도로 절세의 미인이었다. 조창원에게는 어여쁜 딸을 국왕에게 시집보내는 것이 망망대해로 조각배를 태워 보내는 것처럼 위태롭게 생각되었다.

"명심하겠습니다."

조씨가 다소곳이 대답했다.

"대궐은 무서운 곳이다. 네가 살고 우리가 살기 위해서는 후궁들에게도 미움을 받아서는 안 된다."

조창원은 장차 국모가 되는 딸에게 당부하고 또 당부했다. 15세의 어린 소녀는 조창원이 왜 이런 당부를 하는지 이해할 수 없었다. 그녀는 아직도 부모의 사랑을 받으면서 자라야 할 어린 소녀에 지나지 않았다. 그러나 자신이 세상에 더없이 존귀한 신분이 되었다는 것과 한 남자의 아내가 된다는 사실을 희미하게 인식하고 있었다. 그녀는 지엄한 궁중과 역대 왕후들의 영고성쇠에 대한 이야기를 들으면서 왕의 신부가 될 준비를 했다.

1638년(인조 16) 12월 3일, 인조는 장렬왕후 조씨를 맞이하는 친영례를 행하고 동뢰연(同牢宴 : 신랑 신부가 술잔을 나누어 마시는 혼인 의식. 실제로는 첫날밤을 의미한다)을 거행했다. 15세의 조씨가 44세의 인조를 맞아 첫날밤을 보낸 것이다. 인조는 중년 남자였고 조씨는 어리디어린 소녀였다. 이렇게 첫날밤을 보낸 조씨는 이튿날 아침부터 내명부의 가장 높은 어른으로 군림하게 되었다. 내명부의 500명에 이르는 궁녀들과 150명에 이르는 내관들이 모두 그녀의 관할 하에 있었다. 궁 안의 권력이 급속하게 그녀에게로 쏠렸다. 그러나 한편에서는 인조의 총애를 받고 있는 물여우 같은 조소용이 안하무인으로 궁궐을 휩쓸고 있었

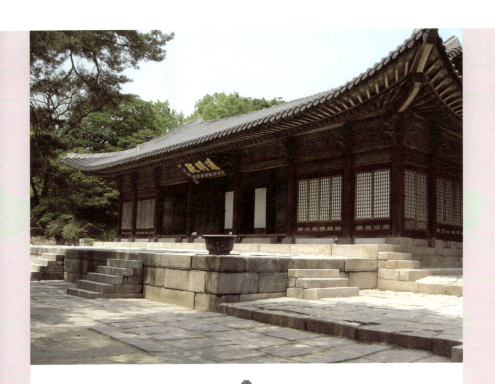

인조와 장렬왕후 조씨가 첫날밤을 치렀던 창경궁 통명전 창경궁 안에 있는 왕의 생활공간으로 연회 장소로도 사용했던 곳이다. 지금 있는 건물은 1834년 창경궁을 고쳐 세울 때 같이 지은 것이다. 앞면 7칸, 옆면 4칸이며 지붕은 팔작지붕으로 용마루가 없다. 처마를 받치기 위해 장식하여 만든 공포는 새 날개 모양으로 정결한 건물의 느낌을 살리고 있다.

다. 조씨는 친정아버지 조창원의 당부를 잊지 않았다.

"마마, 조소용을 그냥 두면 궁궐에 큰 화가 미칠 것입니다. 엄히 벌하소서."

늙은 상궁들이 장렬왕후 조씨에게 조소용을 처벌하라고 요구했다.

"조소용은 전하께서 총애하는 궁인이오. 내 어찌 그녀를 벌하여 전하의 근심을 만들겠소?"

장렬왕후 조씨는 오히려 조소용의 첩지를 올려 귀인으로 만들어 주었다.

궁녀들을 죽음으로 몰고 간 조귀인의 농간
❀

조귀인은 풋내기 어린 소녀인 장렬왕후 조씨를 모해하려다가 그녀가 첩지를 올려 주자 방향을 바꾸었다.

하루는 조귀인이 울면서 인조에게 이상궁이 여종 애향을 시켜 자신을 저주했다고 아뢰었다. 그러나 사실은 조귀인이 이상궁이 인조의 총애를 받을까봐 두려워하여 모함한 것이었다. 인조는 즉시 내수사에서 이상궁과 애향을 조사하라고 영을 내렸다. 결국 이상궁과 애향은 혹독한 고문을 당하여 죽고 말았다. 이에 삼사에서 일제히 아뢰었다.

삼가 의금부의 옥사에 관한 문안을 보건대, 애향 등이 계획을 꾸며 흉측한 짓을 행한 정황이 명백하여 의문이 없으니 천지간에 어찌 이와 같은 망극한 변이 있겠습니까? 애향 등은 다른 사람의 시중을 들고 명을 받는 사람인데 이미 형벌을 받았으니, 악의 괴수를 그대로 두고 논죄하지 않을 수 없습니다. 법대로 처단할 것을 명하소서.

삼사에서 궁녀 애향의 배후를 밝히라고 주장한 것은 사건을 조사하여 조귀인의 범행을 밝히려고 한 것이었다. 그러나 인조는 내명부의 일이라며 이상궁까지 처형하고 말았다. 이상궁은 인조의 승은까지 입었으나 조귀인의 모함으로 억울하게 죽음을 당한 것이다. 실록에서는 이렇게 기록하고 있다.

대궐 안에서 저주한 사건이 발각되어 임금이 궁녀 애향 등을 국문하라고 명하여 애향 등이 죄를 실토했다. 애향은 상궁 이씨의 여종이다. 조귀인이 총애를 독차지하자 상궁 이씨가 원망을 품고 애향 등으로 하여금 저주하게 한 것이다. 대개 조귀인을 해치려는 속셈이었다고 하는데, 사실은 조귀인이 스스로 저주하여 이씨를 모해한 것이라고도 한다.

장렬왕후 조씨는 내명부에서 가장 높은 왕후였으나 이에 관여하지 않았다. 그녀는 친정아버지 조창원의 당부대로 숨을 죽이고 지낼 뿐이었다. 인조의 총애를 받고 있는 조귀인을 건드리면 오히려 죽음을 당하기 때문이었다. 그녀는 스물한 살이 되었으나 궁중의 암투를 다스릴 수가 없었고, 구중궁궐에서 인조가 침전을 찾아 주기를 간절히 바라면서 세월을 보냈다. 그러나 인조는 좀처럼 왕후의 침전인 중궁전으로 걸음을 하지 않았다. 중궁전은 밤이나 낮이나 적막할 뿐이었다.

'전하께서는 언제나 나를 찾아오실까?'

장렬왕후 조씨는 매일같이 단장을 하고 인조를 기다렸다. 인조에게는 여러 명의 여자들이 있었으나 그녀에게는 인조가 유일한 남자였다.

벌이 찾지 않아도 꽃은 저절로 피어난다. 장렬왕후 조씨는 20세가 넘으면서 꽃처럼 피어나기 시작했다. 장렬왕후 조씨의 용모가 나날이 아름다워지기 시작하자 조귀인은 위기감을 느꼈고 인조가 중궁전을 찾을까봐 모함했다.

"중전은 중풍을 앓고 있습니다."

"중전이 그런 병이 있는 줄은 내 몰랐구나."

인조는 조귀인이 모함을 하자 더욱 발걸음을 하지 않았다.

'조귀인이 어찌 그런 모함을 한다는 말인가?'

장렬왕후 조씨는 하늘이 무너지는 것 같은 절망감을 느꼈다. 그러나 조귀인을 결코 벌하지 않았고 낯빛 한 번 흐리지 않았다. 인조마저 그녀의 어진 성품을 보고 감탄했는데 그녀가 죽은 뒤 쓰여진 지문(誌文 : 죽은 사람의 이름과 행적 따위를 기록한 글)에 상세하게 기록되어 있다.

장렬왕후 조씨는 겨우 두어 살 때에 성품이 보통 사람과 다르고 말이 적었으며 동무들과 희롱하며 놀 때는 반드시 높은 곳에 앉았는데 동무들도 떠받들었다. 차분하고 조용하여 욕심이 없었으므로 어른이 주는 것이 아니면 비록 하찮은 먹을 것이라도 일찍이 스스로 청하는 일이 없었다. 어머니 최씨가 일찍이 예쁜 옷을 지어 입혔는데 그 하는 짓을 보려고 옆에 있던 언니를 가리키며 물었다.

"언니가 네 옷을 입고 싶어 하는데 벗어 줄 수 있느냐?"

최씨의 말에 어린 장렬왕후는 천진하게 웃으면서 벗어 주었는데 조금도 아까워하는 빛이 없었다.

"언니에게도 옷이 잘 맞는구나. 이제 벗어라. 네 동생 옷이다."

최씨가 언니에게 옷을 벗어서 동생에게 주라고 말했다. 그러자 장렬왕후가 정색을 하고 말했다.

"이미 주었던 것을 어찌 차마 다시 가지겠습니까?"

최씨는 장렬왕후를 유난히 사랑하여 아름다운 구슬이 생기자 그녀에게만 주었다.

"부모가 주신 것을 어찌 혼자서 독차지 하겠어요?"

장렬왕후는 아름다운 구슬을 언니에게도 나누어 주었다. …… 이렇듯 동기간에 우애가 돈독하여 여러 사촌 자매에게까지 미치니, 친척들 간에서도 칭찬하고 감탄하지 않은 이가 없었다. 어려서부터 남을 해치려는 생각을 끊고 어질고 사랑하는 마음을 간직하여, 만약 추위에 떨고 굶주리는 사람을 보면 안타깝게 여기는 것이 얼굴에 나타나서 반드시 구휼하려고 생각했다. 은혜로 종들을 거느리니, 화기和氣가 가득 차 사람들이 모두 감복하고 떠받들었다. 이 때문에 조창원이 항상 기특하게 여기고 사랑했다.

장렬왕후 조씨는 이 정도로 성품이 어질고 온순했다. 결코 조귀인과 투기를 다툴 만한 여인이 아니었던 것이다.

아들을 의심했던 비정한 부왕, 인조

❋

1645년(인조 24) 병자호란 이후 심양에 인질로 끌려가 있던 소현세자가 돌아왔다. 소현세자가 돌아오면서 대궐과 조정에는 미묘한 공기가 감돌았다. 삼전도의 치욕을 겪은 조선은 청나라에 대해 절치부심하고 있었다. 청나라에 항복을 했으나 주전파가 조정에서 득세하고 있었다. 비록 인질이었으나 청나라에서 오랫동안 지낸 소현세자는 조선의 북벌 정책이 위험하고 현실성이 없다고 보았다. 그는 청나라에 있을 때 조정에 서한을 보내면서 조선이 청국과 전쟁을 하려는 것은 잘못된 것이라고 주장하여 청나라에 이를 갈고 있던 조정에 찬물을 끼얹었다. 인조는 소현세자가 오랑캐가 되었다고 비난했다.

사실 인조가 소현세자를 비난했던 이유는 그가 8년 동안 인질 생활을 하면서 청 조정과 밀접한 관계를 맺고 있어서 왕위를 빼앗길지도 모른다는 위기감 때문이었다. 김자점과 대립하던 심기원의 역모 사건에서 소현세자를 옹립하고 인조를 퇴위시키려 했다는 고변이 나오자 인조의 의심은 더욱 커졌다.

소현세자는 귀국한 지 두 달 만에 학질에 걸려 누웠다. 어의 이형익이 치료를 했으나 사흘 만에 숨지고 말았다.

소현세자의 졸곡제(卒哭祭 : 죽은 지 약 3개월 후에 지내는 제사)를 행했다. 세자가 심양에 있을 때 집을 지어 붉은색 흙을 발라 단장하고, 포로로 잡혀간 조선 사람들을 모아 둔전을 경작하여 곡식을 쌓아 두고는 진기한 물품과 무역하느라 관소(館所)의 문이 마치 시장 같았다. 임금이 그 사실을 듣고 불편하게 여겼다. 그런데 임금의 후궁 조귀인은 전일부터 세자, 세자빈과 서로 좋지 않았던 터라 밤낮으로 임금 앞에서 참소하여 세자 부부에게 죄를 뒤집어씌웠다. 그리하여 저주를 했다느니, 대역부도의 행위를 했다느니 하는 말로 빈궁을 모함했다. 세자는 본국에 돌아온 지 얼마 안 되어 병을 얻었고 병이 난 지 수 일 만에 죽었는데, 온 몸이 전부 검은 빛이었고 이목구비의 일곱 구멍에서는 모두 선혈이 흘러나왔다. 검은 멱목(幎目 : 시체의 얼굴을 싸매는 헝겊)으로 그 얼굴 반쪽만 덮어 놓았으나, 곁에 있는 사람도 그 얼굴빛을 분변할 수 없어서 마치 약물에 중독되어 죽은 사람과 같았다. 그런데 바깥 사람들 중에는 이 사실을 아는 자가 없었고 임금도 알지 못했다.

《인조실록》의 기록으로 인조의 소현세자 독살설이 제기된 배경이다. 하지만 진실은 알 수가 없다. 학자들은 독살설은 제기하면서 "바깥 사람들은 아는 자가 없었고 임금도 알지 못했다"라는 부분은 무시하고 있다. 이 기록이 사실이라면 소현세자의 독살은 인조에 의해 이루어진 것이 아니라 조귀인에 의해 이루어진 것이다. 《연려실기술》의 기록은 조금 다르다. 여기에서는 인조가 김자점과 대화를 하면서 소현세자를 의심하고 있었던 정황이 드러나고 있다.

인조가 김자점, 구인후, 홍진도를 불러들여 누누이 전교했다.

"강씨가 젊었을 때에는 별로 불순한 일이 없더니 심양에서 나온 뒤로부터 인사가 판이하게 달라졌다. 돌아와서부터는 양양자득(揚揚自得 : 뜻을 이루어 뽐내며 거들먹거림)한 기상이 점점 더하였다. 지난 가을에 여종 몇 사람이 죄로 인해 내쫓기자 나의 거처 가까이에 와서 큰 소리로 발악하고 심지어 통곡까지 하였다. 그러더니 그 날 밤부터 문안하지 않는 것뿐만 아니라, 사람을 시켜 문안하는 것마저 전폐해 버렸다. 어버이에게 대해서 분한 마음을 품는 것이 이렇듯 해괴할 수가 있단 말이냐? 그가 심양에서 올 때에 금과 비단을 많이 가져온 것은 여러 신하들도 모두 아는 바인데, 이것을 흩어 준다면 무슨 일을 하지 못하겠는가?"

인조는 강씨가 심양에서 비단을 많이 가져온 것이 역모를 꾸미기 위한 것이라고 의심했다. 하지만 세자빈 강씨가 인조에게 문안을 드리지 않은 것은 조귀인의 방해로 인한 것이었다.

"예전에 청에서 사신이 왔을 때에 그가 세자를 귀국시키기를 청하자고 말을 꺼내니 전하께서 신을 부르시고 동궁을 귀국시키자는 데에 흉한 계교가 있는 것이 아니냐고 물으셨습니다. 그래서 신이 답하기를, '청국이 만일 흉한 계교가 있다면 저들이 무엇을 꺼려서 일을 꾸미지 않고 세자를 귀국시키려 하겠습니까?' 하였습니다."

김자점이 아뢰었다. 김자점의 말에는 자신의 아들을 의심하는 인조의 속마음이 자세히 드러나고 있다.

"그렇다. 과연 그런 일이 있었다."

"전하께서 '청국의 모든 일은 음흉하고 비밀이 있으니 어찌 측량하리오?' 하였습니다. 신이 심양에 갈 때에 이 일에 대해 다시 말씀드렸더니 전하께서 이르시기를, '경이 모름지기 그 실정을 자세히 살펴서 만일 흉한 계교가 아니거든 세자를 귀국시키기를 청함이 옳을 것이다. 그러나 만일 그렇지 않거든 안면을 보지 않는 것이 옳다' 하셨습니다."

인조는 소현세자의 귀국이 불안하여 얼굴을 보지 않는 것이 낫다고 말한 것이다.

"신이 이 명을 받은 뒤로 비로소 전날의 대답이 잘못된 것임을 깨달았습니다. 또한 소현세자가 귀국할 때에 일이 편하지 못한 것이 많았으며 심지어 고갯길로 말을 달리기도 하므로 신은 생각하기를 세자의 행동이 이러할 수가 없다 하였습니다. 세자가 그곳에 있을 때나 혹은 나가서 사냥을 할 때에 시강원에서 장계를 올리면 강씨가 반드시 들여다가 보고 가필하기도 하고 삭제하기도 했으니 어찌 부인이 바깥일을 간여함이 이와 같을 수 있습니까? 이제 이 한 과부가 종사에 죄를 범하여 그 악이 분명히 드러났으니 전하께서 처리하실 일이지 신이 감히 의논할 것이 아니옵니다. 전하의 음식에 독을 넣은 일에 대해서는 지금까지 단서가 없사온데 두세 가지 죄목이 심히 중하오니 당초에 여러 신하가 의금부에 알려 극형을 쓸까 염려했던 것이옵니다."

김자점은 인조의 뜻에 맞춰 소현세자와 강빈을 역적이라고 말하고 있는 것이다.

하지만 이 대화는 소현세자가 죽은 뒤 강빈을 역적으로 몰 때 이루어진 것으로 인조가 소현세자를 독살했다는 주장을 뒷받침하기에는 부족한 측면이 있다.

소현세자가 갑자기 죽자 조정에서는 후사를 삼는 일이 쟁점으로 떠올랐다. 이 대목에서 귀인 조씨가 벌인 활동은 눈부신 것이었다. 그녀는 세자빈 강씨와의 사이가 나빠 원손이 세손이 되는 것을 극력 반대했다. 그리고 결국 많은 대신들이 반대를 했음에도 불구하고 원손 대신 인조의 둘째 아들 봉림대군이 세자로 책봉되었다. 세자빈 강씨는 소현세자가 돌연한 죽음을 맞고 원손이 세손으로 책봉되지 못하자 억울하기 그지없었다.

소현세자의 죽음으로 대궐이 어수선했으나 장렬왕후 조씨는 여전히 숨을 죽이고 있었다. 인조는 몸이 아픈데도 소현세자의 빈소를 찾아가 곡을 했다. 장렬왕후 조씨도 소현세자의 빈소를 찾았다. 소현세자가 오랫동안 심양에 볼모로 잡혀 있었기 때문에 그의 얼굴을 본 것은 불과 두 달밖에 지나지 않았다. 그러나 그의 죽음은 장렬왕후 조씨에게 많은 것을 생각하게 했다.

강빈, 독살의 주모자로 몰려 사사당하다

❊

장렬왕후 조씨는 세자빈 강씨를 위로해 주고 싶었다. 그녀가 인조와 조 귀인에게 반항할수록 죽음을 재촉하는 것이었다. 그러나 조귀인이 눈 을 시퍼렇게 뜨고 지켜보고 있어서 그녀를 도울 수가 없었다. 장렬왕후 조씨의 처지도 썩 좋은 편이 아니었다. 조귀인의 농간으로 인조는 장렬 왕후 조씨를 홀대했다. 인조의 홀대로 아이를 낳지 못하자 그녀는 병이 들기까지 했다.

소현세자가 독살되었다는 풍문이 나돌자 세자빈 강씨는 피눈물을 흘렸다. 소현세자가 독살되었다는 증거를 찾을 수 없는데도 그녀는 조 귀인을 맹렬하게 비난했다. 그러자 인조는 대노하여 강빈에게 금족령 을 내리고 다른 전각의 궁녀들이 내왕하는 것조차 엄금했다.

"누구라도 강빈과 말을 해서는 안 된다. 강빈과 말을 하는 자는 엄 벌에 처할 것이다."

세자빈 강씨는 억울한 지경에 빠져 있었으나 장렬왕후 조씨는 그녀 를 도울 수 없었다. 조귀인의 위세가 막강했기 때문에 그녀의 뜻을 거 스르고는 궁중에서 살아남을 수 없었다.

조귀인은 강씨의 목숨을 끊어야 자신이 안전할 수 있다는 것을 알 고 있었다. 소현세자가 죽은 지 1년 후 그녀는 다시 음모를 꾸미기 시 작했다. 이 때 인조가 먹으려고 하는 전복구이에서 독이 발견되었다. 인조가 삼정승과 육조 판서를 불러 청천벽력 같은 비망기를 내렸다. 1646년(인조 24년) 2월 3일의 일이었다.

"강빈이 심양에 있을 때에 비밀히 왕후의 자리를 바꿀 것을 도모하여, 붉은 비단으로 왕후의 옷을 미리 만들고 내전이라는 칭호를 버젓이 일컬었다. 지난해 가을 무렵에는 내 거처 가까운 곳에 와서 큰 소리로 발악하고 하인의 문안하는 것까지도 여러 날을 폐했다. 이러니 무슨 일을 못하겠는가? 이렇듯 현저하게 악한 일로써 그의 마음을 미루어 헤아려 본다면 흉한 것을 묻고 독약을 넣은 것도 모두 다른 사람의 짓이 아닐 것이다. 임금을 해치고자 한 자는 하루라도 천지 사이에서 숨을 쉬게 할 수 없다. 의금부에 명하여 처리하게 하라."

그 날 빈청에 모인 영의정 김류, 우의정 이경석, 전직 대신 최명길, 이경여, 병조판서 구인후, 이조판서 남이웅, 예조판서 김육, 공조판서 이시백, 판윤 민성휘 등은 경악했다.

"붉은 비단의 일은 부인의 성품에 비단이 탐이 나 그런 것입니다. 시역이야말로 이를 데 없이 큰 죄인데 짐작으로 단정 지을 수 없습니다."

영의정 김류가 강빈이 인조를 독살하려고 했다는 인조의 비망기를 믿을 수 없다고 주장하고 대신들도 일제히 반대했다. 인조는 대노하여 빨리 법대로 처리하라고 대신들을 다그쳤다. 영의정을 비롯하여 대신들이 모두 인조의 영을 따를 수 없다고 대궐 밖으로 나갔다.

"그제 빈청에서 나간 행동은 해괴하고 이상할 뿐이니 그 폐단을 그냥 둘 수는 없다. 이에 그 반열의 우두머리인 이경여는 우선 관작을 삭탈해서 문 밖으로 내쫓으라."

인조가 승정원에 영을 내렸다.

"그렇게 벌을 줄 만한 죄가 아닌데 삭탈관직하는 것은 지나친 처사이옵니다. 대신을 공경하는 도리에 흠이 될까 합니다."

승정원에서 반대했다.

"이 처사는 조그만 허물을 예방해서 점점 커질 염려를 막는 것이다."

인조는 이경여를 삭탈관직하고 유배를 보냈다.

"신이 이미 김류와 함께 먼저 아뢰었었고, 또 이경여와 함께 뒤에 나갔으므로 그 죄가 서로 같으니 이치상 죄를 면하기 어렵습니다."

우의정 이경석이 아뢰었다. 대신들과 삼사도 강빈의 처벌을 반대하고 이경여와 이경석을 지지했다.

"이경여와 이경석은 내가 일찍이 접대를 매우 후하게 했는데 어찌 나를 저버림이 이에 미치는가!"

인조는 더욱 분노하여 좌우포도대장과 병조판서에게 영을 내려 군사를 동원하여 도성을 삼엄하게 에워싸고 김자점에게 대궐에서 숙직할 것을 지시했다. 이에 대신들은 크게 놀랐다. 인조가 좌우포도대장과 병조판서에게 군사를 동원하게 한 것은 여차하면 대신들을 죽이겠다는 위협이었다. 대신들은 공포에 떨면서도 강빈을 죽이려는 인조에게 저항했다. 인조는 강빈의 궁녀들을 가혹하게 고문하기 시작했다. 대신들과 삼사의 간원들이 인조의 처사에 불만을 품고 줄줄이 사퇴했다.

궁인 정렬, 계일, 애향, 난옥, 향이, 천이, 일녀, 해미 등을 내사옥에 하옥하고 내시들에게 국문하게 했는데 자복하지 않았다. 처음에 임금이 세자빈 강씨를 미워해 오다가 드디어 여러 강씨를 귀양 보내니 안팎이 의아하게 생각했다. 이에 이르러 임금이 전복구이를 드시다가 독이 있자, 강빈을 의심하여 그 궁인과 어주나인(御廚內人 : 수라간 궁녀)을 하옥시켜 심문한 것이다.

정렬 등 다섯 사람은 강빈의 나인이고 천이 등 세 사람은 어주의 나인이다.

드디어 후원의 별당에 강빈을 유치시켜 놓고 그 문에 구멍을 뚫어 음식과 물을 넣어 주게 하여 시녀는 한 사람도 따라 가지 못하게 했다. 이에 세자 봉림대군이 아뢰었다.

"강씨가 비록 불측한 죄를 짊어졌다 하더라도 간호하는 사람이 있어야 할 것입니다. 더구나 지금 죄 지은 흔적이 분명하지도 않은데 성급하게 이런 조치를 내리고 한 사람도 따라가지 못하게 한단 말입니까?"

이에 임금이 시녀 한 명을 따라가게 하도록 허락했다. 대개 이 때에 강빈이 죄를 얻은 지 이미 오래 되었으므로 조귀인이 더욱 참소를 자행했다. 임금이 궁중의 사람들에게 "감히 강씨와 말하는 자는 죄를 주겠다"고 경계했기 때문에 두 궁의 왕래가 끊겼으므로 임금의 음식에 독을 넣는 것은 형세상 할 수 없는 일이다. 그런데도 임금이 이와 같이 생각하므로 사람들이 다 조씨가 모함한 데서 연유한 것으로 의심했다.

《인조실록》의 기록이다. 강빈의 옥사는 수많은 대신들이 반대하는데도 국문이 계속되어 궁녀들은 혹독한 고문을 당하면서 죽어 갔다. 강빈의 오라버니인 강문성과 강문명도 체포되어 곤장을 맞다가 죽었다. 강빈의 옥사를 반대하는 대신들은 파직되거나 유배를 갔다. 소현세자빈 강씨는 마침내 폐출되어 옛날의 집에서 사사되었다. 의금부 도사 오이규가 덮개가 있는 검은 가마로 강씨를 싣고 선인문을 나가자 길 옆에서 사람들이 담장처럼 빽빽하게 둘러서서 혀를 차면서 슬퍼했다.

소현세자는 독살을 당하고 강빈은 억울하게 사약을 받고 죽었다. 사약을 독약이라고 본다면 두 부부가 모두 독살을 당해 죽은 것이다. 소현세자 부부의 죽음은 인조의 의심이 결정적인 원인이었다. 그는 소현세자 부부가 청나라를 등에 업고 자신을 폐출시킬까봐 불안에 떨다가 자식을 죽게 만들었다. 소현세자의 세 아들은 제주도로 유배를 가게 되었다. 그러나 유배를 간 지 얼마 되지 않아 12세의 큰아들이 죽어 많은 사람들을 가슴 아프게 했다. 그로부터 몇 달 지나지 않아 이번에는 8세의 둘째 아들 석린이 죽었다. 소현세자와 그의 부인, 거기다가 두 아들까지 고혼이 되는 비극이 벌어졌던 것이다. 인조는 불같이 화를 내며 궁녀 옥진, 애영, 이생을 잡아다가 문초했다.

"두 아이가 죽은 것은 토질 탓이지 보양을 극진히 하지 않은 탓이 아닙니다."

옥진은 억울하다면서 하소연을 했으나 매를 맞다가 죽었다. 인조는 제주도에 유배되어 있는 소현세자의 막내아들 석견을 한양으로 데리고 올라오게 했다.

'전하께서 의심을 하셨는데 조귀인이 불을 지른 것이다.'

장렬왕후 조씨는 한 나라의 왕비였으나 며느리를 위해 해 줄 수 있는 일이 아무것도 없었다.

조귀인의 몰락과 불붙는 예송 논쟁

❁

장렬왕후 조씨는 세자가 된 봉림대군이 문안을 드리러 오자 조귀인의 죄를 다스려야 한다고 말했다. 모든 것을 조용히 지켜보면서 인내하고 있었으나 이제는 더 이상 좌시해서는 안 된다고 생각했다.

"세자, 세자는 그들이 억울하다는 것을 알고 있지 않습니까? 이는 궁중의 암투에서 비롯된 것입니다."

"모후께서는 모른 체하십시오."

봉림대군이 조용히 아뢰었다.

"세자빈과 어린아이들이 불쌍하지 않습니까? 이는 궁중에 간사한 궁액(宮掖 : 각 궁에 속한 하인)이 있기 때문입니다."

궁액은 조귀인을 말하는 것이다.

"아닙니다. 이는 부왕의 마음속에 그들을 단죄하려는 마음이 있기 때문입니다. 부왕을 건드려서는 안 됩니다."

"살아 있는 것이 살아 있다고 할 수가 없습니다."

"모후께서는 항상 저를 보호해 주셨습니다. 소자는 결코 그 은혜를 잊지 않을 것입니다."

한때 조귀인의 마수가 봉림대군에게까지 뻗쳤으나 장렬왕후 조씨가 막아 주었던 것이다. 봉림대군은 장렬왕후 조씨의 인품을 누구보다 잘 알고 있었다.

자신의 아들과 며느리, 손자까지 비참한 죽음으로 몰아넣은 인조는 이로부터 3년 후인 1649년(인조 27) 5월에 운명했다.

세자 봉림대군이 보위에 올라 효종이 되자 조귀인의 시대는 막을 내렸다. 김자점의 역모 사건이 일어나면서 조귀인이 사사되었던 것이다. 김자점은 인조반정을 일으켜 공신이 되었을 때 조귀인을 양딸로 삼고 인조에게 후궁으로 바쳐 누구보다도 많은 권세를 누렸다. 그러나 인조가 죽자 권세를 잃을 것을 두려워한 김자점은 조귀인의 아들 숭선군을 옹립하려는 역모를 꾸미다가 발각되었다.

'이렇게 죽을 것을 어찌 그렇게 모질게 사람들을 죽였다는 말인가?'

조귀인으로 인해 항상 불안하게 살아야 했던 장렬왕후 조씨는 그녀

인조의 무덤인 장릉 경기도 파주시 탄현면에 있다. 반정으로 왕위에 올랐던 인조는 아들을 의심하여 죽음으로 내몰았던 비정한 부왕이었다. 원래는 파주 북운천리에 안장되었으나 1731년 영조의 명으로 지금의 자리로 옮겼다.

가 사사되자 허망하여 눈물을 흘렸다. 장렬왕후 조씨는 비로소 안정된 생활을 할 수 있었으나 남편조차 없는 그녀의 삶은 쓸쓸하기만 했다. 그녀는 효종에 이어 현종, 숙종까지 3대의 대비로서 조용하고 고적한 삶을 살다가 65세를 일기로 한 많은 생을 접었다.

한편 역사의 소용돌이는 노년을 맞은 후에도 그녀를 그냥 내버려두지 않았다. 북벌 정책을 강력하게 추진하던 효종이 재위 10년 만에 승하하자 그녀의 복상 문제가 대두되어 1차 예송 논쟁이 벌어졌다.

왕이 죽었기 때문에 장렬왕후 조씨가 상복을 입어야 했는데 서인의 거두 송시열은 1년을, 남인의 영수 허목은 3년 동안을 입어야 한다고 주장하여 팽팽하게 맞섰다.

결국 송시열의 기년설이 채택되어 1차 예송 논쟁은 막을 내렸다. 1674년에는 효종의 부인인 인선왕후가 죽자 남인들은 기년설을 주장하고 서인들은 대공설(9개월)을 주장했다. 이 때는 남인이 예송 논쟁에서 승리하여 송시열이 귀양을 갔다가 사사되는 등 그녀의 복상 문제가 또 다시 온 나라를 뒤흔들었다.

당쟁에 희생당한 가련한 여인
선의왕후 어씨

선의왕후宣懿王后 어씨는 조선의 제20대 국왕 경종의 계비로 성불능자
인 남편을 모시고 불행하게 살았던 여인이다. 경종은 희빈 장씨의 소생
이었다. 야사에는 장씨가 사약을 받고 죽을 때 경종의 사타구니를 잡아
당겼기 때문에 성불능자가 되었다고 하지만 신빙성은 없다. 그가 어떠
한 이유로 성불능자가 되었는지는 알 수 없으나 세제 책봉 주청사로 간
부사 윤양래와 유척기가 청나라에 올린 자문(咨文 : 외교 문서)에서까지
그 사실을 언급하여 조정이 발칵 뒤집혔다.

　　사신의 임무를 받은 자가 사리에 근거하여 진주하는 것은 당연한 것인데
　지난 번 자문을 찬술한 사람은 감히 '위약痿弱'이란 두 글자를 제멋대로 성
　궁(聖躬 : 임금)에 더했으며, 그 나라 사람들과 문답하는 즈음에 이르러서

240

는 '위질(痿疾 : 음위증이라 하여 성불능자를 일컫는 말)'이란 말을 다시 되
풀이했습니다.

양사에서 윤양래와 유척기를 귀양 보내라는 청을 올린 상소이다.

부부생활을 할 수 없는 남편과 살아야 하는 여인이 행복하기는 힘
들다. 경종이 37세로 승하할 때, 선의왕후 어씨는 불과 20세였으며 그
날 이후 26세로 별세할 때까지 적막한 궁중 생활을 해야 했다.

장희빈이 남긴 불행의 씨앗
❋

어씨는 1705년(숙종 31) 10월 명륜동에서 어유구의 딸로 태어났다. 어
유구는 노론계 인물로 1707년 별시 문과에 등과하여 정언, 사서, 지평
등 삼사의 청직을 두루 역임했다. 그는 당색도 약하고 가문도 크게 알
려지지 않았었다. 그의 딸 어씨가 14세가 되었을 때 세자였던 경종의
부인 단의왕후 심씨(세자빈이었으나 경종이 보위에 오르자 추봉되었다)가
죽자 불과 6개월 만에 간택령이 내리고 어씨가 세자빈으로 뽑혀 부원
군이 되었다. 그는 딸이 세자빈으로 간택되었을 때 정쟁의 한가운데에
버려질 것이라는 사실을 예감했다. 그의 당파는 노론이었으나 노론은
연잉군 금(昑 : 훗날의 영조)을 지지하고 있었고 남인은 세자 윤(昀 : 훗날
의 경종)을 지지하고 있었다. 그러나 남인이 몰락한 상태여서 세자의 위
치가 불안한 상태였다. 세자는 병약하고 소심하여 언제 죽을지도 알 수
없었다.

세자 윤은 단의왕후 심씨의 죽음을 안타까워하면서 행실문을 직접 썼다. 세자 윤으로서는 성불능자인 자신의 아내로 살다가 젊은 나이에 죽은 심씨가 안타까웠을 것이다. 이 때 세자 윤은 31세로 소생이 없었기 때문에 아버지 숙종은 서둘러 세자빈을 간택했다.

왕은 말하노라. 내가 생각하건대 국가의 근본은 오직 세자에게 달려 있는데, 좌우에서 돕고 협력하여 왕화(王化 : 임금의 덕행으로 감화하게 함)의 기초를 닦는 일은 어진 배필에게 달려 있다. 이에 이름난 집안을 낱낱이 가리고 현숙한 이를 얻어 우리 세자의 짝을 지어 주어 함께 종사를 돕게 할 것을 생각했다. 아! 그대 어씨는 선대로부터 알려진 인물이 있어 여러 대에 걸쳐 덕을 쌓고 상서로움을 기르며 복을 품었으니 이에 뛰어난 미녀를 두어 내가 밤낮으로 구하던 마음에 부응했다.

숙종이 어씨를 경종의 세자빈으로 책봉하면서 내린 교명이다. 교명에 그 아름다움을 언급할 정도로 어씨는 미모가 출중했다. 그러나 경종이 성불능자라는 소문이 파다했기 때문에 어유구는 딸이 세자빈으로 간택됐어도 즐겁지가 않았다. 게다가 당쟁도 날이 갈수록 치열해지고 있었다.

경종의 어머니 희빈 장씨는 남인 계열이었다. 희빈 장씨의 생모가 남인 조사석의 정부였고 장씨의 오라버니 장희재도 이런 연고로 남인 정권에서 포도대장을 역임하면서 무소불위의 권력을 휘둘렀다. 반면에 노론계인 어유구의 딸이 세자빈이 되는 것은 연잉군을 지지하는 노론의 입장과 배치되는 것이었다. 그러나 단의왕후 심씨가 경종과 22년 동안 부부 생활을 하다가 죽었기 때문에 새로운 세자빈을 들이지 않을 수 없었고 노론도 이에 응하여 어유구의 딸을 간택하게 한 것이다.

경종은 태어나서 3개월 만에 원자가 되고 3세 때에 세자로 책봉되었다. 서인의 영수격인 송시열은 경종을 원자로 정하는 것을 시기상조라며 반대하다가 귀양을 가기까지 했다.

경종은 성불능자였기 때문에 죽을 때까지 후사가 없었다. 세자일 때 후사가 없으면 당연히 후궁을 들이게 된다. 그러나 실록 어디에도 경종을 위하여 세자의 후궁인 소훈, 승휘, 양제 등을 들였다는 기록이 없다. 아마도 숙종이나 당시 권력을 쥐고 있던 노론이 이미 세자가 성불능자라는 사실을 알고 있었기 때문으로 추측된다. 숙종은 경종이 성불능자라는 사실을 알고 있으면서도 폐세자를 시키지 않았다. 폐세자를 시키려고 해도 희빈 장씨를 죽인 일이 마음에 걸렸을 것이다.

'어미가 그렇게 죽었거늘, 어찌 자식마저 후손을 생산하지 못한다는 말인가?'

숙종은 세자인 경종을 볼 때마다 측은했다. 정상적인 자식보다 비정상적인 자식에게 더욱 마음이 가는 것이 부모다. 숙종도 정상적이지 않은 아들 경종이 항상 애틋했다. 그러면서도 숙종은 경종에게 드러내놓고 애착을 보이지는 않았다. 경종이 세자 시절 후사가 없어서 대신들이 걱정을 하고 세자에게 보약을 먹여야 한다는 진언을 올렸다. 숙종은 대신들이 간곡하게 권하므로 자신도 세자에게 몇 차례 권고했으나 듣지 않았다고 하면서 세자를 타이르겠다고 말했다. 그러나 세자에게 보약을 먹으라고 권하는 기록이 실록에 없는 것을 보면 실행에 옮기지는 않았던 듯하다. 어쩌면 왕으로서 항상 병치레를 하고 있는 세자보다는 숙빈 최씨의 아들 연잉군을 더 마음에 두고 있었는지 모른다. 희빈 장씨를 사사하게 했지만 숙종은 그녀에 대한 깊은 증오심이 가라앉은 상태였다. 장씨가 죽었을 때도 숙종은 세자에게 상례에 참여하게 하고 묘를 단장하게 했을 뿐 아니라 이장을 할 때도 세자가 망곡례를 하는 것을 금하지 않았다. 이는 성종이 폐비 윤씨에 대해 언급조차 하지 못하게 했던 것과는 다르다.

정권을 잡고 있는 노론의 입장에서 보면 남인 계열의 세자에 대해 불안한 마음을 금할 길이 없었다. 세자가 보위에 오르면 어떤 일을 벌일지 누구도 예측할 수 없는 것이다.

노론과 소론 간의 처절한 권력 투쟁

✺

선의왕후 어씨가 14세의 나이에 경종의 세자빈으로 간택이 된 것은 이 무렵의 일이었다.

"세자 저하께서 몸이 저러시니 빈궁 마마가 불쌍해."

어씨가 혼례를 올리고 동궁으로 들어가자 궁녀들이 수군거렸다. 그러나 그녀는 14세밖에 되지 않았기 때문에 남녀의 잠자리에 관해서는 그다지 관심이 없었다. 그녀는 지엄한 궁중 생활에 적응해 가면서 세자빈 생활을 하고 있었다.

경종이 후사가 없었기 때문에 조정의 관심은 온통 연잉군에게 쏠려 있었다. 그 무렵 숙종은 후사를 낳지 못하는 세자에 대해 포기하고 있었다. 1717년(숙종 43) 7월 19일, 마침내 숙종이 노론의 영수인 좌의정 이이명을 불렀다. 이이명은 임금과의 독대를 금지하고 있는 상황에서 승지나 사관도 배석시키지 않은 채 숙종과 단독 면담을 했다. 이 사건은 조야를 발칵 뒤집어 놓았으나 숙종과 이이명의 독대에서 어떤 이야기가 오고 갔는지 알려지지 않았다. 사관은 숙종과 이이명이 독대한 내용을 추정하여 이렇게 기록했다.

"이이명이 연잉군을 익대翼戴하려 한다."

익대란 정성스럽게 추대한다는 뜻이다. 숙종은 이이명을 통해 연잉군을 추대하려고 한 것이다. 이것은 경종을 밀어내고 연잉군을 세자로 추대한다는 것이 아니라 경종이 보위에 오른 뒤에 연잉군을 세제世弟로 만든다는 뜻이었다. 숙종과 이이명의 독대는 정유년에 이루어졌다고 하여 정유독대라고 불렸는데 조선시대 내내 이 일에 대한 의혹이 제기되었다.

숙종은 마침내 세자에게 대리청정을 시키라는 지시를 내렸다. 대리청정을 하면 신하들이 일제히 반대하는 것이 관례였으나 노론 측에서는 아무도 반대하지 않았다. 숙종과 이이명의 독대로 경종이 즉위한 뒤에 연잉군이 세제가 된다는 밀약이 이루어졌기 때문이었다.

세자는 숙종과 이이명의 독대, 즉 노론 세력과의 합의가 나온 지 얼마 되지 않아 대리청정을 하기 시작했다. 그런데 뜻밖의 사태가 벌어졌다. 세자가 윤대(輪對 : 문무 관원이 윤번으로 궁중에 참석하여 임금의 질문에 응대하던 일)를 하러 들어온 승지들에게 뚜렷한 이유도 없이 질책하며 나가라고 한 것이다. 승지들은 일제히 자신들을 질책하는 이유가 무엇이냐고 세자에게 따지고 나왔다. 대리청정을 하는 세자에게 이와 같이 반발을 하는 것은 드문 일이었다. 이것은 세자와 노론의 힘겨루기였다. 숙종은 세자를 타이르면서 노론의 편을 들어주었다. 그러면서도 세자에게 심한 질책을 하지 않아 세자를 폐출시키려고 한다는 세간의 의혹을 잠재웠다. 14세의 세자빈 어씨는 경종과 함께 종묘에 제사를 지내거나 관례를 올리는 등 평범한 일상을 보냈다.

어씨가 세자빈이 된 지 불과 2년 만에 숙종이 승하하여 대리청정을 하던 경종이 즉위하자 그녀는 왕후가 되었다. 숙종은 장장 46년 동안 보위에 있었던 임금으로 당쟁을 왕권을 강화하는 데 이용한 노련한 정치가였다. 그는 서인과 남인, 노론과 소론, 소론과 노론에게 번갈아 정권을 내주면서 당쟁을 유도했다. 조정의 대신들은 숙종의 노련한 술수에 이용당하면서 상대 당을 몰아내고 죽이려는 일에만 혈안이 되었다.

수세에 몰려 있던 소론과 남인에게 경종의 즉위는 절호의 기회였다. 경종이 왕위에 오르자마자 소론의 유학 조중우가 상소를 올렸다.

아들로써 어미가 존귀하게 되는 것은 춘추의 대의입니다. 이제 전하께서 종사와 신인神人의 주인이 되었는데, 낳아 주신 어머니에게는 존호(尊號 : 왕이나 왕비의 덕을 기리기 위하여 올리던 칭호)가 없고, 적막한 마을에 있는 사당에는 대쑥이 우거졌으며 한 줌의 무덤에는 풀만 황량합니다.

조중우는 아들이 존귀한 임금이 되었는데 어미인 희빈 장씨의 사당과 무덤은 쓸쓸하다면서 존호를 내려 줄 것을 청했다. 이는 희빈 장씨를 복위시키면서 노론을 몰아내려는 소론과 남인 측의 반격이었다. 경종도 노론의 손아귀에 들어 있는 조정을 혁신하기 위해 은밀하게 움직이고 있었다. 그는 배다른 동생인 연잉군이 자신을 죽이고 보위에 오를지도 모른다는 위기의식을 갖고 있었다.

경종은 17세의 왕후 어씨를 동원하여 밀풍군 이탄의 아들 관석을 양자로 들이려고 시도했다. 밀풍군 이탄은 독살설에 휩싸였던 소현세자의 증손이었다. 소현세자는 세 아들을 두었으나 막내 석견이 유일하게 살아 있었는데 이탄은 그의 손자였던 것이다.

왕후 어씨가 양자를 들인다는 소문이 나돌자 조정이 발칵 뒤집혔다. 어씨가 양자를 들이는 것은 경종이 양자를 들이는 것이었다. 이는 연잉군을 보위에 앉히려는 노론의 격렬한 반발을 불러왔다. 이 때 조중우의 상소까지 올라오자 노론 계열의 승지 홍치중, 권엽, 한중희, 홍계적, 윤석래 등이 일제히 조중우를 귀역(鬼蜮 : 귀신과 물여우)의 무리라면서 탄핵하여 엄중하게 처벌할 것을 요구했다. 희빈 장씨가 죽은 데는 노론의 책임도 있었다.

조중우는 의금부에 체포되어 가혹한 형신을 당하고 유배를 가다가 중간에 장독으로 죽었다. 노론 측이 소론과 남인의 반격을 싹부터 자르기 위하여 혹독하게 고문했기 때문이었다.

연잉군만 알고 임금은 모른다

❊

사건은 이것으로 그치지 않았다. 노론은 정언 이정소에게 상소를 올리게 하여 연잉군을 왕세제로 책봉할 것을 강경하게 요구했다. 숙종과 이이명이 밀약한 내용을 실천하라는 것이었다. 경종으로서는 혹을 떼려다가 붙인 격이었다. 영의정 김창집이 먼저 아뢰었다.

"성상께서 춘추가 한창 젊으신데도 아직껏 저사(儲嗣 : 왕세자)가 없으시니, 신은 부끄럽게도 대신으로 있으면서 밤낮으로 걱정이 됩니다. 그 동안은 사리와 체면이 엄중하기 때문에 감히 우러러 청하지 못했습니다. 지금 대관(臺官 : 사헌부의 대사헌 이하 지평까지의 벼슬)의 말이 지당하니 누가 감히 이의가 있겠습니까?"

경종은 아무 대답도 하지 않고 창백한 얼굴로 김창집을 노려보았다. 오랫동안 병석에 있었던 경종의 얼굴은 계집애처럼 살결이 부드럽고 파리했다.

"자성(여기서는 숙종의 계비인 인원왕후를 가리킨다)의 하교에 매양 이르시기를, '국사가 걱정이 되어 억지로 미음을 든다' 하셨으니, 비록 상중이라도 종사를 위한 염려가 깊으신 것입니다. 이 일은 일각이라도 늦출 수가 없으므로 신 등이 감히 깊은 밤중에 알현을 청한 것이니, 원컨대 전하의 생각을 더하시어 빨리 대계를 정하소서."

좌의정 이건명도 눈을 부릅뜨고 아뢰었다. 노론 대신들은 윽박지르듯이 연잉군을 세제로 세우라고 강경하게 경종을 몰아세웠다. 경종은 조회석상에서도 종종 입을 꾹 다물어 대신들이 답답해했다. 한밤중에 여러 대신들이 몰려와 다투어 위협하자 병약하고 심약한 경종의 얼굴이 더욱 하얗게 변했다.

"대신들과 여러 신하들의 말은 모두 종사의 대계를 위한 것이니 청컨대 속히 윤종允從하소서."

승지 조영복이 아뢰었다. 윤종은 대신들의 요구를 강제로 따르는 것이다. 이들의 요구가 오랫동안 계속되자 경종은 더 이상 견딜 수 없었다.

"윤종한다."

경종은 대신들의 위협에 굴복하여 저사를 세우겠다고 말했다. 이름을 직접 거론하지 않았지만 후사가 없으니 연잉군을 염두에 둔 것은 당연한 일이었다.

"성상께서는 위로 자성을 모시고 계시니 대비전에 들어가 아뢰어 교지를 받은 후에야 실행에 옮길 수 있을 것입니다. 신 등은 합문 밖에 나가서 기다릴 것을 청합니다."

김창집과 이건명은 경종의 허락을 받는 데 그치지 않고 대비의 교지를 받아야 한다고 주장했다. 인원왕후는 연잉군과 가까웠기 때문에 세제로 세우는 것을 허락해 줄 것이었다. 경종이 내전으로 들어가서 누구와 상의하겠는가. 그는 왕후 어씨와 먼저 상의했다. 어씨는 불과 17세의 어린 소녀였기 때문에 특별한 대책을 내놓을 수 없었다. 대신들로부터 위협을 받는 병약한 경종 앞에서 눈물만 흘릴 뿐이었다.

"저들이 연잉군을 저사로 삼으라고 나를 윽박지른다."

경종이 어씨 앞에 앉아 한숨을 내쉬었다. 어씨는 자신이 경종을 도와줄 수 없다는 사실이 안타까웠다.

"이 나라에 연잉군이 있는 줄은 알고 임금이 있는 줄은 모르는 자들입니다."

어씨가 은근하게 노기를 띠고 말했다.

"연잉군을 세제로 정하라고 하는데 어떤가?"

"헤아려서 잘 생각할 터이니 밝은 날 다시 아뢰라고 하십시오."

"저들은 돌아가지 않을 것이다."

"군사들에게 끌어내라고 하십시오."

"승지들이 말을 듣지 않을 것이다."

군사들에게 왕명을 내릴 때도 승지들이나 대신들을 통해야 하는 것이 조선의 법도였다. 경종과 왕후 어씨는 노론 대신들에 대항하여 아무 것도 할 수 없다는 사실이 비참했다. 연잉군의 세제 책봉이 중요한 것이 아니었다. 어차피 후사를 둘 수 없으니 경종이 죽은 뒤에는 연잉군이 보위를 잇게 될 것이다. 경종이 두려워하는 것은 연잉군을 세제로 책봉한 뒤에 노론 측에서 그를 폐출시키거나 독살하는 것이었다. 그러나 노론 대신들에게 저항할 힘이 없기 때문에 속수무책이었다.

"정히 그러시면 연잉군을 세제로 책봉하십시오."

결국 경종은 대비전에 들어가 인원왕후의 자필을 받아서 낙선당으로 대신들을 불렀다.

"벌써 자성께 아뢰셨습니까?"

영의정 김창집이 물었다. 경종은 피로한 낯빛으로 그렇다고 대답했다.

"꼭 자전의 교지가 있어야만 거행할 수 있습니다."

좌의정 이건명이 긴장하여 아뢰었다.

"봉서는 여기 있다."

경종이 서안을 가리키자 김창집이 받아서 뜯었다. 봉서 안에는 종이 두 장이 들어 있었는데 한 장에는 해서로 '연잉군延礽君'이란 세 글자가 씌어 있었고 한 장은 언문 교서였다.

효종 대왕의 혈맥과 선대왕의 골육으로는 다만 주상과 연잉군뿐이니 어찌 딴 뜻이 있겠소? 나의 뜻은 이러하니 대신들에게 하교하심이 옳을 것이오.

이건명이 사관에게 언문 교서를 한문으로 다시 써 승정원에 내리게 하고 승지로 하여금 전지(傳旨 : 승정원의 담당 승지를 통하여 전달되는 왕명서)를 쓰게 했다.

"연잉군 금을 왕세제로 삼는다."

조영복이 탑전에서 전지를 썼다. 이어 노론의 대신들은 예조 당상관을 불러 예식을 거행할 것을 청하고 비로소 물러갔다.

하룻밤 사이에 노론을 몰락시킨 경종의 결단

한편 한밤중에 대신들이 입대하여 연잉군을 왕세제로 삼은 일은 소론의 격렬한 반발을 불러왔다. 노론은 소론과 남인의 반격을 무력화시키기 위해 경종에게 왕세제로 하여금 대리청정을 하게 하라는 요구를 했다. 경종은 자포자기한 듯 이번에는 선선히 승낙했다. 대리청정을 윤허한다는 영이 내리자 조정이 발칵 뒤집혔다.

"주상께서 환후가 없으신데 대리청정을 한다는 것은 우리 소론을 말살하려는 음모요."

"그렇소이다. 우리가 당하기 전에 저들을 막아야 하오. 대리청정을 하게 되면 우리가 모두 죽게 될 것이오."

소론인 조태억, 최석항, 이광좌, 김일경 등이 흥분하여 외쳤다. 위기에 몰린 좌참찬 최석항은 즉시 대궐로 달려갔다. 그러나 최석항의 입시는 노론 측 승지들에게 의해 거부되었다. 최석항은 경종의 침전 앞에서 큰 소리로 입대를 청한다고 외쳤다. 마침내 경종이 입대를 허락하자 최석항은 눈물을 흘리면서 대리청정을 거두어 달라고 청했다.

"내가 마땅히 생각하겠다."

경종은 일단 물러가라고 영을 내렸다.

"이 일은 생각하고 안 하고 할 일이 아닙니다. 속히 결단을 내리십시오."

최석항은 집요하게 물고 늘어졌다. 하룻밤이 지나면 심약한 경종이 어떤 결정을 내릴지 알 수 없는 것이다.

"유념할 것이니 물러가라."

"전하께서 질병과 춘추가 선왕과 같으시다면 오늘날의 일이 진실로 괴이할 것이 없겠지만, 한창인 나이에 드러난 병환이 없으신데도 이런 일을 하시니 신 등이 근심하여 망극해하는 것입니다. 청컨대 빨리 명을 거두소서."

최석항은 물러가지 않고 거듭 대리청정을 거두라고 청했다.

"중신들이 누누이 말을 올리니 그대로 시행하라."

경종은 마침내 대리청정을 철회한다는 영을 내렸다. 노론 측은 자신들의 뜻대로 연잉군에게 대리청정을 시킨 것에 만족하고 있을 때 대리청정을 환수한다는 영이 떨어지자 경악했다. 당황한 노론은 대신이 한밤중에 홀로 입대한 것이 옳지 않다고 반발했다. 그러한 노론의 분노가 두려웠는지 경종은 3일 만에 다시 연잉군에게 대리청정을 하게 하라는 영을 내렸다.

소론과 남인 대신들은 대리청정의 영을 받을 수 없다고 일제히 대궐 뜰에 꿇어 엎드렸다. 임금이 대리청정의 영을 내리면 일단 거부하는 것이 신하된 자들의 예의였다. 노론은 이러한 상황이 당혹스러웠으나 형식적이라도 대리청정을 반대한다는 주장에 동참하지 않을 수 없었다. 그런데 어찌된 일인지 경종은 아무 대꾸가 없었다. 노론은 이번 일에 자신들의 운명을 걸기로 했다.

"소론과 남인 대신들이 대리청정을 거두라고 요구하는 것을 용납할 수가 없소."

"그러면 어찌해야 합니까?"

"대리청정을 밀고 나가야지요."

"허나 문무백관들이 합세하여 영을 거둘 것을 요구하고 있지 않습니까? 잘못하면 우리가 대역 죄인이 되어 멸문을 당하게 됩니다."

"그러니 목숨을 걸어야 하는 것이오. 돌이키기에는 늦었소."

노론은 경종이 반응을 보이지 않자 대리청정을 강력하게 밀고 나가기로 했다. 김창집, 이건명, 이이명, 조태채 등 노론의 4대신은 대리청정이 훌륭한 결단이라는 연명 상소를 올렸다. 연잉군의 대리청정을 기정 사실화하려는 계책이었다.

"이 자들이 천하의 역적들이 아닌가? 우리가 반드시 대리청정의 영을 거두게 할 것이다."

소론도 잠자코 있지 않았다. 소론의 거두인 우의정 조태구는 단신으로 입궐하여 입대를 청했다. 노론이 장악한 승정원이 조태구의 입대를 거부했으나 조태구는 물러가지 않고 큰 소리로 부르짖었다. 마침내 경종이 조태구를 어전으로 불렀다. 노론의 김창집, 이건명, 이이명 등이 당황하여 대궐로 달려왔다. 조태구는 목숨을 걸고 대리청정을 해서는 안 된다고 강력하게 주장했다. 노론의 대신들은 구구절절 바른 말을 하는 조태구 앞에서 대리청정을 요구할 수 없었다. 결국 소론의 반격에 대리청정은 다시 취소되었다.

노론과 소론의 대립은 이날 이후 더욱 불꽃을 튀겼다. 기회를 엿보던 소론은 해가 바뀌어 천재지변이 일어나 경종이 구언(求言 : 임금이 신하의 바른말을 널리 구하는 것으로 이 때는 어떤 말을 해도 처벌을 받지 않는 면책 특권이 있다)을 한다는 영을 내리자 절호의 기회라고 판단했다.

조성복이 앞에서 불쑥 나왔는데도 현륙(顯戮 : 죄인을 죽여서 그 시체를 여러 사람에게 보이던 일)하는 법을 아직 더하지 아니했고, 사흉(四凶)이 뒤에서 방자했는데도 토죄할 것을 청한 것을 아직 듣지 못했습니다. 임금의 형세는 날로 외롭고 흉한 무리는 점점 성하여 다시 군신 간의 의가 없으니, 사직이 빈 터가 되는 것은 한순간의 일일 뿐입니다.

소론계의 사직(司直 : 오위伍衛에 속한 정5품 군직) 김일경, 박필몽, 이명의, 이진유, 윤성시, 정해, 서종하 등이 일제히 상소를 올렸다. 김일경 등의 주장은 노론 4대신을 4흉이라고 몰아세울 정도로 강경한 것이었다.

"진언한 것을 내가 깊이 가납한다."

경종이 상소에 대해 답을 내렸다. 노론은 김일경 등이 4대신을 4흉이라고 몰아세우자 뒤통수를 한 대 맞은 듯한 기분이었다. 이는 애초부터 죽기 아니면 살기로 노론 4대신을 찍어 낼 작심을 하고 달려든 것이었다. 노론은 즉각 김일경 등을 처벌해야 한다는 상소를 올렸으나 경종은 오히려 역정을 냈다.

"나의 천심(淺深 : 얕고 깊음)을 엿본다."

벌컥 화를 낸 경종은 승지들과 삼사를 모조리 파직하고 김일경을 이조참판에 제수했다. 이어 노론의 세 대신을 파직하고 소론의 세 대신을 그 자리에 임명했다. 병약한 경종을 얕보고 방심하던 노론이 날벼락을 맞은 것이다. 노론 계열의 대신들이 줄줄이 파직되면서 정국은 걷잡을 수 없는 회오리에 휘말렸다.

주상께서 즉위하신 이래 조용하여 말이 없고 묵묵히 관망했다. 신료를 가까이하여 더불어 수작하지 아니하고 많은 신하들의 요구를 모두 허락하니 흉당(凶黨)이 업신여겨 두려워하고 꺼리는 바가 전혀 없었으므로 궐 밖에서는 근심하고 한탄하며 질병이 있는가 염려했다. 그런데 이에 이르러 하룻밤 사이에 건단(乾斷 : 하늘을 가를 정도로 과단성 있게 다스림)을 크게 휘둘러 흉악한 무리들을 물리쳐 내치니, 천둥이 울리고 바람이 휘몰아치며 하늘과 땅이 뒤집히는 듯했으므로 신하들이 비로소 주상이 덕을 숨기고 있음을 알았다.

사관이 경종에게 내린 평가다. 사관들조차 경종이 노론 4대신을 응징한 것을 쾌거로 여기고 있었다. 이를 신축년에 정국이 바뀌었다고 하여 신축환국이라고 부른다. 노론은 숙종 말년부터 경종 때까지 정권을 잡고 있었으나 한순간에 몰락하고 말았다.

목호룡의 고변과 경종의 죽음

노론의 몰락은 이에 그치지 않았다. 신축환국이 일어난 다음해에 목호룡의 고변 사건이 터져 조정을 쑥대밭으로 만들었다.

목호룡의 고변은 노론 대신들이 경종을 시해하려고 했다는 것이었는데, 이 때 소론이 배후에서 조종을 했다는 음모설이 나돌았다. 그러나 임금을 시해하는 방법까지 노골적으로 언급한 고변은 경종을 경악하게 만들기에 충분했다. 경종은 즉시 국청을 설치하고 김일경에게 조사를 하라고 지시했다. 이 사건은 구중궁궐 깊숙한 곳에 머물던 선의왕후 어씨에게도 알려졌다.

"중전 마마, 저들이 전하를 시해하는 방법으로 삼급수三急手를 동원했다고 합니다."

궁녀들이 왕후 어씨에게 달려와 말했다. 어씨는 가슴이 철렁했다. 아직까지 한 번도 동침을 하지 않은 지아비, 한 나라의 지존이면서도 병 때문에 꽃 같은 아내를 품을 수 없는 남자. 그 가련한 남자를 죽이기 위해 노론이 음모를 꾸민 것이다. 어씨는 경종을 옆에서 지켜볼 때면 가슴이 타는 것 같았다. 언제나 창백한 얼굴과 우수에 젖어 있는 눈. 비가 부슬부슬 내리는 가을 저녁, 흰 눈이 소복소복 내리는 깊은 겨울 밤, 잠을 이루지 못하고 편전에서 밖을 내다보는 경종의 시름에 젖어 있는 모습을 볼 때마다 어씨는 자신의 가슴에 안아 주고 싶었다.

"삼급수라는 것이 무엇이냐?"

어씨가 조용한 눈빛으로 궁녀를 건너다보면서 물었다.

"첫째는 대급수大急手로 칼로 시해하는 것이고, 둘째는 소급수小急手로 독약으로 시해하는 것이고, 셋째는 평지수平地手로 모해하여 시해하는 것입니다."

"무서운 자들이다."

궁녀의 말을 들은 왕후 어씨는 몸을 부르르 떨었다.

목호룡의 고변 사건으로 노론의 4대신이 사사되고 노론의 핵심 인물 20여 명이 처형되었다. 김일경의 가혹한 취조로 국청에서 곤장을 맞아 죽은 사람도 20여 명이나 되었고 부녀자 9명은 스스로 목숨을 끊었다. 목호룡의 고변 사건은 임인옥사로 확대되어 죽은 사람이 70여 명에 이르고 연루된 자가 173명에 이르렀다. 소론이 완전히 노론을 제거한 것이다.

이어서 소론은 연잉군을 왕세제 자리에서 폐출시키려고 했다. 연잉군은 목숨이 위태로운 상태로 내몰렸으나 담을 넘어 인원왕후에게 달려가 구원받았다. 이러한 혼란의 와중에 대궐에 있는 연잉군을 제거하려는 음모가 발각되는가 하면, 김씨 성을 가진 궁녀가 경종의 음식에 독을 탔다는 주장이 제기되기도 했다. 삼사에서는 이를 철저하게 조사할 것을 요청했으나 경종은 대궐에 그런 궁녀가 없다는 이유로 조사를 거부했다.

이로부터 얼마 지나지 않아 경종은 갑자기 병을 앓게 되었다. 여러 사람들이 간병을 한 보람도 없이 경종은 36세를 일기로 생을 마감했다. 경종의 갑작스러운 죽음은 선의왕후 어씨를 벼랑으로 떨어트리는 듯했다. 거기다가 간병을 하던 연잉군이 대비전에서 보낸 게장과 생감을 경종에게 올렸다거나, 어의의 반대를 물리치고 인삼과 부자를 쓰게 했다는 독살설까지 나돌았다. 그러나 이에 대한 조사는 연잉군이 즉위하면서 이루어지지 않았다.

혈속들을 모두 죽이려 하는구나!

❋

선의왕후 어씨는 불과 20세에 과부가 되었다. 어씨는 대비전으로 물러나 쓸쓸한 말년을 보내게 되었다. 그런데 뜻밖에도 영조 즉위 6년 후에 순정과 세정 사건이 터졌다. 이 사건은 궁녀들이 영조의 맏아들인 효장 세자를 비롯한 왕손들을 죽이려 했다는 것이었는데, 항간에는 경종을 독살시킨 데 대한 배후가 있을 것이라는 소문이 나돌았다. 순정과 세정의 배후에는 누가 있는가. 이는 노론과 소론이 치열하게 대립했으므로 소론일 수밖에 없다. 조선왕조실록에 그 기록이 있다.

"이번의 요악한 옥사는 하찮은 일개 궁인이 혼자 꾸민 바가 아니고, 반드시 지휘한 사람이 있을 것입니다. 박도창은 그 자신이 이미 의식이 넉넉한 사람이니, 결단코 순정에게 부림을 당할 사람이 아닙니다. 또 그는 국가에 대해 원망할 만한 일이 없었으니, 반드시 이런 흉악한 일을 저지르지 않았을 것입니다. 조용히 생각해 본다면 반드시 박도창에게 지시한 사람이 있을 것인데, 흉악하고 완강하게 끝까지 버티다가 죽었습니다. 그런데 그의 죽음이 하룻밤 사이에 나왔으니, 의심이 없을 수 없습니다. 과연 박도창이 괴수였다면 그의 당류들이 법망에서 빠져나갔음을 또한 알 수 있습니다."

도승지 조현명이 영조에게 아뢰었다. 당류라는 것은 소론을 의미한다. 박도창은 궁녀 순정의 인척으로 세정에게 편지를 보내 사건을 누설하지 말라고 당부한 일도 있었는데 체포되자 하룻밤에 갑자기 옥에서 죽었다. 이 사건에 대해 영조는 이렇게 말했다.

순정이란 이름의 한 궁인이 있었는데, 성미가 불량하여 늘 세자와 세자의 어머니에게 불순한 짓을 하는 일이 많았기 때문에 내쳐 버렸다. 왕세제가 된 뒤에 궁인이 갖추어지지 않았기 때문에 마음을 고쳤으리라고 생각하여 다시 들어오도록 했다. 즉위한 후에 세자와 두 옹주를 보살피게 하다가 세자 책봉 뒤에 옹주에 소속시켰으므로 동궁의 나인이 되지 못한 것 때문에 항시 마음속으로 야속하게 여겼다. 지난 번 화순옹주가 홍역을 겪은 뒤에 하혈하는 증세가 있었기 때문에 매우 괴이하게 여기며 의아해하다가, 이제 와서야 비로소 독약을 넣어 그렇게 된 것임을 알게 되었다. 순정이 이미 세자의 어머니에게 독기를 부렸기 때문에 세자가 장성하는 것을 좋게 여기지 아니하여 또 다시 흉악한 짓을 했고, 강보에 있는 아이인 네 번째 왕녀에게도 또한 독약을 썼다. 나의 혈속을 남김없이 모두 제거하려 했으니, 어찌 흉악하고 참혹하지 아니한가?

세정은 대궐 밖의 과부로 궁녀 순정과 친밀하게 지냈는데, 뼛가루를 구하면 편지 봉투에 싼 뒤 거어지란 이름의 사람을 시켜 매번 순정에게 전해 준 여자였다. 영조가 친국을 하자 처음에는 그런 일이 없었다고 펄펄 뛰면서 변명하다가 낙형(烙刑 : 불로 지지는 형벌)을 가하자 비로소 자백했다.

"뼛가루로 사람을 죽이는 방법을 순정에게 가르쳐 주었습니다."

세정이 영조에게 아뢰었다.

"이른바 뼛가루란 무슨 뼛가루이고 어디서 구한 것이냐?"

영조가 전신을 떨면서 추궁했다.

"세교에서 거름을 지는 사람인 김중청에게서 구했습니다."

"'흰 가루와 검은 가루가 있다'고 하였다. 흰 가루는 사람 뼈일 것이나 검은 가루는 과연 무슨 뼈냐?"

"검은 가루는 여우 뼈인데 김중청에게서 구했습니다."

선의왕후 어씨와 경종의 의릉 선의왕후 어씨는 후사를 낳지 못하는 경종의 병으로 인해 비극적 삶을 살았다. 서울시 성북구 석관동에 있다.

영조는 순정과 세정을 친국한 뒤에 능지처참을 했다.

실록에서는 선의왕후 어씨가 이로부터 불과 두 달밖에 되지 않아 구역증이 나고 몸을 떨면서 위급하게 되었다고 기록하고 있다.

임금이 약방의 여러 신하들을 융무당에게 만나보고 증후를 물었다.

"지나치게 몸을 떨고 통곡하는 소리를 내며 울음소리 같은 음성도 내는데 의관들은 일찍이 이런 증후를 보았는가?"

내시가 와서 아뢰었다.

"왕대비전께서 헛소리를 하시는 듯합니다."

임금께서 일어나 침실로 들어가니, 대신 이하 여러 신하들이 모두 현광문 밖으로 물러갔다. 조금 후에 임금이 어좌에 나와서 말하였다.

"증후가 별로 아픈 곳은 없는 듯한데 울음소리 같은 음성을 내며 손으로 물건을 치는 듯한 형용을 한다."

홍치중 등이 말하였다.

"보통 이러한 증후가 많이 있으니, 그다지 염려할 것은 없습니다."

선의왕후는 결국 1730년(영조 6) 새벽에 26세를 일기로 운명했다.

영조는 이삼을 특별히 훈련대장에 임명한 뒤에 어영대장 장붕익과 함께 불러 각 궁문을 삼엄하게 지키게 하고, 삼군문(三軍門 : 훈련도감, 금위영, 어영청)의 대장들로 하여금 궐문 밖을 나누어 지키게 했다.

선의왕후 어씨는 14세의 어린 나이에 세자빈이 되었고 17세에 왕비가 되었다. 20세에 대비가 된 뒤에 26세에 승하하여 짧은 생애를 마쳤다. 그녀는 꽃처럼 아름다워야 했으나 지아비인 경종의 병과 노론과 소론의 격렬한 당쟁으로 제대로 피지도 못하고 스러진 불행한 여인이었다.

제4부

제四부

페제헌왕후윤씨 | 연산군부인신씨 | 단경왕후신씨 | 희빈장씨

조선왕조사상 가장 불행했던 여인
폐제헌왕후 윤씨

왕은 정비 외에도 많은 후궁들을 거느리기 때문에 왕후는 본의든 타의든 궁중 암투에 휘말려 평생을 눈물로 보내거나 비참한 죽음을 맞이하기도 한다. 조선왕조에서 폐비가 된 인물은 모두 여섯이다. 이 중에 특이하게 인현왕후는 생전에 복위가 되었고 연산군의 생모 폐비 윤씨와 경종의 생모 희빈 장씨는 사약을 받고 죽었다. 한때 왕의 부인으로, 만백성의 어머니로 부귀와 영화를 한 몸에 누리던 여인이 궁중 암투와 권력 투쟁에 휘말려 비참한 죽음을 당하게 된 것이다. 왕비 본인이 폐출되거나 사약을 받지 않아도 친가가 몰살당하는 경우도 적지 않았다.

성종은 세조의 손자로 왕위 계승권을 갖고 있지 않았다. 세조의 큰아들인 의경세자가 일찍 죽자 둘째 아들인 예종이 보위에 올랐으나 그마저 일찍 죽었다. 그러자 세조의 부인인 정희왕후는 예종의 아들인 제안대군이 왕위 계승권을 갖고 있음에도 의경세자의 둘째 아들 자산군을 보위에 오르게 했다. 자산군은 어릴 때부터 총명하고 영걸스러운 데가 있어서 세조가 유난히 총애했다.

아득한 정자는 흐르는 물을 내려다보고
높은 나무는 잔잔한 물을 굽어본다
준마는 푸른 풀밭에서 우니
봄이 푸른 산에 숨었구나

자산군이 지은 시로서 그는 필체도 안평대군과 짝을 이룬다고 할 정도로 명필이었다. 정희왕후가 적장자가 아닌데도 자산군을 보위에 오르게 한 것은 그가 영민한 점도 있었으나 귀성군 이준을 견제하기 위한 정희왕후의 고도의 책략이었다.

귀성군 이준은 세종대왕의 넷째 아들 임영대군의 아들로 당시에 이미 혁혁한 명성을 떨치고 있었다. 그는 남이 장군의 옥사(태종의 외증손인 남이가 반란을 도모했다는 역모 사건)를 해결하고 이시애의 난(세조의 보법保法 개정에 불만을 품은 함경도 출신 대토호의 반란)을 평정하여 불과 28세에 영의정이 되었다.

정희왕후는 문무에 출중하고 따르는 인물들이 많은 귀성군이 보위를 찬탈할까봐 두려워 한명회와 결탁했다. 한명회의 둘째딸과 자산군이 혼인을 했기 때문에 그가 보위에 오르면 한명회를 비롯한 공신들의 도움을 받을 수 있었다.

"귀성군 이준이 세조 때에 큰 죄를 범했는데도 세조께서 임영대군을 우애하여 차마 법으로 처벌하지 못했던 것입니다. 만약 오늘날에 있었다면 세조께서도 용서할 수 없었을 것이니 빨리 엄단하소서."

신숙주와 한명회를 비롯하여 대신들이 일제히 수렴청정을 하는 정희왕후에게 아뢰었다. 귀성군 이준의 죄목은 경기관찰사를 지낸 권맹희가 좌찬성 한계미에게 "준이 능히 임금 노릇할 만하다"는 뜻으로 말하였고, 또 직장 벼슬을 지낸 최세호에게도 "귀성군이 나이 들고 어지니 그릇(器 : 여기서는 국권)을 줄 만하다"라고 말했다는 것이었다. 생원 김윤생과 별시위 윤경의의 고변이 들어오자 국청이 설치되어 처절한 고문이 시작되었다. 권맹희와 최세호는 고문에 못 이겨 마침내 역모를 자백했다. 한명회와 신숙주는 즉시 귀성군을 귀양 보낼 것을 청했다.

"내가 힘써 따르리니 경 등은 잘 처리하라."

정희왕후는 대신들의 의론을 따르는 체하면서 귀성군을 유배 보냈다. 귀성군 이준이 제거되자 한명회와 공신들의 세력은 더욱 커졌고, 이에 정희왕후와 인수대비는 한명회를 견제하기 위해 윤기견의 딸과 윤호의 딸을 차례로 후궁으로 들였다. 숙의 윤씨는 윤기견의 딸로서 명문 사대부가의 여식이었고 부친이 일찍 죽는 바람에 편모슬하에서 자랐다. 집안은 가난했으나 성품은 자유분방했다. 야사에는 폐비 윤씨가 성종보다 12세가 더 많고 궁녀로 들어왔다가 후궁이 되었다고 했으나 실록의 기록은 전혀 다르다. 실록에는 윤씨가 정식으로 후궁으로 간택되어 들어왔다고 기록되어 있다.

윤숙의는 착한 여자입니다

❋

1474년 성종이 보위에 오른 지 불과 5년 만에 한명회의 딸 공혜왕후 한씨가 병으로 죽자 후궁들은 치열한 궁중 암투를 벌였다. 이 때 성종은 윤씨 외에도 귀인 권씨, 소용 정씨, 소용 엄씨 등을 후궁으로 거느리고 있었다. 그 중에서도 윤씨는 미모가 출중하여 성종의 총애를 받았고 부부애가 깊어 성종 7년에 잉태하게 되었다.

성종은 윤씨가 왕손을 임신하자 그녀를 중전으로 책봉하려고 했다. 그러나 인수대비가 반대를 하여 여러 날 동안 실랑이를 해야 했다.

"전하께서 굳이 윤숙의를 왕후로 책봉하겠다면 나는 만류하지 않겠소."

인수대비의 목소리는 얼음가루가 날릴 것처럼 싸늘했다.

"어마 마마, 노여움을 거두십시오. 윤숙의는 착한 여자입니다."

성종의 옥음이 행랑까지 들렸다. 인수대비에게 맞서 언성을 높이고 있었던 것이다.

"당치 않은 말씀! 윤숙의가 착한 여자라면 세상에 악한 여자가 없을 것이오."

"어마 마마!"

"윤숙의가 전하에게 꼬리를 친 것은 대궐에서 모르는 궁녀들이 없습니다. 지난밤에는 전하를 모시면서 중전으로 책봉해 달라고 조르지 않았습니까?"

"그것은 부부간에 침실에서 나눈 이야기인데 어마 마마께서 어찌 아십니까?"

성종의 옥음이 더욱 높아졌다. 불쾌한 기색이 역력한 목소리였다. 숙의 윤씨는 아름답고 애교가 많은 여인이어서 침전에서 성종에게 적극적으로 교태를 부렸다. 숙의의 신분이라고 해도 왕비로 책봉해 달라는 말을 함부로 할 수 없는데도 이를 청한 것은 성종이 지극히 사랑했기 때문이었다.

"대궐에는 무수한 귀가 있고 입이 있습니다."

인수대비의 목소리에 서릿발 같은 날이 서렸다.

"소자, 물러가겠습니다!"

성종은 화를 벌컥 내고 대비전에서 나왔다. 성종이 완강하게 윤숙의를 왕후로 책봉하겠다고 나서자 정희왕후와 인수대비는 손을 들 수밖에 없었다. 정희왕후에게는 손자고 인수대비에게는 아들이었다. 장성한 손자이면서 아들이요, 국왕인 성종의 뜻을 꺾을 수는 없었다. 정희왕후가 조정 대신들을 부른 자리에서 내린 전교의 말에는 성종이 윤씨를 얼마나 총애했는지가 잘 나타나 있다.

"숙의 윤씨는 주상께서 중히 여기는 바이며 나의 생각도 또한 그가 적당하다고 여겨진다."

이 말을 꼼꼼하게 분석해 보면 성종이 총애를 하기 때문에 자신도 찬성한다는 것이다. 결국 이면의 뜻은 정희왕후는 좋게 생각하지 않으나 성종이 좋아하기 때문에 어쩔 수 없이 찬성한다는 것이다. 그러나 왕후로 책봉한다는 전교이기 때문에 칭찬을 한다.

"왕후의 자리가 오랫동안 비어 있으니 내가 위호(位號 : 벼슬의 등급과 이름)를 정하여 국모를 삼고 종묘를 받들려고 하는데, 윤씨가 평소에 허름한 옷을 입고 검소한 것을 숭상하며 일마다 정성과 조심성으로 대했으니 대사를 맡길 만하다. 윤씨가 나의 이러한 의사를 알고서 사양하기를, '저는 본디 덕이 없으며 과부의 집에서 자라나 보고 들은 것이 없으므로 대비들께서 선택하신 뜻을 저버리고 주상의 거룩하고 영명한 덕에 누를 끼칠까 몹시 두렵습니다'라고 하니 내가 이 말을 듣고 더욱 그를 현숙하게 여겼다."

왕후 책봉에 대한 전교를 대비전에서 내린 것은 정희왕후가 그 동안 수렴청정을 해 왔기 때문이다. 전교가 내리자 영중추부사 정인지 등이 일제히 합당하다고 아뢰었다. 이렇게 하여 숙의 윤씨는 왕후로 책봉되었다.

정희왕후는 윤씨의 중전 책봉을 내막적으로 반대했던 반면에 인수대비는 증오에 가까울 정도로 그녀를 미워했다.

임금께서 정승들에게 전교하였다.
"중전을 책봉한 뒤에 대비전에 상수(上壽 : 오래 살도록 축원하는 것)하려고 하는데 허락하지 않으시니 경들도 청하라."
한명회와 윤자운이 아뢰었다.
"중전을 책봉하는 것은 국가의 커다란 경사입니다. 청컨대 상수를 허락하소서."
대비가 끝내 허락하여 주지 아니하였다

실록에 이 정도 기록될 정도면 인수대비가 윤씨를 얼마나 미워했는지 알 수 있을 것이다. 그만큼 고부간의 갈등이 극심했고 이는 곧 궁중의 암투로 이어졌다.

후궁으로 강등되었다가 복위되다

❀

윤씨는 왕비에 책봉되어 명실상부한 대궐의 안주인이 되었다. 그러나 성종은 혈기방자한 청년이었고 대궐에는 무수한 여인들이 있었다. 성종은 윤씨가 맑은 숙행을 갖고 있는 어진 왕비로, 당당한 국모로 남아 있기를 바랐다. 임금이 후궁들과 잠자리를 같이 해도 순종하는 동양 여인이기를 바랐다. 자신의 자식을 회임한 윤씨에게 왕비라는 보상까지 해 주었다. 그러나 윤씨는 사랑을 갈구하는 여자였다. 그녀는 성종을 열렬하게 사랑했다. 사랑을 하지 않으면 질투라는 감정도 일어나지 않는다. 윤씨는 성종이 다른 후궁들과 잠자리를 같이 하자 맹렬하게 질투했다. 정희왕후와 인수대비는 그녀가 회임을 하고 있었기 때문에 투기를 해도 눈을 감고 모른 체했다.

성종 7년(1476) 11월 7일 윤씨는 원자를 낳았다.

"하늘에서 큰 복을 내려 주어 적장자가 처음 탄생하니 종묘사직이 영원토록 힘입게 되었다. 덕이 없는 내가 일찍이 큰 업을 이어받았는데 왕위에 오른 지가 여러 해 되었으나 후사를 잇는 것을 중하게 여겨 밝은 경사를 오래 기다렸더니, 정비 윤씨가 원자를 생산하여 국본을 튼튼히 했다. 아! 하늘이 자손을 내려 주어서 백세의 본손本孫과 지손支孫이 이어가게 했으므로, 멀고 가까운 곳에 은혜를 베풀어 사방의 흠되는 점들을 없애게 한다. 이에 교시하는 것이니 모두들 마땅히 잘 알게 하라."

성종은 크게 기뻐하면서 대사령을 내렸다. 그러나 원자를 낳은 지 불과 몇 달도 되지 않아 윤씨에게 비극적인 사건이 일어났다. 대비전의 영으로 윤씨를 폐하자는 논의가 일어난 것이다. 왕후가 된 지 7개월, 원자를 낳은 지 4개월이 되는 1477년(성종 8) 3월 29일의 일이었다. 사안이 중대했기 때문에 시원임 정승, 육조판서, 대사원, 대사간 등이 빈청에 모였다.

세상에 오래 살게 되면 보지 않을 일이 없다. 이 달 20일에 감찰 집에서 보냈다고 일컬으면서 권숙의의 집에 언문을 던지는 자가 있었는데, 권숙의의 집에서 주워 보니 정소용과 엄숙의가 서로 통하여 중전과 원자를 해치려고 한 것이다. 생각하건대 정소용이 한 짓인 듯하다.

대왕대비인 정희왕후가 언문으로 의지(懿旨 : 대왕대비의 명령)를 내렸다. 왕후 자리를 둘러싼 암투가 얼마나 치열했는지 알 수 있는 대목이다. 권숙의의 집에 언문으로 된 익명서가 날아들었는데 이는 윤씨와 원자를 해치려는 것이었다. 대비전에서는 이를 정소용의 행위라고 지적하고 있다. 그러나 정소용이 잉태를 하고 있었기 때문에 그녀에 대한 조사는 해산을 한 뒤로 미룬다고 밝혔다. 대비전의 교지는 계속 이어진다.

그런데 하루는 주상이 중궁에서 보니 쥐구멍을 종이로 막아 놓았는데, 쥐가 나가자 종이가 보였다. 또 중전의 침소에서 작은 상자가 있는 것을 보고 열어 보려고 하자 중전이 숨겼는데, 열어 보았더니 작은 주머니에 비상이 들어 있고 또 굿하는 방법을 적은 서책이 있었다. 이에 쥐구멍에 있는 종이를 가져다가 맞춰 본즉 부절과 같이 맞았는데, 이것은 책이 잘린 나머지 부분이었다. 놀라서 물으니 중궁이 대답하기를, "친잠할 때 종 삼월이가 바친 것"이라고 하고, 또 삼월이에게 물으니 모두 실토하여 그 사실을 알았다. 중전이 만일 이 때에 아뢰었다면 좋았을 것인데 능히 그러하지 못했다. 지금 주상이 바야흐로 중히 여기고 있는데 중전이 어찌 주상을 해하려고 하겠는가? 다만 후궁을 제거하려는 것일 것이다.

대비전에서는 윤씨를 폐위시키려는 것이 투기 때문이라고 말했다. 그러나 폐비 건에 대한 교지가 대비전에서 내려온 것은 고부간의 갈등이 더욱 커졌기 때문이었다. 정희왕후나 인수대비는 윤씨를 싫어했다. 윤씨가 왕후의 자격으로 친잠을 한 뒤에 대비전에 헌수(獻壽:장수를 비는 뜻으로 잔을 올림)를 하려고 해도 거절했고 회례연을 하려고 해도 거절했다.

이러한 상황에서 대비전에서 폐비를 논하라는 지시가 내려오자 조정 대신들은 경악했다. 성종이 입을 열었다.

"내가 반복해서 생각해 보니, 이 문제는 투기만이 아니다. 가지고 있는 주머니에 비상이 있었으니, 비록 나를 해치려고 하지는 않았다 하더라도 그 국모의 체통을 잃는 것이 심하다. 별궁에 두는 것으로는 징계하는 뜻이 없다."

"예로부터 폐하여 서인을 만드는 것은 없습니다. 지금 낮추어서 빈으로 삼으면 마땅히 시종이 있어야 할 것이니, 사저에 거처하게 할 수는 없습니다. 중궁을 빈으로 강등한다면 어찌 징계하는 것이 아니겠습니까?"

영의정 정창손이 아뢰었다. 대신들이 일제히 반대하자 성종은 윤씨를 빈으로 강등시켜 수빈으로 삼고 자수궁에 거처하게 했다. 그러나 윤씨를 태우고 갈 가마까지 모두 준비되어 있는 상황에서 좌승지 이극기와 우승지 임사홍 등이 극력으로 반대하면서 상황이 역전된다.

성종은 대신들까지 모두 들어오라고 하여 다시 논의하게 했다. 시원임 대신들을 비롯하여 승지들이 다시 한 번 생각해 줄 것을 요구하자 성종은 마침내 대비들에게 아뢰어 보겠노라고 말한 뒤에 내시 안중경에게 지시하여 "나의 뜻은 이미 변함이 없다"라고 대신들에게 통고했다. 그러나 하루가 지난 다음 날 성종은 윤씨를 수빈으로 강등하는 것을 철회한다.

"이 일은 오로지 삼월이가 조작한 것으로 신씨(윤씨의 친정어머니)는 실로 알지 못하고 중궁도 또한 알지 못한다. 신씨의 종은 삼월이의 지시를 들어서 글씨를 쓴 것에 불과하다. 삼월이는 극형에 처하고, 신씨의 종은 곤장 100대를 때리어 변방의 노비로 보내며, 신씨 모자는 논하지 않는 것이 어떠한가?"

성종은 하룻밤 만에 윤씨의 강등을 철회하고 중궁으로 복귀시켰다. 윤씨와 그녀의 친정어머니에게 아무 잘못이 없으며 그녀의 오라버니에 대해서도 죄를 묻지 않는 것이 좋다고 결정한 것이다. 그렇다면 지난밤 무슨 일이 있었는가. 실록이나 《연려실기술》을 비롯하여 야사에도 성종 8년 3월 30일 밤의 일은 기록이 없다. 역사를 함부로 추정하고 유추하는 일은 위험하다. 그러나 어제까지만 해도 완강했던 성종의 분노가 봄눈 녹듯이 사라진 것은 부부가 다시 화해했음을 의미한다. 성종은 지난밤 윤씨의 처소를 찾았고 그녀와 동침했다. 부부 싸움은 칼로 물 베기라고 하지 않는가. 결국 동침을 한 뒤에 윤씨로부터 억울하다는 호소를 들었을 것이고 그로 인하여 분노가 풀린 것이다.

운명을 벼랑 끝으로 몰고 간 2차 폐비 논쟁

*

윤씨는 지옥의 나락으로 떨어졌다가 구출되었다. 궁중 암투는 그녀를 폐서인으로까지 몰고 갔으나 아슬아슬하게 빗겨 간 뒤 수면 아래로 가라앉았다. 성종과 윤씨는 부부 관계를 회복하여 1년이 지나자 다시 왕자(연산군의 동생. 윤씨가 폐비가 된 지 열흘 만에 죽는다)를 낳았다. 그러나 윤씨가 수빈으로까지 강등되었다가 복위된 지 2년 만에 또 다시 폐비 문제가 불거져 정국을 소용돌이 속으로 몰고 갔다. 왕비도 여인이었다. 그녀는 두 아들을 낳았고 오로지 한 남자의 사랑을 받기를 원했으나 성종은 12명의 부인에게서 28명의 자녀를 낳은 사실에서 알 수 있듯이 바람둥이였다. 윤씨는 정처인 자신을 팽개치고 후궁과 궁녀들의 품속을 전전하는 성종이 야속했다.

1479년(성종 10) 6월 1일은 윤씨의 생일이었다. 왕후의 탄신일이라 국가적인 하례연을 열어야 하는데 성종은 이를 중지시켰다. 문무백관들은 어쩔 수 없이 윤씨의 생일을 축하하기 위해 옷감만을 바쳤다. 문무백관의 하례까지 중지시킨 성종이 야속하던 터에 성종은 그 날 밤 다른 후궁의 처소를 찾았다. 윤씨는 자신의 생일날 다른 후궁의 처소를 찾는 성종에게 분노했다.

"전하께서 어디 계시느냐?

윤씨가 눈초리를 치켜세우고 궁녀들에게 물었다.

"후궁 처소에 계시옵니다."

"내가 가 볼 것이니라."

"중전 마마, 아니 되옵니다."

"어찌 아니 된다고 하느냐? 비켜라!"

윤씨는 궁녀들의 만류를 뿌리치고 후궁의 처소로 달려갔다. 사방은 캄캄하게 어두워 등롱을 든 내관들이 황망히 뒤를 따랐다. 후궁 처소에 있던 내시들과 궁녀들이 만류하려고 했으나 눈빛이 표독하게 변한 윤씨를 보고 겁이 나서 물러났다. 윤씨가 찬바람을 일으키며 대청으로 올라가 처소의 방문을 확 열어젖혔다.

"중전, 이게 무슨 짓이오?"

성종은 정소용과 동침을 하려고 할 때 윤씨가 문을 열어젖히자 경악했다.

"전하, 오늘이 무슨 날인지 아십니까?"

윤씨는 자신이 얼마나 엄청난 일을 저질렀는지 알지 못하고 소리를 질렀다. 성종은 당황한 표정이 역력했다.

"중전 마마, 전하께서 계신데 어찌 이러시옵니까?"

정소용이 이부자리로 가슴께를 가리고 있다가 입언저리에 미소를 매달고 조소했다.

"뭣이 어째? 네년이 나를 능멸하는 것이냐?"

윤씨는 눈에서 불을 뿜으며 정소용의 뺨을 후려쳤다. 정소용이 외마디 비명을 지르며 바닥에 뒹굴었다.

"중전!"

성종이 대노하여 소리를 버럭 지르면서 윤씨의 손을 움켜잡았다. 윤씨는 성종의 손을 뿌리치려다가 용안에 손이 스쳤다. 성종의 용안에 윤씨의 손톱자국이 길게 맺혔다.

"전, 전하!"

윤씨의 얼굴이 하얗게 변했다. 성종이 매서운 눈으로 윤씨를 쏘아보다가 문을 박차고 뛰어나갔다. 성종이 들으라는 듯 정소용은 방바닥에 엎드려 흐느껴 울었다. 윤씨는 일부러 소리를 내어 우는 후궁의 등을 노려보다가 비틀대는 걸음으로 교태전으로 돌아왔다.

'아아, 내가 어쩌다가 정소용의 처소까지 달려갔다는 말인가?'

윤씨는 왕비의 처소인 교태전으로 돌아오자 비로소 후회했다. 그녀가 저지른 엄청난 일로 대궐이 발칵 뒤집혀 있었다. 윤씨는 성종이 교태전으로 돌아오면 용서를 빌어야 하겠다고 생각했다. 그러나 성종은 끝내 교태전으로 돌아오지 않았다. 분노한 성종은 교태전으로 가는 대신 인수대비를 찾아갔다. 성종의 용안에 손톱자국이 맺힌 것을 본 인수대비는 대노했다. 인수대비의 허락을 받은 성종은 명소패를 보내 대신들을 부르려다가 취소하고 날이 밝자마자 대신들에게 입궐하라는 영을 내렸다.

6월 2일, 날이 채 밝기도 전에 영의정 정창손, 상당부원군 한명회, 청송부원군 심회, 광산부원군 김국광, 우의정 윤필상이 이르렀다.

지금 중궁의 소위는 길게 말하기가 어려울 지경이다. 내간(內間 : 부녀자가 거처하는 곳)에는 시첩의 방이 있는데, 일전에 내가 마침 이 방에 갔는데 중전이 아무 이유도 없이 들어왔으니 어찌 이와 같이 하는 것이 마땅하겠는가? 예전에 중전의 실덕이 심히 커서 일찍이 폐하고자 했으나, 경들이 모두 다 불가하다고 말했고 나도 뉘우쳐 깨닫기를 바랐는데, 지금까지도 오히려 고치지 아니하고 나를 능멸하는 데까지 이르렀다. 이것은 비록 내가 집안을 다스리지 못한 소치이지만, 국가의 대계를 본다면 어찌 중궁에 처하게 하여 종묘를 받드는 중임을 맡길 수 있겠는가? 내가 만약 후궁의 참소하는 말을 듣고 그릇되게 이러한 거조를 한다면, 천지와 조종이 위에서 바로잡아 줄 것이다. 칠거지악 중 하나라도 들어 있으면 버린다고 했는데 중궁의 실덕은 한 가지가 아니다. 중전은 '말이 많으면 버린다', '순종하지 아니하면 버린다', '질투를 하면 버린다'라는 세 가지 죄에 해당한다. 이제 마땅히 폐하여 서인을 만들려고 한다.

성종의 명이 내리자 정창손과 한명회를 비롯한 조정 중신들의 얼굴이 하얗게 변했다.

왕후 윤씨의 죄는 투기다. 성종이 다른 후궁의 방을 찾아가자 자신도 모르게 분개하여 그 방으로 달려간 것이다. 이는 여성의 입장에서는 사랑을 되찾아 오려는 분노의 표출이다.

윤씨는 내 남자가 다른 여자와 동침을 하는 것을 참을 수 없었다. 그러나 시대는 남자가 여러 여자를 거느리던 때였다. 게다가 성종은 절대 권력을 가진 군주였기 때문에 투기는 최대의 죄악이었다. 왕후인 윤씨가 그 사실을 몰랐을까? 그렇지는 않다. 윤씨는 투기를 하게 되면 자신의 자리가 위험하다는 사실을 알고 있었다. 그러나 자신이 사랑하는 사람이 다른 여자에게 향하는 것을 도저히 용납할 수가 없었다. 윤씨는 사랑에 목숨을 걸었다. 사랑하는 사람을 되찾아 올 수 없다면 죽어도 좋다고 생각했던 것이다.

성종은 윤씨의 투기에 진저리를 쳤다. 그러잖아도 대비들로부터 배척을 받고 있는 윤씨를 내치기로 결정했다. 윤씨는 지난번 대비들로부터 폐비론이 일어난 데 이어 성종에 의해 폐비될 위기에 처한 것이다.

그러나 문제는 윤씨가 원자를 낳았다는 사실이었다. 원자가 장성하여 임금이 된다면 폐비를 논의한 대신들은 하나도 살아남지 못한다. 정창손과 한명회는 등줄기로 소름이 끼치는 듯한 전율을 느꼈다.

"이제 상교를 받으니, '중궁이 실로 순종하는 도리를 잃어서 종묘의 주인을 삼는 것이 불가하다'고 했습니다. 상교가 이에까지 이르렀으니 어떻게 하겠습니까?"

정창손은 임금의 뜻이 확고하다면 어쩔 수 없는 일이라고 말했다. 한명회는 노회한 정승답게 원자의 문제를 걱정했다.

"신은 더욱 간절히 우려합니다. 성상께서 칠거지악으로써 말씀하시니, 신은 말을 할 수가 없습니다. 그러나 다만 원자가 있어서 사직의 근본이 되는데 어떻게 하겠습니까?"

"사세가 이에 이르렀으니 어찌할 수가 없습니다."

윤필상은 윤씨의 투기가 심하니 폐위를 시켜도 어쩔 수 없는 일이라고 아뢰었다.

윤씨의 죄를 확대 조작한 대비전

❊

성종이 폐비령을 내렸지만 대부분의 대신들은 극렬하게 반대했다. 대신들의 반대가 심하자 이번에는 대비전에서 교지가 내려왔다.

중전은 전날에 거의 주상을 받들지 아니했다. 그리고 덕이 적은 내가 수렴청정을 하는 것을 보고는, 어린 임금을 끼고 조정에 임할 뜻으로 옛날 조정에 임한 왕후들의 일을 달갑게 여기며 말했다.

대비전의 교지에서 주목할 말이 있다. 정희왕후가 수렴청정을 하는 것을 마땅치 않게 여긴 윤씨가 어린 임금(성종)을 끼고 조정에 임하려 했다는 것이다. 이는 정희왕후와 인수대비, 그리고 윤씨 사이에 치열한 권력 투쟁이 있었음을 의미하는 것이다. 윤씨 폐비 사건의 시작은 사실상 여기에 있다. 윤씨는 자신의 정치력을 발휘하려고 한 당찬 여성이었던 것이다.

대비전의 교지는 윤씨의 죄악을 여러 가지로 열거하고 있다.

주상이 꽃 핀 뜰에서 놀고 새를 잡아 희롱하다가도 만약 제 몸이 편치 않으면 갑자기 기도하며 이르기를, '내가 죽지 않기를 바라니 보여주기를 원하는 일이 있다'고 했다. 평소의 말이 늘 이와 같으니 우리들은 항상 두려워했다. 만약 주상이 편치 않을 때를 만나면 중전이 음식에 독을 넣을까 두려워하여 여러 가지 방법으로 방비하면서 중전이 지나가는 곳에는 음식을 두지 않도록 했다. 비록 이름을 국모라고 하나 본래는 평인인 것이요, 한 나라에서 높임을 받는 분은 주상이 있을 뿐 누구이겠는가? 그런데도 늘 주상을 경멸하여 안심하고 음식을 들 때가 없게 했고, 제 스스로 큰 죄가 있다고 여기는데도 자리에서 움직일 수 없으니 지금에 와서 난들 어떻게 하겠는가? 지난해에는 중전이 주상을 용렬한 무리라고 했고 그 발자취까지 아울러 없애 버리고자 하므로 주상이 부득이 정승들에게 알렸던 것이다. 불의한 일을 행했을 때에 우리들이 물으면 대답하기를, "주상이 가르친 것입니다" 하고, 주상이 이를 보고 꾸짖으면, "대비가 가르친 것입니다"라고 하여 그 거짓된 짓을 행하는 것이 이와 같았다.

윤씨를 대궐 한쪽에 유폐시키자는 대신들의 주장에도 불구하고 성종은 완강하게 윤씨를 폐비할 것을 고집했다. 결국 윤씨는 서인이 되어 사가로 쫓겨났다.

윤씨의 폐비 사건은 권력을 둘러싼 치열한 암투와 고부간의 갈등이 배경이었고, 결정적인 원인이 된 것은 성종이 후궁과 잠자리에 들었을 때 윤씨가 뛰어든 일이었다. 《연려실기술》에는 이 대목이 적나라하게 묘사되어 있다.

처음에 윤비가 원자를 낳아 임금의 사랑이 두터워지자 교만하고 방자하여 후궁인 엄씨와 정씨를 투기하고 임금에게도 공손하지 못했다. 어느 날 임금의 얼굴에 손톱자국이 났으므로 인수대비가 대노하고 임금의 노여움을 돋우어 외정外廷에서 대신에게 보였다.

《연려실기술》에는 인수대비가 '임금의 노여움을 돋우었다'고 기록되어 있는데, 이는 대비전에서 윤씨의 죄를 확대 조작했을 가능성을 암시한다. 만약 윤씨가 지나는 곳에 음식을 놓지 않을 정도로 의심을 하고 있었다면 당장 사약을 내리는 일도 서슴지 않았을 것이다.

임금의 얼굴에 손톱자국이 났으니 대신들이 놀란 것은 당연한 일이었다. 그러나 정사의 기록에는 이 부분이 전혀 남아 있지 않다. 윤씨가 성종의 발자취까지 없애 버리겠다고 악담을 했다고 밝히면서 손톱자국에 대해서는 언급이 없는 것이다.

만약 윤씨가 임금의 발자취를 없애겠다고 큰소리를 쳤다면 당시의 시대상으로는 온전한 정신 상태라고 할 수 없을 것이다. 후궁들의 침소에 출입하여 투기를 한다고 해도 일반적으로 후궁들을 모함하거나 질투를 하는 것에 그칠 뿐 절대 권력자인 임금에게는 할 수 없는 금기의 행동이다. 이렇게 볼 때 이 대목은 오히려 정소용이나 엄소용 등이 모함한 것이고 윤씨는 희생자일 가능성이 있다.

윤씨의 폐출은 전광석화처럼 이루어졌다. 성종의 전교가 떨어지자 윤씨의 사가로 가마를 들이라는 명이 내리고 중궁전이 봉쇄되었다.

'어, 어떻게 이럴 수가……'

내관으로부터 어명을 전달받은 윤씨는 경악했다. 하늘이 무너지고 가슴이 컥 하고 막히는 것 같았다. 윤씨는 후궁의 방에 뛰어든 것이 이토록 큰 일로 번질 것이라고는 생각하지 못했었다. 그리고 사랑하는 남자가 자신을 버렸다는 사실을 믿을 수 없었다.

"폐서인은 속히 출궁하시오."

대궐에서 윤씨를 내보내라는 성화가 빗발쳤다.

'내가 사랑한 사람이 이토록 무정한 사람이었던가?'

윤씨는 상궁들에게 떠밀리다시피 하며 사가에서 들여 온 가마에 올라 앉았다. 궁녀들이 곳곳에서 수군거리고 그녀를 받들던 중궁전 상궁들이 울음을 터트렸다. 이제는 폐서인이었기 때문에 대궐의 정문으로 나가지 못하고 후문으로 나가야 했다. 대궐에 다시는 돌아올 수 없을 것이라고 생각하자 눈물이 비 오듯이 흘러내렸다.

대의로써 결단하니 나라의 복이니라

❀

사가로 쫓겨난 윤씨는 외롭고 쓸쓸한 나날을 보냈다. 그러나 원자가 있었기 때문에 여전히 그녀는 위력적인 존재였다. 윤씨가 살아 있는 한 목숨이 위태로운 궁중의 여인들은 그녀를 죽이기 위한 음모를 꾸미기 시작했다.

윤씨는 지난날 성종과 나누었던 사랑을 생각하면서 원통함과 분한 마음을 달랬다. 그러나 생각할수록 기가 막히고 억울하기 짝이 없었다. 시어머니인 인수대비가 원망스럽고 성종이 야속했다.

'한낱 봄꿈에 지나지 않았어.'

윤씨는 성종의 용안을 생각하다가 고개를 흔들었다. 성종의 사랑을 받았던 일도 부질없는 꿈에 지나지 않을지 모를 일이었다. 대궐에서 쫓겨난 지 어언 1년이었다. 하루 온종일 찾아오는 사람도 없고 밖에 나갈 수도 없었다. 늙은 여종과 계집종이 있기는 했으나 넓은 집안을 건사할 수 없었다. 죄인의 처지라 머리를 풀어헤친 채 지내 이웃에서는 귀신이 산다고들 했다. 뜰에는 잡초가 무성하고 지붕은 기와가 무너질 듯이 주저앉아 폐가와 다를 바 없었다.

흐르는 세월 속에서 윤씨는 성종이 다시 불러 주기만을 하염없이 기다렸다. 그토록 열렬히 사랑했던 사람이 끝내 자신을 버리리라고는 생각하지 않았다. 그런데 그 때 윤씨의 사가에 도둑이 침범하는 사건이 발생했다. 이 일은 성종과 조정 대신들에게 다시 한 번 그녀의 존재를 떠올리게 하는 결과를 낳았다.

"윤씨는 지은 죄악이 매우 크므로 폐비하여 마땅합니다. 그러나 이미 국모가 되었던 분인데 무람없이 여염에 살게 하는 것 때문에 온 나라의 신하와 백성들이 마음 아프게 여기지 않는 이가 없습니다. 신의 생각으로는 따로 한 처소를 장만하여 주고 관가에서 물자를 공급하여 주는 것이 좋을 듯합니다."

시독관 권경우가 아뢰었다.

"신이 윤씨의 죄악상을 알고 있습니다만 이미 지존의 배필이었던 분입니다. 또한 금년은 흉년이 들었는데 아침저녁으로 공급되는 물자가 어찌 넉넉할 수 있겠습니까? 신은 처음 폐위를 당했을 때에도 따로 처소를 정하여 공봉하기를 청했었습니다."

대사헌 채수도 아뢰었다.

"이미 서인이 되었는데 여염에 살게 하는 것이 어찌 무람없다고 하겠는가? 그런데 경들은 어찌 폐서인을 국모로서 말하느냐? 이는 원자에게 아첨하여 훗날의 지위를 탐하려고 하는 것일 것이다."

성종은 권경우와 채수의 간언을 원자에게 아첨하기 위한 행위라고 비난했다. 권경우와 채수의 진언이 대비전에 알려지면서 대궐이 다시 발칵 뒤집혔다. 대비전은 분노하여 권경우와 채수에게 죄를 물으라는 지시를 내리고, 성종은 이들을 국문하기 시작했다. 성종은 채수에게 윤씨가 가난하다는 말을 어디서 들었느냐고 물었다. 채수는 윤씨가 중전에 책봉되었을 때부터 이미 가난했다고 아뢰었다. 권경우와 채수는 국문을 당했으나 고집스레 윤씨를 비호했고, 많은 대신들이 언로를 막아서는 안 된다며 그들을 두둔하여 관직에서 내쫓는 것으로 사건이 마무리되었다.

한편 성종은 사가로 내쫓긴 후 윤씨의 삶이 궁금했다. 그는 내시를 보내 어떻게 살고 있는지 살피고 오라고 지시를 내렸다.

윤씨를 사가로 내쫓은 지 1년 만의 일이었다. 내시는 왕명을 받고 윤씨의 사가를 찾아갔다.

'대낮인데도 두억시니가 튀어나올 것 같구나.'

내시는 윤씨의 사가에 들어서자 잡초가 허리까지 자란 것을 보고 가슴이 서늘했다. 집을 돌보는 사람이 없어서 기와가 무너지고 담장이 허물어져 윤씨의 집은 흉가처럼 변해 있었다. 여종들이 대궐에서 내시가 왔다고 고하자 윤씨가 마루에 나와 앉았다.

"전하께서 어찌 지내시는지 보고 오라고 하셨습니다."

내시가 머리를 조아리고 말했다. 윤씨는 내시를 가만히 쏘아보았다. 전하께서 내시를 보낸 것은 무슨 까닭인가. 사가로 내쳤으니 사약이라도 내리려는 것일까. 윤씨는 내시를 가만히 보다가 입을 열었다.

"죄인이 전하의 성은에 힘입어 아직까지 살아 있습니다."

윤씨가 처연한 목소리로 대답했다. 윤씨는 죄인의 신분이라 하얀 소복을 입고 있었다.

"수라는 잘 잡수고 계신지요?"

윤씨는 대답을 하지 않았다.

"하루 한 끼만 하고 계십니다."

옆에 있던 늙은 여종이 말했다. 그랬던가. 그래서 윤씨의 눈이 퀭하고 몸이 바짝 말라 있는가. 인고의 삶을 살고 있는 윤씨를 보자 묵지근한 통증이 내시의 가슴을 훑고 지나갔다. 윤씨는 대궐에서 나온 내시에게 조용한 목소리로 성종과 원자의 안부를 물었다. 자신이 대궐에서 쫓겨나고 열흘 밖에 되지 않아서 둘째 아들이 죽었기 때문에 원자의 이야기를 할 때는 눈물이 흘러내렸다. 내시는 윤씨와 그다지 할 말이 없었다. 뜰에서 윤씨의 거처를 살핀 뒤에 황황히 인사를 하고 돌아갔다.

'내가 이제 죽을 것인가?'

윤씨는 내시가 돌아가자 눈앞이 캄캄했다. 전하가 내시를 보낸 것이 자신의 운명을 재촉하는 것이나 다를 바 없다고 생각했다.

'하늘이 나를 버리는구나!'

윤씨는 망연자실하여 넋을 놓고 앉아 있었다.

성종이 보낸 내시가 시실대로만 말했더라도 윤씨는 죽지 않았을 수 있었을 것이다. 그러나 인수대비의 명을 받는 내시는 윤씨가 사가에서 화려한 생활을 하면서 성종을 원망하고 있다고 아뢰었다.

"윤씨가 흉험하고 악한 것을 이루 다 말할 수 없다. 애초에 마땅히 죄를 주어야 했지만 우선 참으면서 개과천선하기를 기다렸다. 그의 죄악이 매우 커진 뒤에야 폐비하여 서인으로 삼았으나 그래도 차마 법대로 처리하지는 아니했다. 이제 원자가 점차 장성하는데 사람들의 마음이 안정되지 못하니, 오늘날에는 염려할 것이 없다고 하지만 후일의 근심을 이루 다 말할 수 있겠는가?"

성종은 좌승지 이세좌를 불러 윤씨를 사사하라는 영을 내렸다.

윤씨는 폐위되자 밤낮으로 울어 끝내는 피눈물을 흘렸는데 궁중에서는 훼방하고 중상함이 날로 더했다. 임금이 내시를 보내어 염탐하게 했더니 인수대비가 그 내시를 시켜, "윤씨가 머리를 빗고 낯을 씻어 예쁘게 단장하고서 자기의 잘못을 뉘우치는 뜻이 없다"고 대답하게 했다. 임금은 드디어 그 참소를 믿고 죄를 더 주었다.

《연려실기술》에 있는 대목으로서 윤씨에 대한 인수대비의 원한이 얼마나 극심했는지 알 수 있다.

이 때 대비전에도 언문 서간을 내려 윤씨에게 사약을 내리는 것이 정당함을 말했다.

기괴한 일을 듣고서 지극히 놀랐습니다만 대의로써 결단했으니 나라의 복입니다. 윤씨에게 죄를 주는 것은 오늘날 사람들의 말에 기인한 것이 아니라 일이 커지기 전에 미리 막는 것입니다. 그녀는 독약을 가지고 첩을 죽이려고 했을 뿐만 아니라 어린 임금을 내세워 권력을 마음대로 하고자 도모했으니 항상 스스로 말하기를, "내가 오래 살면 장차 할 일이 있다"고 했습니다. 또한 스스로 상복을 입는다고도 했으며 주상에게 말하기를, "그 눈을 빼고 발자취까지도 없애 버리며 그 팔을 끊어 버리고 싶다" 했으니 이와 같은 말들을 어찌 이루 다 하겠습니까?

대비전에서 내린 서간을 보면 지난번에는 언급되지 않았던 '그 눈을 빼고 팔을 끊어 버리고 싶다'는 말이 추가되어 있음을 알 수 있다. 이는 윤씨의 죄상이 부풀려진 것으로 사실상 음해에 해당하는 것이다. 정신이상자라고 해도 절대 군주인 국왕의 눈을 빼 버리고 팔을 잘라 버리고 싶다는 말을 함부로 내뱉을 수는 없다.

훗날 피바람을 불러온 윤씨의 죽음

※

좌승지 이세좌는 비상이 마련되자 폐비 윤씨의 사가로 갔다. 윤씨의 집은 한낮의 햇살 속에서 고즈넉했다. 대문을 열고 안으로 들어가자 윤씨가 대청에 나와서 이세좌를 바라보았다. 윤씨는 자신의 죽음을 예측하고 있었던 듯 혼이 나간 표정으로 이세좌를 노려보고 있었다.

"폐비 윤씨는 어명을 받으시오."

이세좌는 목소리가 떨려 나왔다. 그는 윤씨의 집에 들어선 순간부터 무언가 잘못되었다고 생각했다. 내시에 의하면 윤씨가 폐출된 것에 앙심을 품고 "원자가 장성하면 볼 만한 일이 있을 것이다"라고 험담을 하고 화려하게 옷치장을 했다고 했으나 뜰에는 잡초가 허리까지 자라고 지붕은 금방이라도 무너질 듯 기와가 허술했다. 윤씨는 흰 소복을 입은 채 철저하게 근신하고 있었다.

"어명을 받으시오."

이세좌가 목소리를 가다듬어 다시 말했다. 이세좌를 따라온 나졸들이 황급히 가마니를 깔고 여종들이 소반을 내왔다. 대청마루에서 내려온 윤씨가 소반 앞에 조용히 무릎을 꿇고 앉았다.

"죄인 윤씨는 사저에서 근신을 해야 하는데 반성하지 않고 패악한 말을 많이 하였으니 죽음으로 보상하라."

이세좌가 어명을 전하자 윤씨의 눈에서 눈물이 주르르 흘러내렸다.

"사약을 받으시오."

윤씨가 떨리는 손으로 사약 그릇을 받아들었다. 그녀는 한 마디 말도 하지 않았다. 성종에게 야속하다는 말을 하면 원자의 목숨조차 보존

할 수 없을 터였다.

"내 아이가 다행하게 보전되거든 이 수건을 전해서 나의 슬프고 원통한 사연을 알려주오. 나를 어련(御輦 : 임금이 타는 가마)이 다니는 길가에 묻어서 지나는 모습이라도 보게 하여 주오. 이것이 나의 소원이오."

이세좌가 몇 번이나 재촉을 하자 윤씨는 비로소 울음을 그치고는 피눈물을 닦은 수건을 친정어머니 신씨에게 주었다.

윤씨가 떨리는 손으로 사약 그릇을 입으로 가지고 가서 마셨다. 이세좌에게는 그 시간이 마치 억겁의 세월이 흐르는 것 같았다. 윤씨가 사약 그릇을 비우고 소반 위에 놓았다. 창자가 끊어지는 듯한 고통이 오는가. 윤씨의 얼굴 근육이 푸르르 떨리고 눈알이 튀어나올 것처럼 불거졌다. 꽉 다문 입술 사이로 피가 흘러나왔다.

'혀를 물었구나!'

이세좌는 경악했다. 고통을 참기 위해 혀를 물다니. 윤씨의 눈이 점점 커지고 사지가 경련하기 시작했다. 입에서 흘러내린 피가 고운 턱에서 미끄러져 흰 적삼의 앞섶을 흥건하게 적셨다. 이세좌는 눈을 질끈 감았다. 윤씨가 숨이 완전히 끊어진 것은 일각이 지났을 때였다. 이세좌는 내관을 시켜 성종에게 고했다.

"이세좌는 오지 말고 그 집에 유숙하라."

성종이 영을 내렸다.

윤씨의 죽음을 슬퍼하는 것일까. 오랫동안 가뭄이 계속되었으나 밤이 되자 비가 내리기 시작했다. 새벽이 되자 염습이 완전히 끝이 났다. 윤씨의 어머니 신씨는 윤씨가 입었던 옷을 벗겨서 정성스럽게 함에 담았다.

폐비윤씨지묘 앞을 지키는 문인석의 모습
왕후로 추봉되었다가 반정으로 인해 다시 강등되
어 죽어서조차 한을 남긴 폐비 윤씨. 아들이 폭군
으로 몰려 죽은 탓에 조선왕조 내내 그녀의 무덤
을 지켜 준 것은 이 문인석뿐이었다. 무덤은 경기
도 고양시 덕양구 원신동에 있다.

'저 피 묻은 옷을 왜 태우지 않고 보
관하는 것인가?'

이세좌는 빗줄기가 그치지 않는 북
녘 하늘을 바라보며 한숨을 내쉬었다.

윤씨가 사약을 받기 전에 신씨에게
전한 수건은 훗날 피바람을 불러오는
단초가 되었고, 윤씨는 죽은 지 22년
만에 아들 연산군에 의해 제헌왕후로
추숭되고 묘는 회릉이라는 이름을 받
았다. 그러나 중종반정이 일어나자 관
작이 다시 삭출되고 회릉 역시 폐비윤
씨지묘로 강등되어 죽어서조차 한을
남기게 된다.

폭군의 아내로 비운의 생을 살다 간
연산군부인 신씨

경복궁 교태전은 대대로 왕후들이 살던 전각이다. 조선의 국모가 생활하는 공간이라는 위상에 걸맞게 교태전은 위엄이 넘치면서도 다른 전각들과 달리 화려하게 건축되어 있다. 경복궁의 가장 안쪽에 치우쳐져 있으면서도 다른 전각들을 압도하는 모습으로 세워져 있는 교태전 앞에 잠시 서 있노라면, 그 옛날 왕후들이 수많은 궁녀들과 함께 이야기하고 웃고 슬퍼하는 모습이 눈에 밟힐 듯이 선하게 떠오른다. 그녀들의 부드러운 웃음소리, 지분 냄새, 풍성한 치맛자락을 끌면서 오가는 아름다운 모습들이 연상되는 것이다.

창덕궁 대조전도 역시 왕후들이 살던 전각이다. 원칙적으로 동온돌에는 왕이 거처하고 서온돌에는 왕후가 거처했다.

왕후들은 대부분 15세 내외일 때 간택되어 교태전이나 대조전의

경복궁에 있는 교태전의 모습 조선 태조 이성계가 건국한 지 3년 후인 1394년에 경복궁의 역사와 더불어 창건하였으나 화재로 소실되었다. 그 후 1555년(명종 10) 8월에 다시 지었으나 이것 역시 임진왜란 때 병화로 소실되었다. 현재의 건물은 1869년(고종 6)에 새로 창건한 것이다.

안주인이 되었다. 그러나 절대 권력을 둘러싼 정쟁과 암투가 끊임없이 벌어졌고 왕후들은 그 풍운에 휘말렸다. 특히 왕과 왕후의 관계는 미묘한 것이었다. 왕손을 번창시키기 위해 되도록 많은 후궁을 거느리는 것이 권장되던 시대에 한 남자의 지고지순한 사랑을 갈망하는 여인에게 왕후가 되는 일은 신데렐라가 되는 일이기도 하지만 비극의 주인공이 되는 경우도 많았다. 궁궐에는 상궁에서 무수리까지 수백 명의 여인들이 살고 있고 이들은 모두 왕의 여자들이었다. 이 때문에 왕에게 버려지고 잊혀지는 여자들도 적지 않았다.

폐제헌왕후 윤씨가 절대 권력을 둘러싼 암투의 희생자라면 그녀가 낳은 아들 연산군의 왕비 신씨는 남편이 폭군이었기 때문에 평생을 눈물로 보낸 여인이다.

간택을 거치지 않고 세자빈이 되다

✸

1487년(성종 18) 음력 3월 1일 병조판서 신승선의 집에 그를 수행하는 겸인傔人이 헐레벌떡 숨이 차게 뛰어 들어오면서 한바탕 소란이 일어났다. 신승선은 아직 퇴청하지 않고 있었다.

"마님, 아씨께서 세자빈이 되셨습니다. 대감마님께서 퇴청하신 뒤에 자세한 말씀 올린다며 우선 소인에게 소식을 전하라고 하셨습니다."

겸인이 중문을 지나 내당까지 단숨에 뛰어 들어와 숨이 턱에 차서 고했다. 내당에서는 갑작스러운 소식에 당황한 듯이 일순 정적이 흘렀다. 겸인이 다시 한 번 소리를 질러 고한 뒤에야 여기저기서 문이 열리고 사람들이 뛰어나왔다. 신승선의 부인 이씨는 놀란 눈으로 나와 겸인을 바라보았다. 이씨는 세종대왕의 셋째 아들 임영대군의 딸로서 지체 높은 종친이었다.

"세, 세자빈이라고 했느냐?"

"그러하옵니다."

"어찌 간택도 거치지 않고 그런 영을 내리셨다는 말이냐?"

이씨의 질문은 하찮은 겸인이 대답할 것이 아니었다.

성종은 1년 전에 이미 세자 이융이 11세가 되었으니 마땅히 빈을 맞아들여야 한다면서 8세에서 15세까지의 처녀들에게 금혼령을 내렸다. 간택이 시작되자 신승선도 딸의 단자를 들였는데 그동안 아무 소식이 없었던 것이다. 실록에도 간택령을 내린 기록이 소략하게 언급되어 있을 뿐 이후 과정에 관한 기록이 남아 있지 않다. 기록이 누락될 수도 있으나 세자빈을 정하는 일이 드물게도 1년 이상 걸렸다는 것을 봤을 때 가능성은 적다. 특히 국혼 일정이 비교적 상세하게 기록되어 있는 점으로 미루어볼 때 신승선의 딸은 왕실에 의해 직접 뽑힌 것으로 추정된다. 실제로 백관이 권정례(權停禮 : 간택 절차를 거치지 않고 거행하는 의식)로 하례했다는 기록이 있다.

세자빈은 장차 국모가 되는 자리다. 신승선의 딸은 어머니가 왕실의 딸이고 아버지는 현임 병조판서, 할아버지는 황해도 관찰사인 쟁쟁한 명문가 출신이었다. 이 때문에 어릴 때부터 학문을 배우고 재색을 겸비한 규수로서의 품성을 익혔다.

"마마, 경하 드립니다. 아기씨께서 세자빈이 되셨습니다."

이씨가 딸의 방을 찾아가 하례를 드렸다. 이씨의 딸은 어리둥절한 눈으로 이씨를 쳐다보았다. 방금 세자빈으로 간택되었다는 말을 듣기는 했지만 어머니가 갑자기 경어를 쓰니 놀란 것이다. 세자빈으로 간택되면 딸의 신분이 고귀해지므로 부모도 깍듯이 공대해야 했다.

"놀라셨습니까? 우리 아기씨가 세자빈이 된 것입니다."

아기씨라는 말은 종들이 주인에게 하는 말이다.

"어머니……."

"아이고, 내 정신 좀 봐! 이제 세자빈이 되셨으니 절을 올려야지."

이씨는 자신이 세자빈이라도 된 듯 들떠서 절을 하려고 했다.

"어머니, 왜 이러세요?"

신씨가 놀라서 이씨의 손을 잡았다.

"세자빈이 되셨다니까요! 우리 따님이 세자빈이 되셨다는 말씀입니다."

이씨는 기쁨의 눈물을 흘렸다. 딸이 세자빈이 되었다는 소식이 날아온 신승선의 집은 잔칫집 분위기가 되었다. 신씨의 오라버니들인 신수근, 신수겸, 신수영과 그 부인들, 그리고 집안의 수십 명 종들도 어지럽게 하례 인사를 올렸다. 불과 16세의 나이에 불과했던 신씨는 마치 거대한 해일을 만난 듯한 기분이었다. 세자빈이 무엇인지는 왕실의 딸인 어머니를 통해 잘 알고 있었다. 장차 지엄한 구중궁궐의 안주인이 될 신분. 하지만 신씨는 그러한 신분 상승보다 현실적으로 한 남자의 여자가 된다는 사실이 더욱 가슴이 설레었다. 왕세자인 신랑은 당년 12세로 그녀보다 네 살이나 어리다. 16세의 소녀인 신씨도 남녀 사이를 잘 알지 못하지만 왕세자는 더욱 모를 것이다. 그러나 방년 16세의 소녀인 신씨는 자신의 남자가 될 왕세자의 모습을 상상하면서 가슴 속에서 사랑을 키워나갔다.

감수성이 풍부했던 세자와의 사랑

❋

신씨는 문득 방문을 열고 뜰을 내다본다. 얼마 전부터 햇살이 따뜻하고 뺨을 스치는 바람이 훈훈하더니 봄이 만개해 있었다. 뜰에는 복사꽃, 살구꽃이 흐드러지게 피고 바람이 일 때마다 흰 꽃잎이 분분히 날렸다.

'낙화로구나.'

신씨는 뜰에 자욱하게 깔린 꽃잎들을 바라보면서 문득 알 수 없는 서글픈 생각이 가슴을 저미는 것을 느꼈다. 어쩌면 그것은 자신에게 닥쳐올 미증유의 불행을 예감한 탓인지도 몰랐다.

세자빈으로 결정되면서 그녀의 주변에 여러 가지 변화가 일어났다. 그녀가 살던 신승선의 집은 정청궁으로 불렸고 내금위에서 나온 군사들이 밖을 호위했으며 대궐의 상궁과 내시들이 시중을 들었다. 부모형제는 집을 비우고 옆집으로 이사하여 문안만 올릴 뿐이었다.

4월이 되자 신씨는 가례를 올리지 않았는데도 대궐에 들어가 성종과 정현왕후, 그리고 인수대비에게 인사를 올렸다.

해가 바뀌어 1488년(성종 19) 2월 6일에 윤씨는 세자와 혼례를 올렸다. 그 날은 아침부터 하늘이 잿빛으로 낮게 가라앉고 비바람이 세차게 불어 사람들이 불안한 얼굴로 웅성거렸다. 성종이 세자빈의 아버지 좌참찬 신승선에게 편지를 보냈다.

"세상의 풍속은 혼인날에 바람 불고 비 오는 것을 싫어하는 모양이나 대개 바람이 만물을 움직이게 하고 비가 만물을 윤택하게 하니 만물이 사는 것은 모두 바람과 비의 공덕이라."

성종의 편지를 받은 신승선은 감격하여 사례의 인사를 올렸다. 다행히 점심때부터 날씨가 청명하게 개어 무사히 혼례를 올릴 수 있었다. 신씨는 왕세자와 혼례를 올리고 대궐로 들어갔다. 신씨는 세자빈이 되었으나 폐비 윤씨의 사사로 대궐에 어두운 그림자가 감도는 것을 알지 못했다.

왕세자 융은 문학청년이었다. 그는 보위에 오른 뒤에 어제시를 90

편이나 남겼을 정도로 감수성이 풍부했다.

> 단풍잎 서리에 취해 요염하게 곱고
> 국화는 이슬 머금어 향기가 가득하네
> 조화의 말없는 공 알고 싶으면
> 마땅히 가을 산 경치를 보라

연산군이 남긴 어제시 중 하나다. 세자빈 시절 신씨는 모든 것이 조심스러웠다. 왕세자 융은 성종이나 정현왕후에게 따뜻한 사랑을 받지 못했다. 정현왕후는 연산군의 생모인 윤씨가 사사된 후 숙의에서 왕후로 책봉된 여인이었다. 신씨가 왕세자 융과 함께 문안 인사를 드리러 가면 무엇인지 알 수 없는 냉랭한 분위기가 감돌았다. 이미 노인이 된 인수대비의 날카로운 눈매에는 서릿발이 서려 있었다.

"나는 할마마마가 무섭소. 빈궁은 어떻소?"

왕세자 융은 인수대비전에 문안을 드리고 돌아오면서 우울한 표정으로 말했다.

"저하, 공연한 말씀이십니다. 할마마마인데 어찌 손주가 귀엽지 않겠습니까?"

신씨는 화사하게 웃으면서 융을 바라보았다.

"할마마마께서는 빈궁을 귀여워하시지."

세자 융이 볼멘소리로 말했다.

"저하."

세자빈 신씨가 재빨리 융의 손을 잡았다. 한창 감수성이 예민한 10

대 부부였지만 신씨는 융보다 네 살이 더 많았다. 부부의 사랑도 신씨가 이끌어 갈 수 밖에 없었다. 세자 융과 세자빈 신씨는 나이가 어렸기 때문에 소년소녀처럼 풋풋한 사랑을 나누었다.

신씨는 혼례를 올린 지 5년이 지난 뒤인 22세가 되었을 때 아들을 낳았다. 고대하던 아들을 낳은 신씨는 문무백관의 하례를 받고 남편인 왕세자의 사랑을 받아 행복의 절정에 이르렀다. 모든 것이 만족스러웠고 더 바랄 것이 없었다. 친정아버지 신승선은 우의정이 되어 있었고 오라버니들도 줄줄이 높은 관직에 올랐다. 그녀로 인해 친정까지 영화를 누리게 된 것이다. 그런데 그녀가 원손을 낳은 지 얼마 되지 않아 성종이 시름시름 앓기 시작하더니 그해 12월에 38세의 젊은 나이로 승하했다. 이에 세자 융은 18세의 나이에 조선의 국왕으로 즉위했고 신씨는 22세에 왕후가 되었다.

연산, 조의제문 사건으로 사림파를 쓸어내다

✦

즉위 초 연산군은 성종의 치세를 본받아 국사를 이끌었다. 암행어사를 전국에 파견하여 민정을 살피고 사가독서(賜暇讀書 : 젊은 문신들을 휴가를 주어 독서당에서 공부하게 하던 일)를 실시하는 등 전대의 치세를 그대로 이어나갔던 것이다. 그러나 실록을 면밀하게 분석해 보면 이 때부터 연산군이 반항아적인 모습을 드러내고 있음을 알 수 있다.

"대비들에게 권하고 들지 않으면 내가 먼저 먹겠다."

성종이 승하했을 때 대비들이 수라를 들지 않자 연산군은 퉁명스럽게 내뱉었다.

"유교遺教에 정승들과 상의하라고 했으니 정승들을 들라고 하라."

성종의 죽음을 앞에 놓고 연산군은 대신들에게 억박지르듯이 영을 내렸다. 대신들을 존중하고 아끼는 모습은 찾아보기 힘들었던 것이다. 이러한 일은 즉위한 후 4년 동안 내내 계속되었고 연산군의 치세가 결코 밝지 않으리라는 사실을 암시하고 있었다. 사실 연산군의 폭압적이고 반항적인 성격은 세자 시절에 이미 형성된 것이었다.

연산군이 세자 시절 필선(弼善 : 세자 시강원의 정3품 관직)은 허침이었고, 보덕(輔德 : 시강원의 종4품 관직)은 조지서였다. 조지서는 천성이 강직해서 연산군이 공부를 하지 않으면 화를 내고 책을 집어던졌다.

"저하께서 학문에 힘쓰지 않으시면 신은 마땅히 전하께 아뢰겠습니다."

연산군은 조지서를 항상 두려워했다. 허침은 언제나 부드러운 말로 조용히 권고했기 때문에 연산군이 좋아했다.

"조지서는 큰 소인이요, 허침은 큰 성인이라."

연산군은 벽에다가 글을 써 붙이고 조지서를 조롱했다. 갑자사화가 일어나자 연산군은 조지서를 참수하고 그 집을 적몰했다. 우의정이 된 허침은 잘못된 것을 바로잡지는 못했으나 연산군의 영을 받들어 의정부에 앉아 죄수를 논죄할 적에 구원하여 살린 사람이 매우 많았다. 정무를 마치고 집에 돌아오면 매양 피를 두어 되 가량 토하더니 답답한 심정을 억누르지 못해 죽었다고 한다.

사림은 연산군이 즉위하자 성종과 같은 어진 정치를 해야 한다면서 연산군을 압박했다. 고리타분한 유교의 경전과 예를 찾는 사림에 불만을 갖고 있던 연산군은 그들을 몰아낼 기회만을 노리고 있었다. 훈구파도 도학정치를 역설하고 자신들을 경멸하는 사림파를 좋지 않게 보고 있었다. 이러한 때에 김종직의 조의제문弔義帝文 사건이 터졌다.

1498년(연산군 4) 실록의 사초를 작성한 김일손은 어느 날 자신의 스승인 김종직의 조의제문에 대해 언급했다. 조의제문은 항우에게 억울한 죽음을 당한 초나라 의제를 조문하는 글인데, 김일손이 단종이 억울하게 죽은 일을 기록하면서 조의제문의 참뜻을 사초에 쓴 것이다. 김일손은 의금부로 끌려와 혹독한 국문을 당하자 사실을 자백했다.

사초에 "단종의 시체를 숲속에 던져 버리고 한 달이 지나도 염습하는 자가 없어 까마귀와 솔개가 날아와서 쪼았는데, 한 동자가 밤에 와서 시체를 짊어지고 달아났으니 물에 던졌는지 불에 던졌는지 알 수가 없다"고 쓴 것은 최맹한에게 들었습니다. 신이 이 사실을 기록하고 이어서 쓰기를 "김종직이 과거에 급제하기 전에 꿈속에서 느낀 것이 있어 조의제문을 지어 충의로 일어나는 분한 마음을 표현했다" 하고, 드디어 김종직의 조의제문을 썼습니다.

단종의 시신은 영월 호장 엄흥도가 수습했으나 그의 죽음을 안타까워하는 민초들에 의해 무수한 소문이 항간에 나돌았다. 단종의 시체가 숲속에 한 달 동안 버려져 까마귀와 솔개의 먹이가 되고 있었다는 사초도 그러한 소문이 바탕이 된 것이다. 그러나 사초에만 언급되어 있을 뿐 이때까지 실록에는 기록되지 않았었다. 한편 세조가 단종을 죽인 뒤 시체를 숲속에 버렸다고 기록한 것은 세조, 예종, 성종, 연산군으로 이어지는 왕조의 정통성을 부정하는 것이었다.

김일손의 사초 사건은 참혹한 옥사를 일으키는 시발점이 되었고 매일같이 가혹한 고문이 이어졌다. 김종직은 부관참시되고 김일손, 권경유, 권오복 등은 능지처참당했다. 성리학을 바탕으로 도학정치를 실현하려 했던 사림파 수십 명이 귀양을 가고 조정에서 축출되었다.

"김종직은 초나라 항우가 의제를 시해한 일에 빗대어 문자로 선왕을 헐뜯었으니 하늘에 넘실대는 악은 용서받을 수 없는 죄에 해당한다. 이에 대역으로 규정하여 부관참시했다. 그의 도당 김일손, 권오복, 권경유는 간악한 붕당을 지어 그 글을 충의라 칭찬하며 사초에 남기려 했으니 능지처참했노라."

연산군은 무오사화로 사림파를 대대적으로 쓸어버린 뒤에 교지를 반포하고 대사령을 발표하기까지 했다.

천하제일의 요부 장녹수에게 빼앗긴 사랑
❋

무오사화는 연산군의 왕권을 강화시키는 계기가 되었다. 연산군은 사림파를 쓸어 버린 후 본격적인 엽색 행각에 나섰다. 그는 예술가적 기질이 농후한 인물이었다.

이슬 젖은 아리따운 붉은 꽃 푸른 잎 속에 만발하여
향기 풍기는 누각에 남풍으로 취하네
구경만 하라고 은대銀臺에 주는 것이 아니라
심심할 때 보며 천지의 조화를 생각하라는 것이네

이 무렵 그가 남긴 어제시로서 여기서 은대는 승정원을 말하는 것이다. 한편 이해하기 힘든 것은 그의 엽색 행각이다. 왜 그는 대궐과 조정을 주지육림으로 만든 것일까?

이것 역시 그의 예술가적 소양과 무관하지 않은 듯하다. 성종의 엄명이 있었기 때문에 그에게 생모에 대한 이야기를 해 주는 사람은 아무도 없었다. 또한 사람들이 그를 두려워하면서 가까이 하지 않았기 때문에 사랑을 받을 수 없었다. 연산군은 그러한 분위기 속에서 성장하여 보위에 올랐다. 사랑을 받지 못한 사람은 주는 것도 모른다.

연산군은 외롭고 고독한 영혼을 예술적 취미로 달랬다. 세자 시절 많은 시를 지었을 것으로 추정되나 훗날 폐위되어 사사된 탓인지 기록에는 전하지 않는다.

연산군이 기생들과 자주 어울리는 것은 아름다운 노래와 춤을 좋아하는 것으로 시작되었다. 기생들은 노래를 잘 부르고 춤을 잘 춘다. 이들의 노래와 춤은 수준 높은 공연 예술이었다. 예술을 즐겼던 것이 성적인 쾌락으로 발전했던 것이다.

예종의 아들 제안대군은 예종이 죽었을 때 성종에게 보위가 돌아가는 바람에 평생 동안 한을 품고 살았다. 그는 부인이 둘이었으나 자식을 낳지 못했다. 어느 날 연산군이 제안대군의 집에 들렀는데 그 때 조선 최고의 요부로 불리는 장녹수를 만나게 된다.

장녹수는 집안이 가난하여 몸을 팔아 생계를 유지하던 창부였다. 천민이어서 여러 번 시집을 갔다가 제안대군 집 가노와 살면서 아들 하나를 낳았다. 그 이후 음악을 좋아하는 제안대군을 따라 춤과 노래를 배웠다. 특히 노래를 잘하여 입술을 움직이지 않아도 소리가 맑았다고 한다. 제안대군은 자신의 집을 찾아온 연산군에게 술을 대접하면서 장녹수를 불러 노래를 부르게 했다. 궁중음악만 듣던 연산군으로서는 처음 듣는 속요였다.

"이 세상의 소리가 아니구나!"

장녹수가 노래를 부르는 것을 보고 감탄한 연산군은 그녀를 대궐로 불러들였다. 장녹수는 타고난 요부 기질을 발휘하여 연산군을 치마폭에 휘어 감았다. 이 때 장녹수는 나이는 30여 세가 되었는데도 얼굴은 16세의 소녀처럼 앳되어 보였다.

왕을 조롱하기를 마치 어린아이같이 했고, 왕에게 욕하기를 마치 노예처럼 했다. 왕이 비록 몹시 노했더라도 녹수만 보면 반드시 기뻐하여 웃었으므로, 상주고 벌주는 일이 모두 그녀의 입에 달렸다.

장녹수는 연산군에게 욕까지 했다. 이는 봉건 윤리가 굳건한 조선시대에는 상상할 수도 없는 일로 그들의 음란함이 어떠했는지 짐작할 수 있다. 연산군이 방탕해지기 시작하자 왕후 신씨는 깊은 고뇌에 잠겼다.

남편이 다른 여자와 사랑에 빠지는 것을 보는 일은 여인으로서 가장 가슴 아픈 일 중 하나이다. 연산군에게 배신을 당했다고 생각한 신씨는 외롭고 고독한 날을 보내야 했다.

"전하께서 어찌 가무와 음주만 즐기시나이까? 경연에 나아가시고 정사를 보시옵소서."

왕후 신씨는 연산군에게서 주지육림에서 벗어나라고 권고했다.

"핫핫핫! 중전이 간언을 올리는 것이오? 내 어찌 중전의 말을 따르지 않겠소?"

연산군은 호탕하게 웃으면서 신씨의 말을 듣는 체했다. 그러나 신씨가 바른 말을 하기 시작하자 중궁전에 발걸음을 끊고 말았다.

'이제는 나를 찾아 주시지도 않는구나.'

연산군이 중궁전에 발길을 끊자 신씨는 더욱 외로웠다.

폐주의 황음하고 패란悖亂함이 날로 심해지자 왕후 신씨는 매양 바른 말로 간하다가 여러 번 부당한 능욕을 당하였다. 당시 장녹수를 모신다고 칭하는 자가 사방에 흩어져서 물건을 독점하여 이익을 구하고 평민들의 토지와 노비를 빼앗아 차지하였으나 공사公私 간에 아무도 감히 말하지 못하였다. 신씨는 매양 탄식하기를, "여러 궁인들이 나라의 정치를 어지럽게 하니, 나는 그 나쁜 것을 알면서 본받을 수 없다" 하고, 일찍이 내수사에 간절히 경계하기를, "만약 중궁의 사람들 가운데 횡포한 자가 있다고 들리면 반드시 먼저 매를 쳐서 죽이리라" 하였다. 이로 인하여 중궁의 사람들은 감히 그러하지 못하였다

조선 중기의 역관 조신이 남긴 《소문쇄록謏聞瑣錄》의 기록이다. 이 기록으로 미루어 보아도 왕비 신씨의 고통과 눈물이 어떠했는지 짐작할 수 있다.

"장녹수가 전하를 모시고 추잡한 짓을 하고 있사옵니다. 장녹수를 목 베어 죽여야 하옵니다."

궁녀들이 장녹수와 연산군이 음행을 벌이고 있다고 아뢰었다.

"나에게 말하지 말라. 나는 귀가 있어도 듣지 않을 것이고 눈이 있

어도 보지 않을 것이다."

신씨는 입술을 깨물었다. 눈에서 피눈물이 흘러내리는 것 같았다. 이후로도 신씨는 연산군이 기분이 좋을 때 주색을 멀리하라고 권했지만 연산군의 눈에는 금세 핏발이 섰다.

'광인의 눈이다.'

연산군의 눈을 보자 신씨는 소름이 끼쳤다. 연산군은 대궐에서 향연을 베풀며 기생들을 불러들였고, 홍청(興淸 : 연산군 대에 나라에서 불러들인 기녀)에 들어오지 않으려고 하는 여인은 가차 없이 베어 죽였다. 연산군의 명을 거역하면 죽음의 사신이 쫓아왔다.

연산군 대에 세워진 금표비 연산군이 자신의 유흥지에 일반인의 출입을 금하기 위해 세운 비이다. 이 석비는 금천군 이변의 묘역을 보수할 때 출토되었는데, 상단과 하단의 왼쪽 일부가 떨어져 있으며 땅 속에 오랫동안 묻혀 있어서 황토빛이 뚜렷이 남아 있다. 경기도 고양시 덕양구 대자동에 있다.

폐륜까지 서슴지 않았던 남편 연산

❀

장녹수와 연산군은 주지육림에서 지냈다. 기생들을 거처하는 곳을 운평과 홍청이라고 부르고, 친족에게 잔치를 베풀어 준다면서 대궐로 불러들인 뒤에 조금만 마음에 들면 닥치는 대로 겁탈했다.

왕의 음탕함이 날로 심하여 족친과 선왕의 후궁을 모아 친히 잔을 들어서 마시게 하며, 마음에 드는 사람이 있으면 장녹수와 궁인을 시켜 누구의 아내인지를 비밀히 알아보게 하여 외워 두었다가, 궁중에 묵게 하여 밤에 강제로 간음하며 낮에도 그랬다. 4,5일 동안 나가지 못한 사람으로서 좌의정 박숭질의 아내, 남천군 이쟁의 아내, 봉사 변성의 아내, 총곡수의 아내, 참의 권인손의 아내, 승지 윤순의 아내, 생원 권필의 아내, 중추 홍백경의 아내 같은 이들이 다 추문에 휩싸였다.

《연산군일기》의 기록이다. 연산군은 패륜까지 서슴지 않았다.

월산대군은 연산군의 백부였다. 예종이 급서했을 때 제안대군이나 월산대군이 보위를 이어야 했으나 몸이 허약하다는 이유로 성종이 보위에 올랐다. 월산대군은 혼례를 올리고 인수대비의 병간호를 하다가 35세의 나이로 죽었다. 그의 부인 박씨는 장안에 이름이 높은 미인으로 오빠는 박원종이었고 아버지 박중선은 병조판서를 지낸 인물이었다.

연산군은 어릴 적에 생모 윤씨가 비참하게 죽는 바람에 정현왕후의 손에서 자랐다. 그러나 병치레를 자주하여 월산대군저에 피접을 나간 일이 몇 번 있었다. 생모가 없어서 외롭고 고독한 그에게 항상 따뜻하게 대해 준 사람이 백모인 월산대군 부인 박씨였다. 박씨는 폐비 윤씨가 죽어 간 내막을 잘 알고 있었기 때문에 연산군을 아들처럼, 막내 동생처럼 돌봐 주었다. 이 때문에 연산군은 박씨를 항상 어머니처럼 그리워했다. 게다가 연산군의 아들도 병이 잦았기 때문에 그 집에 보내 양육하게 했다.

연산군은 아들을 돌봐 주는 데 대한 답례라면서 수많은 상을 박씨에게 내렸다. 그리고 아들이 세자가 되어 경복궁으로 돌아온 후에 박씨를 입시하게 하고는 어머니와 다름없는 여인을 간음했다.

왕은 수십 명의 후궁을 거느려도 죄가 되지 않는다. 오히려 왕손을 번창시킨다는 이유로 권장되기도 했다. 그러나 아무리 왕이라고 해도 남의 유부녀를 탐하는 것은 금지된 일이었다. 더구나 어머니 같은 존재인 박씨를 간음한 것은 왕후 신씨의 가슴에 못을 박았다.

어느 날 밤 왕이 박씨와 함께 자다가 꿈에 월산대군을 보고는 밉게 여겨 내관으로 하여금 한 길이나 되는 철장을 만들어 월산대군의 묘에 꽂게 했는데 우레와 같은 소리가 들렸다.

연산군과 간음을 한 박씨는 잉태를 하게 되자 수치심을 이기지 못해 자결했다.

백성에게 잔인하기 나보다 더한 사람이 없건만

❋

1504년(연산군 10), 연산군은 임사홍의 주선으로 생모 윤씨의 친정어머니인 신씨를 만나게 되었다. 신씨는 연산군에게 윤씨의 죽음에 대해 말하면서 피눈물로 얼룩진 적삼과 수건을 건네고 통곡했다.

"이것이 전하를 낳아 주신 어머니의 적삼과 수건입니다. 여기 어머니가 흘린 핏자국이 있습니다."

신씨는 폐비 윤씨가 사약을 받을 때 입었던 옷을 연산군에게 내밀었다. 10여 년 동안 부둥켜안고 지내 온 옷이었다. 적삼은 낡아서 만지면 바스라질 것 같았으나 핏자국은 뚜렷이 알아볼 수 있었다. 연산군은 윤씨의 옷을 움켜쥐고 통곡했다.

"전하의 어머니께서 사약을 받으신 후에 저는 죽지 못해 지금까지 살아왔습니다. 이제 전하께서 장성하여 보위에 오르셨으니 원한을 풀어 주십시오."

신씨는 윤씨가 죽은 뒤에 10여 년 동안 겪은 고초를 연산군에게 낱낱이 고했다. 이야기를 하는 동안 그녀는 목이 메어 몇 번이나 냉수를 들이켜야 했다.

신씨의 말을 듣는 연산군도 눈물을 그치지 못했다. 그의 눈은 분노로 붉게 충혈되고 가슴은 터질 듯이 부풀었다. 연산군은 그 날 밤부터 피바람을 불러일으키기 시작했다.

"안양군 이항과 봉안군 이봉을 목에 칼을 씌워 옥에 가두라!"

연산군이 윤영달에게 영을 내렸다. 이항과 이봉은 정소용이 낳은 아들이었다. 그러나 내시들이 미처 명을 받고 물러가기도 전에 다시 영이 떨어졌다.

"승지 두 사람이 당직청에 가서 항과 봉을 장 80대씩 때려 외방에 내치라. 또한 의금부 낭청 1명은 옥졸 10인을 거느리고 금호문 밖에 대령하라."

그런데 연산군은 또다시 말을 바꾸었다. 내시들이 달려가다 되돌아와서 영을 받들었다.

"항과 봉을 창경궁으로 잡아 오라!"

연산군의 목소리는 살벌했다. 내금위 무사들이 대경실색하여 임금의 이복동생인 이항과 이봉을 잡아왔다. 한밤중에 영문도 모르고 끌려온 그들은 사색이 되어 부들부들 떨고 있었다.

연산군은 이들에게 엽기적인 형벌을 내렸는데, 엄소용과 정소용을 자루 속에 넣고 아들들로 하여금 몽둥이로 때려죽이게 하는 것이었다.

밤에 엄씨와 정씨를 대궐 뜰에 결박하여 놓고 손수 마구 치고 짓밟다가 항과 봉을 불러 엄씨와 정씨를 가리키며 "이 죄인을 치라" 하였다. 항은 어두워서 누군지 모르고 치고 봉은 마음속에 어머니임을 알고 차마 몽둥이를 대지 못했다. 임금이 불쾌하게 여겨 사람을 시켜 마구 치되 갖은 참혹한 짓을 다하여 마침내 죽였다.

연산군의 분노는 이것으로 그치지 않아 내수사를 시켜 엄씨와 정씨의 시신을 찢어 젓을 담근 뒤에 산과 들에 뿌리게 했다. 이어서 비상계엄을 선포하고 조정 대신들을 마구 잡아들였다. 윤필상, 이극균, 김굉필, 성준, 이세좌 등이 처형당하고 한명회, 정창손, 남효온 등은 부관참시당했다.

연산군은 자신을 키워 준 정현왕후에게 달려가 칼을 들고 소리를 질렀다.

"빨리 뜰 아래로 나오시오!"

연산군이 칼을 휘두르자 대비전의 궁녀들이 모두 공포에 질려 달아났다. 정현왕후는 두려움에 몸을 오들오들 떨면서 밖으로 나오지 않았다. 이 때 왕후 신씨가 황급히 달려와 무릎을 꿇고 애원했다.

"전하, 고정하시옵소서. 대비 마마는 모후이시옵니다. 차라리 신첩을 죽여 주시옵소서."

"중전은 비키시오! 모후가 아니라 내 어머니를 죽인 여자요!"

"신첩을 한 번만 어여삐 여기시고 침전으로 돌아가시옵소서. 제발 지어미의 말을 들으시옵소서!"

신씨는 연산군 앞에 무릎을 꿇고 피눈물을 흘렸다. 일이 여기까지 이르자 연산군도 통곡을 하면서 편전으로 돌아갔다.

이 무렵 연산군은 광증은 도를 넘고 있었다. 내시 김처선이 술을 마시고 직언을 하자 분노한 나머지 친히 팔다리를 자르고 활로 쏘아 죽였다. 이에 그치지 않고 그 양자 이공신을 죽였으며 일가친척들도 모두 연좌시켜 처형했다. 김처선의 처와 첩은 노비로 강등시켰고 집터를 파서 연못을 만들었다.

> 백성에게 잔인하기 나보다 더한 사람이 없건만
> 내시가 난여(鸞輿 : 임금이 타던 수레)를 범할 줄이야
> 정이 많아 실마리 되니 부끄럽고 통분해
> 바닷물에 씻어도 한이 남으리

연산군이 남긴 시인데, 주체할 수 없는 광기 속에서도 스스로에 대해 파악하고 있는 것 같아 미묘한 느낌을 준다. 연산군은 시로서 자신보다 잔인한 임금이 없다고 고백하고 있는 것이다.

아비가 지은 죄를 아들까지 받는구나!

✼

갈수록 광기가 심해지던 연산군은 가혹한 처형을 자행했다. 흥청방의 여종 종가를 죽여 그 시체를 자르고 쪼개라고 명을 내리면서 승지 권균, 강혼, 한순과 이조판서 김수동, 예조판서 김감에게 처형하는 것을 감독하게 했다. 또한 공천(公賤 : 죄를 지어 관아에 속하게 된 종)에 속한 자들을 차례로 세워 종가의 형이 집행되는 것을 보게 한 후 사방으로 시체를 보냈다. 당시 종가는 미친 증세가 나타나서 주인이 대궐로 보내지 않았던 것이지만 연산군의 생각은 달랐다.

"대궐로 들어오는 것을 꺼려서 거짓으로 미친 체하는 것이다."

연산군은 그의 부모마저 부관참시하고 형제와 삼촌과 사촌들은 곤장 100대에 처하여 제주도로 보냈다.

갑자년 이후로 연산군은 더욱 잔인해졌다. 사람을 처형할 때 교살한 뒤에 목을 베고, 그러고도 부족하여 사지를 찢고, 사지를 찢고도 부족하여 마디마디 자르고 배를 가르는 형벌을 시행했다. 그것으로도 마음이 흡족하지 않으면 뼈를 갈아 바람에 날렸다.

연산군의 폭정이 계속되자 마침내 1506년(연산 12) 9월 박원종, 유순정 등이 중종을 옹립하고 반정을 일으켰다. 이로 인해 폐위된 연산군은 강화 교동으로 추방되고 임사홍, 장녹수, 신수근, 신수영, 신수겸 등은 반정군에 의해 살해되었다. 신씨는 사가인 정청궁으로 쫓겨나 여생을 살게 되었다.

연산군은 교동으로 유배된 지 두 달 만에 역질에 걸려 죽었다. 신씨는 연산군이 죽었다는 부음을 들었으나 눈물조차 나오지 않았다. 신씨

연산군 부부의 무덤 폐비 윤씨의 비극으로 인해 폭군이 되었던 연산군이 죽은 후 그 곁에는 부인 신씨의 시신이 안장되었다. 살아서 하루도 화목한 일상을 누리지 못했던 이 부부는 저승에서 무슨 이야기를 나누고 있을까? 어쩌면 생전에 못다 한 정을 나누고 있을지도 모를 일이다.

가 낳은 두 아들은 유배지에게 사사되었다.

'아비가 지은 죄를 아들까지 받는구나. 차라리 내가 함께 죽어야 하는 것을……'

두 아들이 죽었을 때는 신씨도 통곡을 하고 울었다. 어머니를 부르는 두 아들의 울부짖는 소리가 귓전을 쟁쟁하게 울리는 듯했다.

연산군이 폭정을 일삼고 있을 때 신씨가 대궐에서 무슨 일을 했는지는 실록에 구체적으로 남아 있지 않다. 어쩌면 통한의 세월을 보냈던 그녀가 최대의 피해자일지도 모른다. 지아비와 오순도순 사는 것만이 꿈이었으나 미치광이로 돌변한 연산군으로 인해 가슴에 피멍이 들어야 했던 연산군부인 신씨. 특히 폭군의 자식이라는 이유만으로 어린 두 아들이 죽음을 당한 일은 가슴을 저며 내는 일이었다. 그러나 함부로 목숨을 끊을 수도 없었다. 그녀가 목숨을 끊으면 노비로 전락한 친정의 여인들에게 어떤 벌이 내릴지 알 수 없었기 때문이다.

1512(중종 16)년 12월 12일 신씨는 중종에게 상소를 올려 연산군의 묘를 양주 해촌으로 이장하게 해 달라고 청했다. 이에 중종이 허락하여 연산군의 시신은 강화에서 양주 해촌으로 이장되었다.

신씨는 1537년(중종 31)에 죽어서 연산군의 옆에 묻혔다.

7일 만에 왕비의 자리에서 물러난
단경왕후 신씨

조선의 왕후들 중에는 자신의 잘못이 아닌 정치적인 상황으로 왕비의 자리에서 폐출되어 불행한 삶을 산 여인들이 있다. 단종의 왕비 송씨, 연산군의 왕비 신씨, 광해군의 왕비 유씨, 중종의 왕비 단경왕후端敬王后 신씨 등이다. 단종과 연산군, 광해군의 왕비들은 모두 쿠데타가 일어나 실각하는 바람에 폐출되었다. 그러나 중종의 왕비 단경왕후 신씨는 반정에 성공한 임금의 부인이면서도 영화를 누리지 못하고 폐출되어야 했다. 왕후가 폐출되는 것은 단순히 부인의 자리에서 쫓겨나는 것이 아니라 평생 지아비와 생이별을 하거나 집안이 멸문당하는 것을 뜻했다.

중종은 성종과 정현왕후 윤씨의 아들이었다. 정현왕후 윤씨는 우의정 윤호의 딸로 그가 신창현감으로 있을 때 현청에서 태어났다. 어머니 전씨가 하늘 위의 채색 구름 속에서 천녀天女가 내려와 품 안으로 들어오는 것을 보고서 잉태하여 낳았다고 한다. 12세에 숙의로 뽑혀 들어왔는데 폐비 윤씨와는 달리 정희왕후와 인수대비의 사랑을 받았다.

연산군의 생모 윤씨가 폐비되자 성종의 세 번째 왕후에 책봉되고 진성대군 이역(훗날의 중종)과 신숙공주를 낳았으나 공주는 일찍 요절했다.

진성대군은 12세가 되었을 때 13세인 신수근의 딸과 혼례를 올려 부부가 되었다. 임금의 이복동생이긴 했으나 유일한 왕자였기 때문에 형제간의 우애도 좋았다. 신씨는 대군의 부인이었기 때문에 부귀를 누리면서 안락하게 살고 있었다. 그러나 연산군이 폭군으로 변하면서 사람들의 관심이 정현왕후의 아들인 진성대군에게 쏠리기 시작했고, 진성대군은 행여나 연산군의 눈에 벗어나지 않을까 은인자중했다.

연산군이 다른 왕들처럼 평범한 군주였다면 대군의 부인인 신씨의 삶도 평탄했을 것이다. 그러나 연산군은 조선왕조사상 가장 잔혹한 임금이었다. 무오사화와 갑자사화를 일으켜 수많은 대신들을 죽이고 대궐을 주지육림으로 만들었다. 생모 윤씨의 폐비 사건과 조금이라도 관련이 있는 신하들은 참혹하게 죽음을 당했다.

연산군은 정소용의 아들 항과 봉을 잡아들인 뒤에 그들의 머리털을 움켜잡고 인수대비 침전으로 가 욕을 퍼부었다. 정소용과 엄소용은 자루 속에 넣어 몽둥이로 때려죽였다.

"이것은 대비의 사랑하는 손자가 드리는 술잔이니 한번 맛보시오!"

연산군이 항을 독촉하여 잔을 올리게 했다. 인수대비는 붉게 충혈된 연산군의 눈빛을 보고 두려움에 떨며 술을 마셨다.

"술을 드렸는데 사랑하는 손자에게 하사하는 것이 없습니까?"

연산군은 술에 취해 인수대비를 윽박지르자 인수대비가 놀라 창졸간에 베 두 필을 가져다주었다. 연산군은 인수대비를 머리로 들이받았고 인수대비는 연산군의 횡포에 혼절했다. 이 때 중전 신씨가 황급히 달려와 연산군을 만류했다.

"저 사람은 할머니가 아니라 불쌍한 내 어머니를 죽인 원수요!"

신씨의 만류 끝에 연산군은 겨우 편전으로 돌아갔으나 인수대비는 그 날의 충격으로 시름시름 앓다가 죽었다. 연산군은 월산대군의 부인인 박씨를 간음했다.

"인륜이 땅에 떨어졌다!"

박원종은 연산군이 월산대군의 부인이자 자신의 누나인 박씨를 간음하자 치를 떨었다.

하룻밤 사이에 왕후가 되다

❋

"임금이 임금 같지 않으면 갈아야 하는 것이 하늘의 뜻이오."

연산군의 폭정이 갈수록 심해지자 대신들이 반발하기 시작했다. 1506년 9월 1일 밤, 지중추부사 박원종, 이조판서 유순정, 부사용 성희안 등은 훈련원에 모여 반정을 도모했다. 무사와 건장한 장수들이 호응하여 구름같이 운집하고 유자광, 구수영, 운산군 이계, 운수군 이효성, 덕진군 이예도 달려와서 참여했다. 박원종은 여러 장수들에게 부대를 나누어 창덕궁을 향해 가다가 하마비동 어귀에 진을 쳤다. 이에 문무백관과 군사들, 백성들이 소문을 듣고 몰려나와 길을 메웠다. 영의정 유순, 우의정 김수동, 찬성 신준과 정미수, 예조판서 송일, 병조판서 이손, 호조판서 이계남, 판중추 박건, 도승지 강혼, 좌승지 한순도 왔다. 성희 안과 박원종 등의 거사에 조정 대신들이 구름같이 몰려온 것은 연산군 이 이미 광인이 되었기 때문이었다.

박원종은 구수영, 이계, 이예를 진성대군의 집에 보내 호위하면서 반정을 일으킨 이유를 고했다.

진성대군 이역은 부인 신씨와 함께 자다가 일어나 그들을 맞이했다. 밖에는 이미 횃불이 충천하고 장사들이 겹겹이 집결하여 떠들썩했다.

"장사들이 어찌 내 집에 온 것이오?"

진성대군이 놀라서 구수영에게 물었다.

"반정이 일어났습니다. 우리는 연산군을 몰아내고 새 임금을 추대 하기로 했습니다. 대군께서는 왕실의 가장 어른인 대비 마마의 적자이 니 보위를 이으셔야 합니다."

구수영의 말에 진성대군은 깜짝 놀랐다. 몇 번이나 자신은 덕이 없 다면서 사양했으나 반정을 일으킨 장사들의 강권에 날이 밝을 때까지 기다릴 수 밖에 없었다. 구수영은 장사들을 거느리고 진성대군의 집을 철통같이 에워쌌다.

진성대군과 부인 신씨는 공포에 떨면서 밤을 지새웠다. 반정이 실 패하면 능지처참을 당하고 집안은 멸문한다. 진성대군과 부인 신씨에 게는 지상에서 가장 긴 밤이었다.

"이들이 반정에 실패하면 어찌되는 것입니까?"

신씨는 몸을 떨면서 진성대군에게 물었다.

"하늘에 운을 맡길 수 밖에 없소 반정이 실패하면 나는 죽을 것이나 부인은 노비로 가게 되니 죽지는 않을 것이오."

진성대군이 신씨를 위로했다.

"나리께서 변을 당하시는데 첩이 어찌 살기를 바라겠습니까? 첩은 나리와 함께 살고 죽기를 바랍니다."

"걱정하지 마시오. 하늘이 복을 내릴 것이오."

진성대군은 불안에 떠는 신씨를 가슴에 안았다. 그 시각 박원종은 경복궁에 윤형로를 보내 정현왕후에게 반정을 일으켜 진성대군을 추대한다는 사실을 아뢰었다. 윤형로는 정현왕후의 사촌 오라버니였다. 정현왕후가 사색이 되어 어찌된 일이냐고 묻자 윤형로는 문무백관이 모두 연산군을 몰아내기를 바란다고 하면서 안심시켰다. 이어서 박원종은 연산군의 처남인 신수근, 신수영과 임사홍 등을 임금이 부른다고 핑계를 대어 집 밖으로 불러낸 뒤 목을 베어 죽였다.

임사홍은 성종 대에 죄를 지어 파직되었으나 연산군 대에 와서 부마인 아들 임숭재(성종의 딸 휘숙옹주의 남편)가 연산군의 총애를 받자 그 연줄로 다시 조정에 출사하게 되었고, 연산군의 외조모인 신씨를 연산군과 만나게 하여 갑자사화를 일으키는 원인을 제공했다.

임숭재는 성질이 음흉하고 간사하여 충신들을 추방하고 남의 첩을 빼앗아 연산군에게 바치는 비루한 짓으로 총애를 받았다. 채홍사에 임명되어 경상도에 미녀와 준마를 구하러 갔을 때는 도내 사람들이 놀라 모두 달아날 정도로 악독했다. 갑자사화 이후로는 자기를 비난하는 자에게 일일이 앙갚음하고, 이미 죽은 사람까지도 모두 부관참시하여 사람들이 공포에 떨었다. 온 조정 대신들이 그를 두려워하여 연산군의 측근인 신수근과 신수영조차 그를 피했다. 연산군은 하고 싶은 일이 있으면 임숭재에게 쪽지로 통지하니, 그가 저지른 비리는 이루 말할 수 없었다.

임숭재, 임사홍이여!
천고에 으뜸가는 간흉이구나!
천도는 돌고 돌아 보복이 있으리니
알리라, 네 뼈 또한 바람에 날려질 것을

연산군이 죄인의 뼈를 부수어 바람에 날리는 쇄골표풍碎骨瓢이라는 형벌을 내렸기 때문에 나돈 시였다. 연산군은 이외에도 포락(炮烙 : 단근질), 착흉(斷胸 : 가슴을 빠개는 형), 촌참(寸斬 : 토막으로 자르는 형) 등의 형벌도 가했는데 임사홍과 임숭재 부자가 중요한 역할을 했다.

신수근은 중전 신씨의 오라버니였기 때문에 연산군이 총애하여 권세를 부렸다. 오랫동안 이조를 맡아 뇌물을 바치려는 사람들이 대문 앞에 몰려들어 문 앞이 시장과 같았다.

신수영은 신수근의 아우이고 외척이라는 연줄로 갑자기 요직에 올라 총애를 믿고 제멋대로 하였다. 이들로 인해 억울하게 죽은 사람이 이루 헤아릴 수 없었다. 사람들은 모두 이를 갈며 울분에 차서 이들의 살을 씹어 먹고자 하였다.

반정군은 전동, 김효손, 강응, 심금, 손사랑, 손금순, 석장동 및 김숙화의 가인家人들을 잡아와서 군문 앞에서 참수하였다. 이들은 궁녀들의 족친들로서 세력을 믿고 방자하게 굴던 자들이었다. 궁궐 안에서 숙직하던 도총관 민효증 등은 변을 듣고 대궐의 수챗구멍으로 먼저 빠져 나가고, 입직하던 승지 윤장, 조계형, 이우와 주서 이희옹, 한림 김흠조 등도 수챗구멍으로 빠져 나갔다. 각문을 지키던 군사들도 모두 담을 넘어 나갔으므로 궁궐 안이 텅 비었다.

반정군은 대궐로 쳐들어가 연산군에게 옥새를 내놓으라고 요구했다. 군사들이 이미 대궐 밖을 가득 메웠기 때문에 연산군 쪽에서는 항전을 할 수 없었다. 반정은 거의 무혈혁명이나 다를 바 없었던 것이다.

"내 죄가 중하여 이리 될 줄 알았다! 좋을 대로 하라."

자포자기한 연산군은 궁녀를 시켜 옥새를 내주었다. 창덕궁을 완전히 포위하자 박원종은 문무백관들을 이끌고 경복궁으로 가서 정현왕후에게 고했다.

"지금 임금의 도리를 잃어 정령政令이 혼란하고 민생은 도탄에 빠졌으며 종사가 위태로우므로 신 등은 자나 깨나 근심이 되어 어찌할 바를 모르겠습니다. 진성대군은 대소 신민의 촉망을 받은 지 이미 오래이니 이제 추대하여 종사의 계책을 삼고자 감히 대비의 분부를 기다립니다."

"변변치 못한 어린 자식이 어찌 중책을 감당하겠소? 세자는 나이가 장성하고 어지니 후사를 이을 만하오."

정현왕후는 일단 사양하는 시늉을 했다.

"여러 신하들이 협의하여 대계가 정하여졌으니 고칠 수 없습니다."

영의정 유순이 단호하게 말했다. 박원종은 이조판서 유순정과 도승지 강혼을 보내 진성대군을 모셔 오게 했다. 진성대군은 여러 차례 사양하는 시늉을 한 후 가마를 타고 경복궁 사정전으로 들어갔다. 이에 정현왕후가 교지를 내려 연산군을 폐하고 진성대군을 새 임금으로 추대한다고 선포했다.

불행히도 지금 임금이 지켜야 할 도리를 크게 잃어 민심이 흩어진 것이 마치 도탄에 떨어진 듯하다. 대소 신료가 모두 종사를 중히 여겨 임금을 폐하고 새 임금을 추대하는 일로 아뢰기를, "진성대군 이역은 일찍부터 인덕이 있어 민심이 쏠리고 있으니 모두 추대하기를 청합니다" 했다. 내가 생각하니 어리석은 이를 폐하고 어진 이를 세우는 것은 고금에 통용되는 의리이다. 그래서 여러 사람의 의견을 따라 진성을 사저에서 맞아다가 대위에 나아가게 하고 전왕은 폐하여 교동에 안치하게 하노라. 백성의 목숨이 끊어지려다가 다시 이어지고 종사가 위태로울 뻔하다가 다시 평안해지니 나라의 경사스러움이 이보다 더 큰 것이 어디 있으랴? 이에 교시를 내리노니 마땅히 잘 알지어다.

문무백관들이 일제히 만세를 부르고, 진성대군은 익선관과 곤룡포를 차려입고 근정전에서 즉위했다.

폐주의 처남으로 처형된 아버지

❀

신씨는 진성대군이 장사들의 호위를 받으며 대궐로 가는 것을 꿈을 꾸는 듯한 기분으로 바라보았다. 진성대군이 조선의 왕이 되면 자신은 왕후가 된다. 신씨는 가슴 속에서 무엇인가 뜨거운 것이 치밀고 올라오는 듯한 기분이었다. 지난밤을 뜬 눈으로 새웠으나 구름을 밟고 올라선 것처럼 황홀했다. 신씨는 진성대군의 행렬이 보이지 않게 되었을 때야 집으로 들어왔다.

대군저의 종들은 진성대군이 왕이 된다는 사실에 들떠서 어쩔 줄 몰라 했다. 신씨도 좀처럼 흥분이 가시지 않아 간신히 아침밥을 몇 숟가락 떴다. 그러다가 친정에 기별을 해야겠다는 생각이 들어 늙은 집사를 보냈다. 진성대군이 새 임금이 되었다면 친정에서도 기뻐할 것이라고 생각했다.

"아씨, 친정에 변이 생겼습니다!"

친정에 갔다가 돌아온 집사가 얼굴이 하얗게 변해 머리를 조아렸다.

"변이라니? 무슨 변이 있다는 말인가?"

불길한 예감이 뇌리를 엄습해 오는 것을 느끼면서 신씨는 집사에게 물었다.

"대감마님께서 지난밤 반정군에게 불려나가 변을 당하셨다고 합니다."

"아버님이 돌아가셨다니 대체 무슨 말이냐? 어찌 그럴 수가 있느냐?"

"대감마님뿐이 아니라 작은 대감마님도 변을 당하시고 역적의 집이라고 하여 출입을 금지하고 있습니다. 노마님께서는……."

신씨는 집사의 말을 다 듣지 못하고 혼절했다. 여종들이 부랴부랴 숟가락으로 찬물을 떠서 입속에 넣어 주자 간신히 정신을 수습할 수 있었다.

'그렇구나! 아버님은 폐주의 처남이니 죽어야 하는구나.'

신씨는 한참 동안이나 넋을 읽고 천장을 쳐다보다가 신수근이 살해당한 까닭을 이해했다. 반정군에게는 아버지 신수근이 역적이 되는 것이다. 신씨는 자신의 운명이 야속하다고 생각했다. 남편인 진성대군이 왕이 되는 날 아버지가 죽다니. 그러나 흉보는 쉬지 않고 들어왔다. 그녀의 일가들이 반정군에게 죽음을 당하거나 여인들이 노비로 끌려가고 재산이 적몰되었다는 말을 들을 때마다 신씨는 한없이 벼랑으로 굴러 떨어지는 것 같았다.

진성대군이 새 임금이 되었다는 사실이 알려지면서 집 앞은 구경을 하려는 사람들로 인산인해를 이루었다. 신씨가 누워 있는 내당에서도 사람들이 몰려다니면서 떠드는 소리가 어지럽게 들려왔다.

"진성대군 나리가 새 임금이 되셨다네!"

"대군 나리가 임금이 되시면 아씨는 중전 마마가 되시는 것인가?"

신씨는 눈을 감은 채 사람들이 떠드는 소리를 들었다. 하룻밤 만에 일어난 일들이 꿈처럼 비현실적으로 느껴졌다.

해질 무렵이 되자 대궐에서 상궁들과 내관들, 그리고 승지가 군사들과 함께 가마를 가지고 왔다. 신씨는 아버지의 죽음과 친정의 비극을 슬퍼할 시간도 없이 가마를 타고 대궐로 들어갔다. 신씨가 처음 들어온 경복궁에는 웅장한 전각들이 빽빽하게 들어차 있고 군사들이 삼엄하게 늘어서 있었다. 신씨는 시어머니인 정현왕후가 있는 강녕전에 가서 인사를 올렸다.

"궐 밖에 있어서 자주 만나지를 못했는데 이제 대궐로 들어오니 내 기쁨이 끝이 없구나."

정현왕후는 눈물까지 글썽이면서 신씨의 손을 잡아 주었다. 강녕전을 나온 신씨는 상궁들에게 인도되어 교태전으로 갔다. 대대로 왕후들이 거처하던 처소인 교태전 서온돌에 들어가자 궁녀들이 차례로 들어와 인사를 올렸다.

중종은 밤이 늦어서야 교태전을 찾았다. 익선관을 쓰고 곤룡포를 입은 중종을 보자 신씨는 자신도 모르게 눈물이 핑 돌았다.

"부인, 어찌 눈물을 보이는 것이오?"

중종은 신씨가 소리를 죽여 우는 것을 보자 가슴이 아팠다.

"아버님께서 반정군에게 돌아가셨다고 합니다."

신씨는 중종 앞에서 참았던 울음을 터트렸다.

"나도 이야기는 들었소. 폐주의 처남이라 어찌할 수 없었다 하오."

중종은 착잡한 표정으로 사랑하는 아내인 신씨의 손을 잡았다.

역적의 딸을 궁궐에서 몰아내라

반정이 일어났기 때문에 이튿날도 경복궁은 어수선했다. 반정군은 장녹수를 비롯하여 연산군이 총애하던 여인들을 처형하고 그에게 아첨하여 충신들을 죽음으로 몰아넣었던 간신들을 대대적으로 숙청하고 있었다. 칼로 연산군을 몰아낸 반정 공신들의 기세는 흉흉했고 그들에게 둘러싸여 있는 중종이 할 수 있는 일은 아무 것도 없었다. 그저 반정 공신들이 연산군을 교동으로 유배 보내라고 하면 "그리하오", 역적들의 가산을 적몰해야 한다고 주청하면 "그리하오" 하고 윤허할 뿐이었다. 중종이 처음부터 반정을 주도한 것이 아니라 그들에 의해 추대되었기 때문에 눈치를 볼 수 밖에 없었고 그의 나이가 20세 밖에 되지 않았기 때문에 노회한 반정 공신들에게 휘둘릴 수 밖에 없었다.

중종이 보위에 오르고 7일이 되었을 때 반정 공신들은 중종의 아내 신씨를 왕비로 책봉하는 문제에 대해 논의했다. 그들은 신수근을 죽였기 때문에 그의 딸이 왕비가 되면 보복할 것이라는 생각에 불안감을 느꼈다.

"신수근의 딸이 교태전에 들어와 있는데 이를 묵과할 수는 없소. 교태전은 왕비가 거처하는 곳이오."

"그게 무슨 뜻이오?"

"신수근의 딸을 왕후로 책봉할 수 없다는 말이오. 새 주상의 아내가 하필 역적 신수근의 딸이라는 것을 용납할 수 있겠소? 우리는 그 아버지 신수근을 죽였소. 나중에 신수근의 딸이 보복을 하려고 하면 어떻게 하겠소?"

"허나 주상의 배필을 어떻게 내친다는 말이오?"

"우리는 목숨을 걸고 반정을 하여 주상을 추대했소. 주상도 이 일은 반드시 들어주어야 할 것이오."

"좋소. 그러면 주상과 대비 마마께 우리의 뜻을 알립시다."

반정 공신들은 중종에게 우르르 몰려갔다.

"거사할 때 먼저 역적 신수근을 제거한 것은 큰일을 성취하고자 해서였습니다. 지금 신수근의 딸이 대궐 안에 있습니다. 만약 왕후로 책봉한다면 민심이 불안해지고 민심이 불안해지면 종사가 안정되지 않을 것이니 사사로운 정을 끊어 밖으로 내치소서."

유순, 김수동, 유자광, 박원종, 유순정, 성희안, 김감, 이손, 권균, 한사문, 송일, 박건, 신준, 정미수 및 육조 참판 등이 일제히 아뢰었다. 중종은 부인 신씨를 사가로 내보내라는 반정 공신들의 말을 받아들일 수 없었다.

"내 부인이 무슨 잘못을 했소?"

중종은 아직도 중전이라는 말이 입에서 나오지 않았다.

"죄가 있어서가 아닙니다. 역적의 딸이기 때문에 그러한 것입니다. 폐주를 몰아내고 추대되신 주상이시니 신씨를 배필로 삼을 수가 없는 것입니다."

반정 공신들은 중종에게 회유와 협박을 계속했다. 중종이 그들의 말을 들으니 나름대로 일리가 있었다. 그러나 어릴 때 혼례를 올려 몇 년째 동고동락해 온 여인이었다. 이제 와서 그녀와 인연을 끊는다는 것은 견딜 수 없었다. 게다가 죄를 지은 일도 없었다. 대궐에서 내치면 그녀는 긴긴 세월을 혼자서 외롭고 고독하게 살아가야 할 것이다. 중종은 신씨를 차마 내치고 싶지 않았다.

"아뢰는 바가 심히 마땅하지만 조강지처인데 어찌하겠소?"

중종이 깊이 탄식하면서 말했다. 부인 신씨를 사가로 내쫓는 일은 차마 할 수가 없을 것 같았다.

"신 등도 이미 생각해 보았지만 종사의 대계로 볼 때 어쩌겠습니까? 머뭇거리지 마시고 단호하게 결단하소서."

대신들이 다시 아뢰었다. 중종은 앞에 늘어서 있는 수많은 대신들을 바라보았다. 어느 한 사람 자신을 도와줄 눈빛을 보이지 않았다. 중종은 대답을 회피했지만 대신들은 계속 강압했다.

"종사가 지극히 중하니 어찌 사사로운 정을 생각하겠는가? 마땅히 여러 사람 의논을 좇아 밖으로 내치겠다."

중종은 마침내 신씨를 사가로 내치기로 결정했다. 중종이 19세, 신씨가 20세 때의 일이었다. 이제 막 부부의 정이 새록새록 돋아나려고 할 때 공신들에 의해 신씨를 내치게 되자 중종은 가슴이 찢어질 듯이 아팠다. 신씨는 아버지의 죽음으로 깊은 슬픔에 잠겨 있었다. 그 아픈 마음을 위로할 시간도 없이 사가로 떠나가야 했다.

"내가 못난 탓이오. 못난 지아비를 원망하구려."

중종은 신씨를 마주보지 못하고 중얼거렸다. 신씨는 하염없이 울기만 했다. 청천 하늘에 날벼락 같은 일이었다. 친정이 몰살당해 시체처럼 누워서 눈물만 흘리고 있는 신씨에게 떨어진 벼락이었다. 그녀는 중종에게 매달려 자신을 버리지 말아 달라고 애원할 기운조차 없었다.

"속히 정현조의 집을 수리하고 말끔히 치워라. 오늘 저녁에 옮겨 나가게 하리라."

편전으로 돌아온 중종이 공신들에게 영을 내렸다. 중종의 영이 떨어지자 공신들은 즉각 제조상궁과 판내시부사를 시켜 신씨를 사가로 내보내는 일을 재촉했다. 대궐 곳곳에 아직도 피비린내가 남아 있어 공포에 떨던 상궁과 내시들은 신씨의 출궁을 서둘렀다. 9월 9일 초저녁이 되자 신씨는 가마를 타고 세조의 부마인 정현조의 집으로 나갔다. 대궐에 들어온 지 불과 7일 만으로 그녀로서는 기가 막힌 일이었다.

치마 바위에 서린 연정과 복위 논쟁

❀

중종은 신씨가 가마를 타고 대궐을 나가는 것을 먼발치에서 지켜보았다. 그녀는 상궁과 내시들에게 둘러싸여 쫓기듯이 궐 밖으로 나가고 있었다. 부모가 참변을 당했기 때문에 제정신이 아닌 듯 상궁들이 부축하고 있었다. 하얀 소복을 입은 그녀가 가마를 타고 멀리 사라질 때 중종의 가슴에서는 슬픈 눈물이 흘러내리고 있었다. 그녀는 알고 있을까. 이렇게 헤어지면 영영 이별이 될 것이다. 편전으로 돌아온 중종은 운명이 야속했다. 신씨를 내쫓은 공신들은 다음 날 새로운 중전을 뽑을 것을 아뢰었다.

"이미 신씨가 나갔으니 처녀를 간택하여 내직(內職 : 내명부와 외명부를 일컫는 말)을 가지런히 하고 중전을 책봉할 일을 서두르소서."

중종은 아뢴 대로 하라고 대답할 수 밖에 없었다. 하지만 마음으로는 어떻게 하던지 신씨를 다시 맞아들이고 싶었다. 중종은 중전을 책봉하는 일은 국가의 대사이니 경솔히 할 수 없다면서 차일피일 미루었다. 그러나 좌의정 박원종을 비롯한 공신들이 다시 들고 일어났다. 결국 중종은 박원종의 매부 윤여필의 딸을 숙의로 삼고 다음해 8월 중전에 책봉했다. 왕후 책봉조차 받지 못하고 내쫓긴 신씨에 이어 중종의 왕비가된 여인은 꽃다운 16세의 나이인 장경왕후 윤씨였다.

중종은 새 부인을 맞이했지만 공신들에 의한 정략결혼이었던 탓에 마음이 편치 않았다. 그는 인왕산을 바라보면서 사가로 내보낸 신씨를 생각했다. 정현조의 집이 인왕산 밑에 있었기 때문이었다.

'저기가 아내가 살고 있는 곳인가?'

중종은 인왕산 산자락을 보면서 슬픔에 잠겼다. 대궐에서 내쫓긴 신씨가 무엇을 하고 있는지 알 수 없었다. 부모를 잃고 남편에게 버림받은 스무 살의 꽃다운 아내가 보고 싶었다.

상궁과 내관들에 의해 정현조의 집으로 가게 되자 신씨는 자신이 소박당했다는 사실을 절감했다. 부모의 참변으로 그녀는 며칠 동안 누워서 지냈다. 눈을 감으면 떠오르는 것이 노비로 끌려간 어머니였고 반정군에게 살해당한 아버지였다. 이럴 때 위로가 되는 사람은 남편이어야 했다. 그러나 남편은 그녀를 버렸다. 자신의 뜻이 아니라고 해도 그녀를 버렸다. 신씨는 남편에게 버림받았다는 사실이 너무나 억울하여 그 날 밤 한 사발의 피를 토했다.

무정한 것이 세월이다. 여러 날이 지나가자 신씨는 병석에서 일어났다. 그러나 곁에 있어야 할 중종은 없었다. 눈물이 앞을 가리고 가슴이 터질 것 같았다. 그래도 그녀는 님 계신 대궐을 하염없이 바라보았다. 언젠가는 자신을 맞아들일지도 모른다는 실낱같은 희망을 품고 모진 삶을 이어갔다.

"전하께서 나를 생각하여 인왕산을 바라본다는 말이냐?"

중종이 인왕산을 바라보면서 한숨을 짓는다는 말을 전해들은 신씨는 감격했다. 자기도 모르게 하염없이 눈물이 쏟아졌다. 신씨는 인왕산의 바위에 자신의 분홍치마를 펼쳐 놓았다. 중종이 그 치마라도 봐 주었으면 하는 것이 그녀의 심정이었다. 그러나 인왕산 산자락 바위 위에 치맛자락을 펼쳐놓고 기다려도 대궐에서는 소식이 없었다. 봄이 가고…… 여름이 오고…… 해가 바뀌었다. 그리고 10년의 세월이 흐르는 물처럼 덧없이 지나갔다.

장경왕후는 왕후에 책봉된 지 10년 만에 원자를 낳았다. 그러나 산후조리가 좋지 않아 아들을 낳은 지 7일 만에 운명했다. 25세의 젊은 나이였다. 장경왕후가 낳은 아들은 훗날 인종이 되었다. 장경왕후가 죽자 사림파들이 신씨를 복위시켜야 한다는 주장을 제기하기 시작했다.

"신 등이 삼가 보건대 옛 왕후 신씨가 물리침을 입어 밖에 있은 지 이제 거의 12년이 됩니다. 신은 애초의 연유를 상세히는 모르겠으나 무

인왕산 치마바위의 모습 7일 만에 왕후의 자리에서 물러나야 했던 신씨가 중종을 위해 분홍치마를 펼쳐 놓았다는 이야기가 서린 치마바위. 하지만 중종은 훈구파의 위세에 눌려 끝내 신씨를 복위시키지 않았다.

슨 까닭과 명분으로 이런 비상한 일을 했는지를 알지 못하겠습니다."

담양부사 박상과 순창군수 김정이 상소를 올려 신씨를 복위시킬 것을 주장했다.

"신씨는 폐위할 만한 까닭이 있음을 듣지 못했음에도 전하께서 폐위하신 것은 과연 무슨 이유입니까? 당초에 박원종과 유순정, 성희안 등이 이미 신수근을 제거하고는 왕후가 그 소생이므로 조정에 있으면 후환이 있을까 염려하여 자신을 보전하려는 사사로운 뜻으로 폐위시켜 내보내자는 모의를 꾸몄습니다. 이는 진실로 까닭도 없고 명분도 없는 것입니다."

박상과 김정은 반정 공신들을 격렬하게 비난했다.

"신씨가 사가에서 술과 장을 담그고 집안을 청소하며 세월을 보낸 지가 몇 해였습니까? 생사별리에 의리로 서로 믿었고 어두운 때의 비바람을 함께 겪었는데, 하루아침에 제왕의 지위에 오르자 헌신짝 버리듯 하여 높고 낮음의 처지를 달리하니, 마치 하나는 구름 위 하늘에 오른 듯하고 하나는 깊은 못 아래에 빠진 듯합니다. 금슬 좋았던 지존의 배필이 궁궐을 떠나 여염집에 섞여 살면서 주변이 쓸쓸하므로 듣는 이들이 눈물을 흘립니다."

박상과 김정은 세종의 장인 심온이 역적으로 몰려 죽음을 당했는데도 소헌왕후에게는 죄를 묻지 않았음을 말하며 신수근이 역적이라고 해도 출가외인인 신씨를 폐출한 것은 강상에 어긋나는 죄이니 박원종 등의 관작을 삭탈하여 추방하고 신씨를 복위시킬 것을 요구했다. 이들의 상소는 정국을 발칵 뒤집어 놓았다.

"만일 다시 신씨를 복위시켜 왕자를 낳으면 선후를 논할 때 신씨가 먼저이니 원자를 어디에 두려는가?"

대사간 이행이 주장했다. 대사헌 권민수도 이에 동조하고 훈구파가 일제히 사림을 비난하면서 박상과 김정은 금부도사에게 잡혀와 조사를 받게 되었다. 그러나 정광필 등 여러 대신들이 언로를 막아서는 안 된다고 주장하여 곤장을 맞는 것으로 그쳤다. 신씨의 복위는 훈구파의 격렬한 반발로 끝내 이루어지지 못했다.

그 날 이후 신씨는 조정에서 잊혀졌다. 중종도 한때 부부로 지냈던 그녀를 잊었다. 신씨는 불과 20세의 젊은 나이에 7일 동안의 왕후 생활

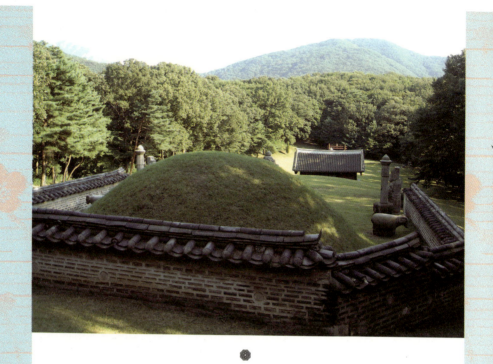

단경왕후 신씨의 온릉 죽어서 거창 신씨의 묘역에 묻혔던 단경왕후는 1739년(영조15) 복위되어 왕후로 추봉되었다. 무덤은 경기도 양주시 장흥면에 있다.

을 하고 사가로 내쫓긴 후 50년을 중종을 그리워하면서 살았다. 그녀는 평생을 외롭고 쓸쓸하게 살다가 71세의 나이로 생을 마쳤다.

　이렇게 볼 때 중종은 비정한 임금이었다. 사림들이 신씨의 복위를 주장했으나 그는 훈구파의 위세에 눌려 죄 없는 조강지처를 다시 맞아들이지 않았다. 중종이 좀 더 강력하게 신씨의 복위를 원했더라면 그녀는 자신을 버린 남자를 평생 그리워하면서 살지는 않았을 것이다.

희대의 요부로 기억되어야 했던
희빈 장씨

조선왕조 500년 역사 속에서 당쟁이 가장 치열했던 시기는 조선의 제19대 국왕 숙종이 치세하던 시기였다. 이는 숙종이 아둔했던 국왕이기 때문이 아니었다. 오히려 숙종은 당쟁을 자신의 왕권을 강화하는 데 이용했다. 숙종은 자신의 절대 권력을 지키기 위해 부인들까지 내쫓고 사사시키는 냉혹한 군주였다. 숙종의 이름은 이순으로 현종과 명성왕후 김씨의 외아들이었다. 1661년(현종 2) 8월 15일 경덕궁 회상전에서 태어나 1667년(현종 8) 1월 세자에 책봉되고 1674년 8월에 즉위했다.

숙종은 왕세자였을 때 영돈령부사 김만기의 딸인 인경왕후 김씨를 빈으로 맞이했다. 그러나 김씨는 박복한 여인이었다. 숙종과의 사이는 나쁘지 않아 두 딸을 낳지만 숙종 6년 19세의 나이에 요절했다.

명성왕후 김씨에 의해 궁궐 밖으로 내쫓기다

❋

숙종은 즉위하자마자 예송 논쟁에 휘말렸다. 이것은 소현세자와 효종의 왕위 계승 문제가 얽혀 있었기 때문에 정통성에 관한 논쟁이었다. 송시열 등이 주장했던 예론은 장자인 소현세자의 아들이 적통이라고 주장하는 것과 다를 바 없어 둘째 아들인 효종의 대를 이은 현종과 숙종을 부정하는 논리였다. 자신의 의지와는 상관없이 휘말린 예송 논쟁에서 숙종은 당연히 남인들이 주장하는 기년설, 둘째 아들이라도 왕이 되면 장자의 예에 따라야 한다는 주장을 지지했다. 이에 송시열은 남인들의 탄핵을 받아 귀양을 가게 되었고 서인들이 대거 축출되었다.

임금은 대비들에게 매일같이 문안을 드려야 했다. 예의 나라 조선에서는 그래야 어질고 덕이 있는 군주라는 칭송을 받았다. 숙종에게는 증조모인 장렬왕후 조씨와 어머니 명성왕후 김씨가 대비로 있었다. 숙종은 동궁 시절부터 이들에게 매일같이 문안을 드렸다.

동궁 시절 하루는 숙종이 장렬왕후에게 문안을 드리러 갔다가 궁녀 장씨를 발견했다. 장씨는 미색이 뛰어나 숙종의 시선을 잡아끌었다. 천연하고 아름다운 궁녀 장씨의 자태에 숙종이 넋을 잃은 것을 본 장렬왕후는 장씨를 숙종에게 하사했다. 숙종은 보위에 오르자마자 장씨를 열렬하게 사랑하여 그녀의 처소를 자주 찾았다.

명성왕후 김씨는 숙종이 인경왕후를 멀리하고 궁녀 장씨에게 빠져 지내자 그녀를 대궐 밖으로 내쫓았다.

명성왕후 김씨는 서인 김우명의 딸로서 칼날 같은 성품을 지닌 여인이었다. 그녀는 숙종이 처음 즉위했을 때 야대청(夜對廳 : 임금이 밤에 신하들을 면대하는 전각)에 나와 통곡을 하고 운 일까지 있었다. 그녀는 성품이 거침이 없어서 때때로 정사에 참여하여 대신들을 당혹스럽게 만들었다.

명성왕후 김씨는 장옥정이 숙종의 총애를 받으면 장차 문제가 커질 것이라고 생각했다. 장씨는 신분이 비천한 역관의 딸이었고 남인들과 가까웠다. 궐 안에서의 소문도 좋지 않았다. 장옥정의 어머니 윤씨가 남편이 있는데도 장렬왕후의 남동생 조사석과 간음하여 장옥정을 낳았다는 것이었다. 조사석은 남인으로 서인인 명성왕후에게는 적이나 마찬가지였다.

극으로 치닫는 서인과 남인의 당쟁
❀

장옥정을 대궐 밖으로 쫓아 버린 명성왕후 김씨는 숙종에게 위협이 되는 요소들을 제거하기로 결심했다. 당시 효종의 동생 인평대군이 있었는데 그는 황해도 관찰사를 지낸 오단의 딸과 혼인하여 세 아들을 두고 있었다. 그리고 오단의 아들 오정창은 허목과 더불어 남인 세력의 중심 인물이었다. 자칫 하면 남인들이 인평대군의 세 아들을 내세워 보위를 찬탈할 수도 있었다.

명성왕후 김씨는 인평대군의 아들인 복창군과 복평군이 군기시의 서원 김이선의 딸 상업, 내수사의 여종 귀례와 간음했다며 처벌을 요구했다. 이 사건은 명성왕후의 아버지인 김우명이 먼저 주장하여 수면 위로 떠오른 것이었다. 명성왕후와 김우명이 문제 삼지 않았으면 조용히 넘어갈 수 있는 일이었던 것이다. 그러나 명성왕후와 김우명은 나이 어린 숙종을 보호하기 위해 결단을 내렸다. 그런데 상황이 이상한 방향으로 흘러갔다. 정권을 잡고 있는 남인들이 그들을 잡다가 조사를 했으나 완강하게 부인하여 오히려 김우명이 무고죄를 써야 할 형편이 되었던 것이다. 이에 명성왕후는 숙종이 대신들과 대면하는 자리에 통곡하면서 나와 스스로 목숨을 끊겠다고 선언했다. 영의정 허적, 우의정 권대운, 판의금 장선징, 지사 유혁연, 병조참판 신여철, 대사헌 김휘, 대사간 윤심 등 자리에 있던 신하들이 모두 당황했다.

대신 이하가 들어가 부복하니 문짝 안에서 여인의 울음소리가 나므로 비로소 대비가 나와 있는 것을 알았다. 허적이 말했다.

"이는 무슨 까닭입니까? 신들은 황공하여 어찌할 바를 모르겠습니다."

임금이 말했다.

"나는 내간의 일을 모르므로 대비께서 복평군 형제의 일을 말하려고 여기에 나오셨다."

권대운이 아뢰었다.

"이것은 비상한 거동이시니 신들은 입시하지 말아야 하겠습니다."

허적이 아뢰었다.

"대비께서 하교하시려는 일이라면 신들이 진실로 들어야 마땅하니 전하께서 안에 들어가 그 울음을 그치시도록 청하셔야 하겠습니다."

허적은 여러 신하들과 당하로 물러가 부복했다. 임금이 문안으로 들어가니 조금 있다가 울음소리가 그쳤다. 임금이 문 안에서 나와 앉으니 여러 신하들이 다시 입시했다. 대비가 말을 하니 허적과 권대운이 문을 향하여 부복하여 들었다.

임금이 대신들과 정사를 논하는 자리에 왕후나 대비가 나오는 것은 전례가 없는 일이다. 우의정 권대운이 물러가겠다고 했으나 영의정 허적은 무슨 일인지 들어야 한다고 말하여 명성왕후가 복창군과 복평군이 간음한 일을 말하게 된 것이다.

모진 목숨이 이제까지 죽지 않고 이런 망극한 변을 당했다. 그들의 죄는 이미 선대에 드러났는데 지금에 와서 숨기어 마치 선왕께서 해를 미치려 하신 일인 듯하니 어찌 마음 아프지 않겠는가?

대비가 울면서 복창군 형제의 죄를 거론하자 남인 대신들은 당황했다. 그들은 당연히 죄가 있다고 아뢰면서 법대로 처벌하겠다고 말했다. 이렇게 명성왕후의 강경한 선언으로 인해 복창군과 복평군 형제는 귀양을 가게 되었다. 이 일로 숙종의 왕권은 더욱 강화되었고 오정창을 비롯한 남인들은 살얼음 위를 걷는 형국이 되었다. 명성왕후는 복창군과 복평군을 유배 보내면서 남인의 세력을 약화시켰지만, 대비가 정사에 관여한다는 혹독한 비난을 받게 되었다. 부제학 홍우원이 상소를 올려 비난하고 유학자 박헌은 서인의 잘못이라고 몰아세웠다. 이에 판부사 김수항이 명성왕후를 옹호하는 상소를 올렸고, 남인이 장악하고 있는 삼사가 일제히 김수항을 탄핵했다. 김수항은 결국 귀양을 가고 명성왕후의 아버지 김우명은 병으로 죽었다. 이 일로 인해 명성왕후는 남인들에게 더욱 큰 원한을 갖게 되었다.

명성왕후의 사촌 동생 김석주는 남인이 득세를 하자 이들을 몰아낼 궁리를 했다. 숙종도 권력이 남인들의 손에 들어가자 이들을 경계했다.

이 때 영의정 허적이 자신의 조부 허잠에게 시호가 내린 것을 축하하는 잔치를 열었다. 숙종은 영의정이 잔치를 여는 데 비가 내린다는 말을 듣고 궁중에서 사용하는 악(幄 : 휘장이 있는 천막)을 보내 주라는 명을 내렸다. 그러나 허적이 허락도 받지 않고 가져갔다는 말을 듣고는 대노하여 허적을 관직에서 물러나게 하는 등 남인들을 대대적으로 숙청했다. 얼핏 보면 단순히 임금의 노여움을 사서 일어난 일인 듯하지만 사실 숙종은 이전부터 남인 세력을 제거할 생각을 가슴에 품고 있었다.

서인인 김석주는 기회를 놓치지 않고 허견의 옥사를 일으켰다. 허견은 허적의 서자였는데 유부녀를 납치하는 등 행실이 좋지 않았다. 김석주는 허견이 복창군 형제와 가까이 지내면서 무사들을 모으고 있다고 탄핵했고 이 일은 급기야 역모 사건으로 발전했다. 이로 인해 허적을 비롯하여 우의정 권대운, 오정창 등 많은 남인들이 실각하고 사사되었다. 1680년(숙종 6)에 일어난 이 사건은 경신년에 일어났다고 하여 경신대출척이라고 불린다. 조정은 다시 서인의 손아귀에 들어왔다.

숙종, 장희빈의 아들을 원자로 삼다
❊

역사는 장옥정을 요부와 투기가 심한 독부라고 기록하고 있다. 그러나 폐비 윤씨의 일에서 살펴볼 수 있듯이 장옥정도 오로지 한 남자의 지고지순한 사랑을 받기를 원하는 여인에 지나지 않았다. 어머니와 관계가 있는 조사석이 남인이기 때문에 명성왕후에게 쫓겨난 그녀는 숙종을 그리워하면서 사가에서 지내게 되었다. 젊은 여인이 하루 종일 무엇을 할 수 있겠는가. 비가 오나 눈이 오나 그녀는 숙종을 그리워하면서 가슴앓이를 했다.

한편 숙종의 정비인 인경왕후 김씨가 1680년에 죽자 다음해에 서인 민유중의 딸 민씨가 14세로 왕후에 책봉되었다. 인현왕후 민씨는 숙종에 비해 지나치게 어린 나이였다. 장옥정은 자신을 잊고 인현왕후를 맞아들인 숙종이 야속했다. 숙종도 한때 자신이 열렬하게 사랑했던 장옥정을 그리워했다. 그러나 성품이 불같은 명성왕후가 살아 있었기 때문에 장옥정을 대궐로 불러들일 수가 없었다.

1683년(숙종 9) 명성왕후 김씨가 죽자 숙종은 마침내 장옥정을 대궐로 불러들였다. 숙종과 장옥정은 헤어진 연인들이 다시 만난 것처럼 깊은 사랑을 나누었다.

> 장씨의 교만하고 방자함은 더욱 심해져서 어느 날 임금이 그녀를 희롱하려 하자 장씨가 피해 달아나 내전(인현왕후)의 앞에 뛰어 들어와 "제발 나를 살려주십시오"라고 하였으니, 대개 내전의 기색을 살피고자 함이었다. 어느 날 내전이 명하여 종아리를 때리게 하니 더욱 원한과 독을 품었다.

《숙종실록》은 전반적으로 장옥정에 대해 비판적이다. 그러나 면밀하게 행간을 살피면 숙종과 장옥정이 서로를 희롱할 정도로 사랑했다는 사실을 알 수가 있다. 그러나 서인들은 정치적인 문제로 이들의 사랑을 방해했다.

> 예로부터 국가의 화란이 다 후궁을 총애함으로 말미암고, 후궁의 화근은

대개 이러한 사람에게서 나왔습니다. 전하의 명성明聖으로 어찌 알지 못할 바가 있겠습니까마는 신은 바라건대 전하께서 장씨를 내쫓아서 맑고 밝은 정치에 누를 끼치지 않기를 바라옵니다.

부교리 이징명이 상소를 올렸다. 숙종이 대노하여 이징명에게 장옥정을 비난하는 까닭을 캐물었다. 승정원에서 극력 간쟁하자 임금이 더욱 노하여 승지 신엽과 김두명을 하옥한 뒤에 비망기를 내려 이징명을 파직하고 다시는 등용하지 말라는 영을 내렸다.

"나는 본래 배우지 않아서 아는 것이 없다. 내가 비록 어둡기는 하지만 결코 이 여우와 쥐 같은 무리들에게 간섭받지는 못하겠다. 서로 잇달아 구원해 해명하는 것은 이징명의 죄율이 가볍기 때문이니 관직을 삭탈하여 내치라."

승지 이이명, 서종태, 김만길, 김창집, 박태만이 다시 입대를 청했다.

"이징명이 죄를 입은 것은 오히려 사소한 일입니다. 전하의 지나친 거조가 계속되고 있고 이것이 걱정스럽고 한탄스럽습니다."

이이명 등이 일제히 아뢰었다.

"너희들의 방자함이 이와 같기 때문에 청나라에서 군주는 약하고 신하가 강하다는 말을 한다."

숙종은 소리를 버럭 질렀다. 서인들은 필사적으로 장옥정을 몰아내려고 하고 숙종은 보호하려 했다. 숙종은 그만큼 장옥정을 사랑했다.

숙종은 장옥정을 숙원으로 책봉하려 했으나 서인들은 그녀가 남인이었기 때문에 반대했다. 그러나 숙종은 정치력이 뛰어난 국왕이었다. 그는 서인들의 반대를 물리치고 장옥정을 숙원에 봉했고 그녀를 총애하여 마침내 왕자를 낳았다.

숙종은 장옥정이 아들을 낳자 크게 기뻐했다. 이 때 인현왕후 민씨는 21세였으나 아직 소생이 없었다. 숙종은 장옥정이 아들을 낳았는데도 서인들이 여전히 그녀를 반대하는 것을 눈치 챘다. 해가 바뀌어 1689년 1월 10일, 숙종은 왕자의 명호를 정하기 위해 구언을 청한다는 영을 내리며 대신들을 불렀다. 그러나 많은 대신들이 나오지 않고 영의정 김수흥, 이조판서 남용익, 호조판서 유상운, 병조판서 윤지완, 공조판서 심재, 대사간 최규서, 지평 이언기, 수찬 목임일만이 입시했다

"국본을 정하지 못하여 민심이 매인 곳이 없으니 오늘의 계책은 다른 데에 있는 것이 아니다. 만약 선뜻 결단하지 않고 머뭇거리며 관망만 하거나 감히 이의를 제기하는 자가 있다면 벼슬을 내놓고 물러가라."

숙종은 대신들이 모이자 단호하게 장옥정이 낳은 왕자를 원자로 정할 것이니 반대하는 자는 벼슬을 내놓고 물러가라고 선언했다. 숙종의 강경한 선언에 대신들의 얼굴이 하얗게 변했다.

"전하께서 오래도록 자손의 경사가 없으시다가 지난해에 비로소 후궁이 왕자를 낳아 사람들이 기뻐하는데 어찌 관망만 하는 사람이 있겠습니까?"

할 말을 잃고 있던 영의정 김수흥이 간신히 입을 열어 말했다.

"오늘 여러 신하에게 묻는 것은 바로 왕자의 명호를 정하려는 것이다."

"전하께서 하문하시는 것이 의외의 일이라 신은 대답할 바를 알지 못하겠습니다. 하지만 중전께서 춘추가 지금 한창이시고 다른 날의 일을 알 수 없으니 갑자기 이런 일을 의논하는 것은 너무 성급하지 않겠

습니까? 바라건대 전하께서는 신중하게 처리하소서. 전하께서 신을 물러가라고 말씀하셨으니 물러가기는 하겠습니다만 또한 말하지 않을 수가 없습니다."

이조판서 남용익이 아뢰었다. 그러자 다른 대신들도 왕자가 태어난지 3개월밖에 되지 않았고 중전인 인현왕후가 이제 21세이니 원자로 정하는 것은 옳지 않다고 주장했다. 숙종은 자신의 나이가 30세가 가까워 가까스로 아들을 낳았는데 원자를 책봉하는 것을 반대한다며 대신들을 윽박질렀다. 이조판서 남용익이 거듭 반대를 하자 숙종은 무겁게 처벌하라는 영을 내렸다.

왕후가 낳은 아들이 원자가 되고, 왕후에게 아들이 없으면 후궁이 낳은 왕자가 원자가 되는 것이 순리였다. 그런데 서인들이 장옥정 모자에게 위해를 가할 낌새를 보이자 숙종이 선수를 친 것이다. 숙종은 장옥정이 낳은 아들을 원자로 삼고 그녀를 희빈으로 승격시켰다.

송시열은 인현왕후가 아직 나이가 젊은데 후궁의 아들을 원자로 삼는 것은 옳지 않다고 반대했다. 숙종은 송시열의 상소를 보고는 대노하여 승지 이현기, 윤빈, 옥당 남치훈, 이익수를 불러들여 송시열의 상소에 대해 논하라고 요구했다. 승지들은 송시열이 늙어서 말을 잘못한 것이니 잘 타이르라고 청했다. 그러나 숙종은 귀양을 보내라며 앞으로 그의 제자들이 올리는 상소는 받지 말라는 영을 내렸다.

아무런 잘못 없이 폐비된 인현왕후

4월 23일은 인현왕후 민씨의 생일이었다. 대신들이 하례 인사를 드리겠다고 하자 숙종은 문안을 드릴 필요가 없다며 거절했다. 이 과정에서 숙종이 왕후 민씨를 폐출시키려고 한다는 사실이 알려졌다. 아연실색한 대신들이 그 까닭을 묻자 숙종은 민씨가 패악하다고 잘라 말했다.

> 주상이 평일에도 희로의 감정이 느닷없이 일어나시는데, 만약 꾐을 받게 되면 국가의 화가 됨은 말로 다할 수 없을 것이니, 내전은 후일에도 마땅히 나의 말을 생각해야 할 것이오.

명성왕후 김씨가 인현왕후에게 한 말에서 알 수 있듯이 숙종은 변덕이 죽 끓듯 하는 임금이었다.

영의정 권대운 등은 여러 신하들을 거느리고 입시하여 이해할 수 없는 일이라고 숙종에게 아뢰었다.

"내 나이 30에 비로소 원자를 두었으니 이것은 종묘사직의 무한한 복인 것이다. 진실로 어진 중전이라면 경사스럽게 여기는 마음과 돌보고 아끼는 정이 자기가 낳은 자식과 다름이 없어야 하는 것이다. 그러나 중전이 하는 바는 이와 전혀 다르다. 이러한 사람이 하루인들 일국의 국모로 군림할 수 있겠는가? 나의 이번 조치는 만부득이한 데서 나온 것이다. 경들이 나의 말을 믿을 수 없다고 한다면 내가 망언한 책임을 감수할 것이다. 그러나 그것이 사실인데도 국모로 섬기는 지위에 있는 사람을 위해 절의를 세우려 한다면, 내가 무슨 면목으로 다시 여러 신하들 위에 군림할 수 있겠는가? 과인을 국부로 섬김으로써 스스로 수치를 더하지 말기 바란다."

숙종은 민씨를 국모로 여기는 자는 자신을 임금으로 여기지 말라고 강경하게 선언했다.

"내간의 일은 바깥 사람으로서는 알 수 없는 일입니다. 무슨 큰 일이 있기에 하루아침에 이런 분부를 내리십니까?"

권대운이 믿을 수 없다는 듯이 숙종에게 물었다. 다른 대신들도 일제히 민씨를 폐비시키는 일을 반대했다. 특히 병조판서 민암이 울면서 간언을 올리자 숙종은 대노하여 밖으로 내보냈다.

"간교한 방법으로 모함하는 것이 이와 같은 경우가 일찍이 없었는데, 지금 눈물을 흘리면서 말하는 자가 있다. 어찌 감히 이럴 수가 있단 말인가? 즉시 내보내라!"

이 일을 계기로 서인들이 대대적으로 숙청되었고 거두 송시열이 사사되었으며 다시 조정은 남인들의 세상이 되었다. 인현왕후 민씨로서는 날벼락을 맞은 셈이었다.

중전이 왕후의 자리에 오른 지 거의 10년이 되었는데, 안으로는 후궁의 투기와 이간질이 있었고 밖으로는 간신의 부추김이 있어 위험스러운 변에 빠져 폐출의 액운을 당했다. 바야흐로 임금이 치우친 총애와 과도한 분노로 잘못을 크게 드러내어 그 죄를 만드는 것이 이르지 아니하는 바가 없었다. 그러나 중전의 말과 행동에 한 가지도 지적할 만한 잘못이 없으니 백성과 신하들이 죄가 없다는 사실을 잘 알았다.

실록의 사관이 쓴 기록이다. 또한 숙종이 폐비 조치에 대해 내린 비망기에서도 구체적인 잘못이 지적되어 있지 않고 두루뭉술한 표현뿐이다. 이 때문에 남인들조차 표면적으로 폐비 조치에 대해 반대할 수밖에 없었으나 숙종의 강경한 주장으로 관철되었다.

인현왕후 민씨는 창졸간에 폐출되어 사가인 안국동의 감고당으로 쫓겨났다. 14세에 숙종의 계비로 간택되어 10년 동안 왕후의 자리에 있다가 아무런 잘못도 없이 버림받은 민씨는 슬픔 속에서 나날을 보내야 했다.

왕후로서의 권력과 숙종의 배신

장옥정은 아들이 원자가 되면서 왕후로 책봉되었다. 거기다가 숙종의 총애는 조금도 시들지 않아 그녀는 꿈을 꾸는 듯 행복한 나날을 보냈다. 장옥정은 자신이 왕후가 될 것이라고는 꿈에도 생각하지 못했었다. 그녀는 역관 장현의 조카딸로 아버지가 일찍 죽어 동평군 이항의 집에서 여종으로 있었다. 그러다 어머니가 장렬왕후의 동생 조사석의 정부였던 덕택에 대비전의 나인이 되었다. 대궐에 들어갈 때도 임금의 총애를 받을 생각은 하지 않았다. 그러나 뛰어난 미모를 갖고 있던 그녀는 숙종의 사랑을 받기 시작했고 결국 왕자를 낳았다.

'내가 전하의 사랑을 받고 왕자를 낳다니 꿈만 같구나.'

장옥정은 자신에게 굴러 들어온 행복을 놓치고 싶지 않았다. 일개 여종에 지나지 않았던 자신이 국모의 자리에 오른 것이다. 장옥정은 교태를 부리며 숙종을 치마폭에 휘어 감았다. 가진 것이라고는 아름다운 용모밖에 없는 비천한 출신이었다. 그녀는 사랑을 빼앗기지 않기 위해 신경을 곤두세웠다. 그녀의 출신이 낮았기 때문에 궁녀들이 여기저기서 수군거렸다.

왕후의 자리에 오르자 온 세상이 그녀의 품속으로 들어왔다. 장옥정은 그 권력을 마음껏 누리면서 오라버니 장희재와 함께 권세를 휘둘렀다. 그러나 사랑은 움직이는 것이다. 대비전의 궁녀로 있을 때부터 장옥정을 총애하던 숙종은 어느 순간부터 그녀를 멀리하기 시작했다. 사랑이 멀어질수록 장옥정은 사랑을 잡으려고 안달했다. 숙종은 장옥정이 교만해지고 권세를 휘두르자 중궁전에 발길을 끊어 버렸다.

'아아, 전하께서 어찌 나를 돌아보지 않는다는 말인가?'

장옥정은 자신을 그렇게 사랑했던 숙종이 발길을 끊자 가슴이 쓰라렸다.

1694년(숙종 20) 서인의 노론과 소론이 합세하여 인현왕후의 복위를 주장했다. 남인들은 바짝 긴장하여 노론의 김춘택 등을 예의주시하다가 대대적으로 국청을 설치하여 가혹하게 조사하기 시작했다. 하지만 숙종은 이미 장옥정에게 진저리를 치고 있었고 죄 없이 폐비시킨 민씨를 그리워하고 있었다.

남인 민암 등은 숙종의 마음이 변했다는 사실을 모르고 김춘택 등에게 중죄를 내릴 것을 청했다. 그러나 숙종은 오히려 남인들이 무고한 옥사를 꾸며내 사대부들을 죽이려고 한다며 갑술환국을 단행했다.

"지난번 국기일(國忌日 : 임금이나 왕후의 제삿날)이었는데도 대신들이 서둘러 와서 모이기에 변방의 환란이나 시끄러운 꼬투리를 일으키는 일이 있을 것으로 짐작했다. 입시했을 때 우의정 민암이 과연 함이완(咸以完 : 서인 김석주의 집안 사람으로 서인들의 역모를 고변했다)의 일을 아뢰고 의금부에 가두고 조사하기를 청하므로 내가 윤허했다. 그런데 겨우 하루가 지나자 의금부의 당상관이 방자하게 옥사를 확대하여 예전에 갇혀 조사받던 자가 도리어 옥사를 국문하게 되고, 예전에 죄를 정하던 자가 극형을 받게 되었다. 하루 이틀에 차꼬, 칼, 용수를 쓴 죄인들로 감옥이 차고, 서로 고하고 끌어대면 대질 심문을 청하며, 대질이 겨우 끝나면 처형을 청하니, 앞으로는 그 전후에 끌어낸 자들도 차례대로 죄를 뒤집어쓰게 될 것이다. 임금을 우롱하고 신하를 함부로 죽이는 모습이 매우 통탄스러우니, 국문에 참여한 대신들을 모두 관직을 삭탈하여 내치고 민암과 의금부 당상관은 먼 섬으로 유배를 보내라!"

숙종이 무시무시한 영을 내렸다. 한순간에 조정의 대신들을 갈아치운 것이다. 이로 인해 반정이나 정변 때보다도 더 많은 대신들이 숙청되었다.

영의정 권대운, 좌의정 목내선, 영중추 김덕원, 대사헌 이봉징, 승지 배정휘, 사간 김태일, 장령 이정, 정언 채성윤, 심득원 등이 모두 관직을 삭탈당하고, 우의정 민암, 판의금 유명현, 지의금 이의징, 정유악, 동의금 목임일 등이 절도에 안치되었다.

"비망기를 승정원에 내린 지 이미 오래 되었는데, 전지가 아직도 들어오지 않으니 머리를 모아 반드시 구원하려는 흉계가 분명하다. 작태가 참으로 매우 통분하고 놀랍다. 입직한 승지와 옥당을 모두 파직하라. 이번 논의는 집에 있는 승지, 삼사도 모를 리가 없으니 마찬가지로 파직하라."

숙종은 대궐 밖에 있는 대신들까지 모조리 파직하여 남인 세력은
그야말로 쑥대밭이 되었다. 마치 벼락이 몰아치듯 피바람이 휘몰아치
니 남인들로서는 소름이 끼치도록 무서운 임금이었다.

죄인이 왕후의 옷을 입을 수 없습니다

❀

숙종은 왜 이처럼 무시무시한 갑술환국을 단행한 것일까. 이는 숙종의
변덕에 있다. 숙종은 원자를 낳아 왕비로 책봉한 장옥정에게 환멸을 느
꼈다. 장옥정이 애교를 부릴 때는 희롱하면서 좋아했으나 왕비가 되어
권세를 휘두르자 진저리를 치기 시작한 것이다. 그러자 조용한 성품의
인현왕후 민씨가 그리워졌다. 한번 인현왕후에 대하여 생각하자 그리
움이 눈덩이처럼 커졌다. 따지고 보면 그녀에게 특별한 잘못이 있었던
것도 아니었다. 마음속에서 그녀를 그리워하고 있는데 남인들이 서인
들의 싹을 잘라 버리려고 하자 대대적으로 숙청한 것이다.

숙종은 인현왕후 민씨를 궁으로 다시 부르기로 결정했다. 서인들이
등용되었기 때문에 인현왕후의 복위는 별다른 반대 없이 결정되었다.

"처음에 간신들에게 조롱당하여 잘못 처분했으나 곧 깨달아서 그
심사를 환히 알고 억울한 상황을 깊이 알았다. 그립고 답답한 마음이
세월이 갈수록 깊어져 때때로 꿈에서 만나면 그대가 내 옷을 잡고 비
오듯이 눈물을 흘렸다. 깨어서 그 일을 생각하면 하루가 다하도록 안정
하지 못하니 그 때의 정경을 그대가 어찌 알겠는가?"

숙종은 민씨에게 손으로 직접 쓴 편지를 보내 사과의 뜻을 전했다.

인현왕후 민씨는 숙종의 어찰이 당도하자 마당으로 내려와 명석을 깔고 절을 한 뒤에 꿇어앉아 읽고 답서를 썼다.

"첩의 죄는 죽어도 남음이 있는데 오히려 목숨을 보전한 것은 성은에서 나왔습니다. 스스로 반성할 때마다 죄를 짓고도 곧 죽지 않고 사람 사는 세상에서 낯을 들고 사는 것이 한스러울 뿐입니다. 오직 엄한 벌이 빨리 내려져서 마음 편히 죽기를 기다릴 뿐인데, 천만 뜻밖에 임금께서 손수 쓰신 편지가 내려지고 거기에 담긴 뜻은 감히 감당할 수 없는 것이므로 받들어 보고 감격하여 눈물만 흘릴 뿐이니 다시 무슨 말을 하겠습니까? 사저에서 편히 사는 것도 이미 분수에 지나치거니와 별궁으로 옮기라는 명은 더욱이 죄인이 받들 수 있는 것이 아니니, 천은에 감축하며 아뢸 바를 모르겠습니다."

민씨의 답서를 읽은 숙종은 감격했고, 6년 동안이나 헤어져 있던 민씨가 더욱 그리워졌다. 숙종이 상궁 두 사람과 시녀 세 사람을 시켜 왕후의 의복을 가져다주게 했다.

"죄인이 왕후의 옷을 입을 수 없습니다."

민씨는 왕후의 옷을 입을 수 없다고 사양했다. 복위시킨다는 영이 내렸으나 이미 폐비되었기 때문에 절차상 다시 왕후에 책봉되어야 했다. 숙종이 다시 편지를 내렸다.

"어제 답서를 보니 만나서 이야기하는 것과 다름없었다. 기쁘고 위로되는 것이 후련하여 열 번이나 읽어 보았는데 절로 눈물이 흐르는 것을 막지 못했다. 경복당에 들어가 살고 공상(供上 : 물건 따위를 궁중에 바치던 일)을 상례대로 하는 것은 내 후회와 안타까움이 그지없어 특별히 지극한 뜻을 나타내는 것이며, 조정의 공론도 이와 같으니 지나치게 사양하지 말라. 오늘 보낸 옷도 안심하고 입고서 가마를 타고 들어오라. 내일 서로 만날 것이므로 자세한 말을 하지 않겠으나, 내 뜻을 알아서 보낸 물건을 죄다 받고 몇 글자로 회답하기 바란다."

숙종은 민씨를 기다리는 일이 조급해진 듯 투정을 부리듯이 답장을 써 달라고 부탁했다.

"하루 안에 공상하는 물건을 내리고 나서 또 상궁을 보내어 감히 감당할 수 없는 옷을 내리셨으므로 황공하옵니다. 조심스러워 나갈 바를 모르는데 편지가 또 내려와 담긴 뜻이 간절하시니 천은이 망극하여 땅에 엎드려 흐느껴 울 뿐입니다. 분부가 이렇게 지극하신데 감히 당돌하게 사양하면 거룩한 뜻을 어겨 그 죄가 더욱 커지는 줄 압니다. 하지만 생각하옵건대, 왕후의 옷과 가마 등은 분수에 넘쳐 감당할 수 없는 것이므로 끝내 받기 어렵습니다. 임금께서 사정을 굽어 살펴 도로 거두시면 죄를 지은 제가 하늘과 같은 덕을 입어 조금이라도 마음을 편히 할 수 있겠습니다."

민씨가 답서를 올렸다.

"편지를 잇달아 받아보고 덕이 가득한 얼굴을 대한 듯하니 어찌 기쁘고 후련하지 않겠는가? 밤이 이미 깊었는데 이렇게 다시 번거롭게 하는구나. 지나치게 사양하지 말고 이 길일吉日에 좋게 들어와야 한다. 또 몇 글자로 회답하기 바란다."

숙종은 밤이 깊었는데도 마치 연애편지를 주고받듯이 민씨에게 답장을 써 달라고 요구했다.

"오늘 안에 거듭 편지를 받으니 황공하고 조심스러울 뿐입니다. 임금의 말씀이 두 번 세 번 간절하신대도 여러 번 성의를 어기는 것은 그 죄를 더욱 무겁게 하는 것입니다. 천한 첩의 마음을 감히 아뢸 수는 없으나 황공하고 감격하여 나갈 바를 모르겠습니다."

민씨가 답서를 보냈다.

"왕후가 입궁할 때 어제 내린 옷을 입지 않으면 너희들에게 중죄를 내릴 것이다."

이튿날 아침 일찍 숙종은 상궁들에게 엄중하게 영을 내렸다. 상궁들이 민씨에게 달려와 숙종의 뜻을 아뢰고 입궁할 것을 요구하자 민씨는 마지못해 왕후의 옷을 입고 가마를 타고 서궁의 경복당으로 향했다. 민씨가 복위된다는 소문이 바람처럼 퍼지자 이를 구경하려는 사람들로 도성 길이 메워졌다. 위로는 사대부부터 아래로 종들까지 남녀노소가 뒤질세라 감고당 앞으로 몰려왔다. 이로 인하여 한강에서 가까운 동리들이 텅텅 비었고 시골에서 온 자도 있었다. 그 중에서는 기뻐서 뛰기도 하고 감격하여 우는 사람도 있었는데, 호위하는 군사들이 길을 비키라고 외쳐도 막을 수 없었다. 서울 및 지방의 유생과 파산(罷散 : 실직에서 물러나 산계散階만 갖게 되던 일) 중인 신하들은 길가에서 엎드려 절을 하면서 공손하게 맞이했다. 여염의 부녀자들은 떼를 지어 감고당에 몰려가서 두루 살펴보고 눈물을 흘리며 돌아갔는데 며칠 동안이나 그치지 않았다.

숙종은 경복당에서 민씨가 대궐로 들어오는 것을 초조하게 기다렸다. 이내 군사들의 삼엄한 호위를 받으면서 궁녀들에게 인도되어 민씨의 가마가 경복당 앞으로 들어왔다. 숙종이 궁녀에게 명하여 발을 걷게 하자 민씨가 가마에서 나와 땅에 엎드려 사죄하려고 했다. 숙종이 붙들어 일으키고 앞서 들어가니 물건들이 옛날과 같았다. 숙종이 민씨에게 자리에 오르도록 청하자 민씨가 피하면서 죄를 빌었다.

"이는 다 내가 경솔했던 허물이니 회한이 그지없다. 내가 번번이 충언을 살피지 못한 것을 지극히 후회하는데, 그대에게 어찌 빌 만한 죄가 있겠으며 어찌하여 이렇게 사양해야 하겠는가?"

숙종은 손수 민씨의 손을 잡아 자리에 앉게 했다.

민씨는 감고당에서 6년 동안 인고의 세월을 보냈다. 《인현왕후전》에 따르면 감고당 마당에 잡초가 무성하여 숙종의 명을 받들고 온 상궁들이 놀랐다고 한다.

한 남자에 의해 결정된 두 여인의 운명
✺

인현왕후 민씨가 복위하면서 장옥정은 희빈으로 강등되었다.

"국운이 안정을 회복하여 중전이 복위했으니 백성에게 두 임금이 없는 것은 고금을 통한 의리이다. 장씨의 왕후 작위를 거두고 희빈의 옛 작호를 내리니 세자는 조석으로 문안하는 예는 폐하지 않도록 하라."

숙종이 영을 내렸다. 장옥정은 희빈 장씨가 되어 취선당(就善堂 : 창경궁 낙선재 부근)으로 쫓겨났다. 장옥정으로서는 치욕적인 일이 아닐 수 없었다. 자신을 그토록 사랑했던 숙종이 민씨를 다시 불러들이고 자신을 후궁으로 내치자 비통함을 금할 수 없었다.

인현왕후 민씨는 복위된 지 얼마 되지 않아 병으로 죽었다. 그녀의 나이 34세였다. 인현왕후의 죽음은 사가로 폐출되었을 때의 심적 고통이 병으로 유발된 것으로 보인다. 그녀는 감고당에서 인고의 세월을 보냈는데 언제나 소복을 입고 음식도 잘 들지 않았다. 스스로 죄인이라고 자처하면서 괴로워했던 것이 병이 된 것이다. 인현왕후가 죽기 전에 동생인 민진후가 입시하자 눈물을 줄줄 흘렸다.

"후궁에 속한 시녀들은 감히 중궁전 근처에 드나들 수가 없는데, 희빈에 속한 것들이 항상 나의 침전에 왕래하였으며, 심지어 창에 구멍을 뚫고 안을 엿보는 짓까지 하였다. 그러나 침전의 시녀들이 감히 꾸짖어 금하지 못하였으니, 일이 너무나도 한심했지만 어찌할 수가 없었다. 지금 나의 병 증세가 지극히 이상한데 사람들이 모두 말하기를, '반드시 빌미가 있다'고 한다. 궁인 시영이란 자에게 의심스러운 자취가 많이 있고, 또한 겉으로 드러난 사건도 없지 아니하였으나 어떤 사람이 감히 주상께 고하여 이 사실을 알게 하겠는가? 나는 갖은 고초를 겪어 빨리 죽는 것이 소원이다. 병이 더하기도 하고 덜하기도 하여 좀처럼 병이 낫지 아니한다. 괴롭다."

인현왕후는 임종을 앞두고 희빈 장씨를 증오했다. 인현왕후에게 장씨는 결코 양립할 수 없는 원수였다. 인현왕후의 고백에서 알 수 있듯이 희빈 장씨는 사랑을 되찾기 위해 모든 노력을 기울였다. 그는 자신이 거처하는 취선당에 신당을 만들어 인현왕후를 저주하면서 화상畵像에 직접 활을 쏘는 짓도 서슴지 않았다. 그녀의 저주 때문에 인현왕후가 죽은 것은 아니었으나 숙종에게 발각되면서 조정이 발칵 뒤집혔다. 인현왕후가 죽은 지 한 달 보름이 지나서의 일이었다.

숙빈 최씨(영조의 어머니)가 평상시에 왕비가 베푼 은혜를 추모하여, 통곡하는 마음을 이기지 못하고 임금에게 몰래 고하였다.

《숙종실록》은 희빈 장씨를 고발한 사람이 숙빈 최씨라고 밝히고 있다. 어찌되었거나 국모인 인현왕후를 저주한 것은 대역죄에 해당된다. 희빈 장씨 처소의 궁녀들이 줄줄이 체포되어 가혹한 고문을 당하고 제주도에 유배되어 있던 장희재를 참형에 처하라는 영이 떨어졌다. 또한 장희재의 처 숙정을 비롯하여 종들까지 줄줄이 국청으로 끌려와 고문을 당한 뒤에 처형당했다.

"희빈 장씨가 내전을 질투하고 원망하여 몰래 모해하려고 도모했다. 궁궐의 안팎에 신당을 설치하고 밤낮으로 빌며 흉악하고 더러운 물건을 대궐에다 묻은 것이 낭자할 뿐 아니라, 그 죄상이 죄다 드러났으니 신인神人이 함께 분개하는 바이다. 이것을 그대로 둔다면 후일 국가의 근심이 실로 형언하기가 어려울 것이다. 전대 역사에 보더라도 어찌 두려워하지 않을 수 있으랴? 지금 나는 종사와 세자를 위하여 이처럼 부득이한 일을 하니 어찌 즐겨 하는 일이겠는가? 장씨로 하여금 자진하게 하라!"

숙종이 영을 내렸다. 소론의 영의정 최석정을 비롯한 대신들이 세자의 후일을 보아 살려 줄 것을 호소했으나 숙종은 완강했다.

'세자가 살아 있거늘 어찌 나에게 죽으라는 영을 내린다는 말인가?'

희빈 장씨는 비통했다. 자신의 죄를 모르는 것은 아니었으나 오로지 사랑을 되찾기 위한 행위일 뿐이었다. 희빈 장씨는 살고 싶었다. 그녀는 숙종이 자진하라는 영을 내렸으나 받아들이지 않고 대신들에게 구원을 청했다. 영의정 최석정, 좌의정 이세백을 비롯하여 승정원과 삼사에서도 숙종의 영을 거두어 달라는 청을 올렸다. 이들의 주장은 희빈 장씨가 죄를 지은 것은 용서할 수가 없으나 세자의 모후이니 죽일 수 없다는 것이었다. 숙종은 한 번 결단을 내리면 절대로 거두지 않는 성품이었다. 원자의 정호를 정할 때 유림의 영수인 송시열을 사사시키고, 경신대출척과 기사환국, 갑술환국 등 기회가 있을 때마다 대신들을 죽이고 몰아낸 전력을 갖고 있었다. 조선의 군왕들 중 가장 강력한 왕권을 행사한 임금이기도 했다.

숙종은 영의정 최석정이 여러 차례에 걸쳐 장씨를 사형에 처하는 것은 옳지 않다고 주청을 올리자 귀양을 보내 버렸다. 그러자 더 이상 그녀를 위하여 변호해 줄 사람이 없어졌다.

"세자의 낯을 보아 시신의 형체를 온전하게 보전하게 해 주는 것이 너에게는 은혜일 것이니 빨리 죽어 요사스러운 자취를 남기지 마라."

숙종이 궁녀들을 통해 엄중하게 영을 내렸다. 희빈 장씨는 궁녀가 사약을 가지고 오자 당황했다. 세자의 모후라는 사실에 실낱같은 희망을 가지고 있었으나 소용이 없게 된 것이다.《인현왕후전》의 기록에 의하면 이 때 장씨는 표독하게 발악하며 악다구니를 퍼부었다고 한다. 그녀는 사약을 가지고 온 궁녀들에게도 훗날 세자가 보위에 오르면 살아남을 줄 아느냐고 고래고래 소리를 질렀다. 장씨의 저항이 극렬하자 궁녀들이 물러가 숙종에게 아뢰었다. 숙종은 영숙궁(창경궁 춘당대 후원에 있는 전각)으로 달려가 장씨를 강제로 끌어내게 했다.

"세자와 함께 죽이라! 내가 무슨 죄가 있느뇨?"

장씨는 숙종 앞에서도 발악을 멈추지 않았다. 죽음이 임박한 장씨는 제정신이 아니었을 것이다. 숙종은 궁녀들에게 강제로 사약을 먹이라는 영을 내렸다. 궁녀들이 장씨에게 일제히 달려들어 팔다리를 붙잡아 허리를 안고 사약을 먹이려고 했으나 이번에는 입을 굳게 다물어 거

희빈 장씨의 대빈묘 경기도 서오릉에 있다. 후대의 사가들은 희빈 장씨는 희대의 요부로, 인현왕후 민씨는 현숙한 여인으로 윤색했다. 그녀들의 삶과 죽음은 오로지 비정한 숙종의 사랑에 의해 결정되었다.

부했다. 궁녀들이 숟가락으로 입을 벌리자 장씨는 눈물을 비 오듯이 흘리며 부부의 옛 정을 보아서 살려 달라고 숙종에게 애원했다. 그러나 숙종은 냉정하게 거절했다.

인현왕후 민씨와 희빈 장씨의 삶과 죽음은 오로지 비정한 한 남자의 사랑에 의해 결정되었다. 여성들의 입장에서 보면 지극히 불행한 일이 아닐 수 없다.

간악한 소리로 슬피 우니 요악한 정리는 사람의 간장을 녹이고 처량한 소리는 차마 듣기 어려웠다. 좌우의 사람들이 도리어 불쌍한 마음이 있으되……

희빈 장씨와 적대적인 관계에 있던 《인현왕후전》의 기록이다. 그러나 숙종은 무정했다. 궁녀들에게 빨리 먹이라고 호통을 쳐서 장씨는 사약을 세 그릇이나 먹고 크게 비명을 지르면서 섬돌 아래로 꼬꾸라졌다. 결국 장씨는 피를 샘솟듯이 쏟고 숨이 끊어졌다.

조선 왕후 가계도

태조 (1335~1408)
- 신의왕후 한씨 (1337~1391)
- 신덕왕후 강씨 (1356~1396)

정종 (1357~1419)
- 정안왕후 김씨 (1355~1412)

태종 (1367~1422)
- 원경왕후 민씨 (1365~1420)
  - 양녕대군
  - 효령대군
  - 충녕대군
  - 성녕대군
  - 정순공주
  - 경정공주
  - 경안공주
  - 정선공주

세종 (1397~1450)
- 소헌왕후 심씨 (1395~1446)
  - 문종
  - 세조
  - 안평대군
  - 임영대군
  - 광평대군
  - 금성대군
  - 평원대군
  - 영우대군
  - 정소공주
  - 정의공주

문종 (1414~1452)
- 현덕왕후 권씨 (1418~1441)

단종 (1441~1457)
- 정순왕후 송씨 (1440~1521)

세조 (1417~1468)
- 정희왕후 윤씨 (1418~1483)

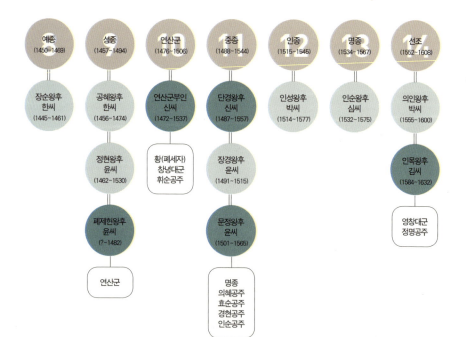

예종 (1450~1469)
- 장순왕후 한씨 (1445~1461)

성종 (1457~1494)
- 공혜왕후 한씨 (1456~1474)
- 정현왕후 윤씨 (1462~1530)
- 폐제헌왕후 윤씨 (?~1482)
  - 연산군

연산군 (1476~1506)
- 연산군부인 신씨 (1472~1537)
  - 황(폐세자)
  - 창녕대군
  - 휘순공주

중종 (1488~1544)
- 단경왕후 신씨 (1487~1557)
- 장경왕후 윤씨 (1491~1515)
- 문정왕후 윤씨 (1501~1565)
  - 명종
  - 의혜공주
  - 효순공주
  - 경현공주
  - 인순공주

인종 (1515~1545)
- 인성왕후 박씨 (1514~1577)

명종 (1534~1567)
- 인순왕후 심씨 (1532~1575)

선조 (1552~1608)
- 의인왕후 박씨 (1555~1600)
- 인목왕후 김씨 (1584~1632)
  - 영창대군
  - 정명공주

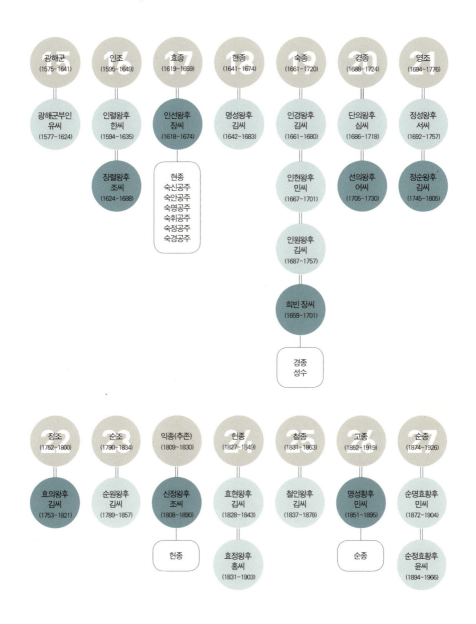

광해군
(1575~1641)

인조
(1595~1649)

효종
(1619~1659)

현종
(1641~1674)

숙종
(1661~1720)

경종
(1688~1724)

영조
(1694~1776)

광해군부인
유씨
(1577~1624)

인렬왕후
한씨
(1594~1635)

인선왕후
장씨
(1618~1674)

명성왕후
김씨
(1642~1683)

인경왕후
김씨
(1661~1680)

단의왕후
심씨
(1686~1718)

정성왕후
서씨
(1692~1757)

장렬왕후
조씨
(1624~1688)

현종
숙신공주
숙안공주
숙명공주
숙휘공주
숙정공주
숙경공주

인현왕후
민씨
(1667~1701)

선의왕후
어씨
(1705~1730)

정순왕후
김씨
(1745~1805)

인원왕후
김씨
(1687~1757)

희빈 장씨
(1659~1701)

경종
성수

정조
(1752~1800)

순조
(1790~1834)

익종(추존)
(1809~1830)

헌종
(1827~1849)

철종
(1831~1863)

고종
(1852~1919)

순종
(1874~1926)

효의왕후
김씨
(1753~1821)

순원왕후
김씨
(1789~1857)

신정왕후
조씨
(1808~1890)

효현왕후
김씨
(1828~1843)

철인왕후
김씨
(1837~1878)

명성황후
민씨
(1851~1895)

순명효황후
민씨
(1872~1904)

헌종

효정왕후
홍씨
(1831~1903)

순종

순정효황후
윤씨
(1894~1966)

조선을 뒤흔든 16인의 왕후들

당당하게 절대 권력에 도전했던 왕후들의 이야기

초판 1쇄 발행 2008년 11월 24일
초판 8쇄 발행 2009년 6월 23일

지은이 이수광
펴낸이 김선식
PD 김상영
다산초당 김상영, 이하정
마케팅본부 곽유찬, 민혜영, 이도은, 박고운, 권두리
저작권팀 이정순, 김미영
홍보팀 서선행, 강선애, 정미진
광고팀 한보라, 김태수
디자인본부 최부돈, 김희림, 손지영
경영지원팀 방영배, 김미현, 이경진, 유진희
미주사업팀 우제오
사진 〈여성문화유산해설사회〉, 국립고궁박물관 유물관리과

펴낸곳 다산북스
주소 서울시 마포구 염리동 161-7번지 한청빌딩 6층
전화 02-702-1724(기획편집) 02-703-1723(마케팅) 02-704-1724(경영지원)
팩스 02-703-2219
이메일 dasanbooks@hanmail.net
홈페이지 www.dasanbooks.com
출판등록 2005년 12월 23일 제313-2005-00277호

필름 출력 스크린그래픽센타
종이 한서지업(주)
인쇄 · 제본 (주)현문

ISBN 978-89-93285-53-6 04900